Die Fastnacht der nationalsozialistischen „Volksgemeinschaft"

TRANSFORMATIONEN - DIFFERENZIERUNGEN - PERSPEKTIVEN

MAINZER STUDIEN ZUR NEUZEIT

Herausgegeben von Michael Kißener, Jan Kusber,
Andreas Rödder und Matthias Schnettger

BAND 6

PETER LANG

Michael Kißener / Felicitas Janson (Hrsg.)

Die Fastnacht der nationalsozialistischen „Volksgemeinschaft"

Studien zu Mainz und anderen Regionen

PETER LANG

Bibliografische Information der Deutschen Nationalbibliothek
Die Deutsche Nationalbibliothek verzeichnet diese Publikation
in der Deutschen Nationalbibliografie; detaillierte bibliografische
Daten sind im Internet über http://dnb.d-nb.de abrufbar.

Diese Publikation wurde gefördert von der Gunter-Zentz-Stiftung.

Umschlagabbildung:
„Ewe kimmt de Zug" als traditioneller Beginn des Rosenmontagszugs in Mainz,
Foto Rosenmontagszug 1938
© Dr. Paul Wolff & Tritschler, Historisches Bildarchiv, Offenburg, Nr. 1951a/19

ISSN 2566-6215
ISBN 978-3-631-83007-9 (Print)
E-ISBN 978-3-631-84046-7 (E-PDF)
E-ISBN 978-3-631-84047-4 (EPUB)
E-ISBN 978-3-631-84048-1 (MOBI)
DOI 10.3726/b17789

© Peter Lang GmbH
Internationaler Verlag der Wissenschaften
Berlin 2020
Alle Rechte vorbehalten.

Peter Lang – Berlin · Bern · Bruxelles · New York ·
Oxford · Warszawa · Wien

Diese Publikation wurde begutachtet.

www.peterlang.com

Inhaltsverzeichnis

Michael Kißener, Felicitas Janson
Zur Einführung 7

I. Die Mainzer Fastnacht im „Dritten Reich"

a) Überblick

Markus Raasch
Fastnacht in der NS-Volksgemeinschaft. Grundsätzliche Überlegungen 15

Michael Kißener
Die „närrische" Volksgemeinschaft. Mainzer Fastnacht im NS-Staat 31

Peter Krawietz
Eine Dachorganisation für die „närrische" Volksgemeinschaft.
Bemerkungen zur Gründungsgeschichte des Bundes Deutscher Karneval ... 49

b) Detailstudien

Marius Ellermeyer
„Heil und Sieg der Mainzer Fassenacht" - Ideologische
„Gleichschaltung" der Büttenreden in der Mainzer Fastnacht 63

Maylin Amann
Mainzer Rosenmontagszüge in der NS-Zeit 83

Anna Katharina Lill
Die Frau in der Volksgemeinschaft. Weiblichkeitskonzepte in der
Mainzer Fastnacht im Nationalsozialismus 97

II. Nachwirkungen und Folgen

Joachim Scholtyseck
„Eine gewisse Stille"? Die Aufarbeitung der NS-Vergangenheit der
Mainzer Fastnacht 117

Uta Zintler
Fasching und Karneval in der DDR 133

III. Perspektiven des Vergleichs

Marcus Leifeld
Volksgemeinschaft im Kölner Karneval? 161

Werner Mezger
Die Magie der Mausefalle. Schwäbisch-alemannische Fastnacht in der
NS-Zeit 179

Anhang

Frank Teske, Michael Kläger
Zu den Archivbeständen der Mainzer Fastnacht 209

Felicitas Janson
Bildzeugnisse der Mainzer Fastnacht im Nationalsozialismus 213

Gedruckte Quellen und Literatur 225

Bildnachweise 241

Personenregister 243

Autorinnen und Autoren 247

Michael Kißener, Felicitas Janson

Zur Einführung

Am 13. Februar 1934, rund ein Jahr nach der nationalsozialistischen Machtübernahme und in der ersten Fastnachtskampagne, die unter dem NS-Regime organisiert wurde, erschien in den „Frankfurter Nachrichten" ein Zeitungsartikel unter der Überschrift „Der große Tag des MCV". Der ungenannte Autor rühmte in flammenden Worten die großartige rheinische Lebensart und die Freude, die die Mainzer Fastnacht den Menschen spende. Im Grunde aber, so der Autor, gehe es um weitaus mehr als nur Fastnachtsfreude, denn das Fest habe eine echte „nationale Grundlage und Bedeutung":

> Wer den Sonntag in der Stadthalle miterlebt hat, wer die prächtigen Männer kennt, die in Mainz den Karneval ‚machen', der weiß wie e r n s t [sic!] sie ihre Aufgabe nehmen. Wenn Heinrich B e n d e r sich an sein närrisches Volk wendet, dann spricht dort oben kein Witzereißer, sondern ein Mann, dem die Präsidentenwürde die sehr schwere Pflicht der Erziehung Tausender zu nationalem Glauben, zu Heimatliebe und rheinischer Lebensfreude aufgebürdet hat. Wenn Seppel G l ü c k e r t oder Martin M u n d o oder Eugen B e c k e r ihre gereimten Rügen erteilen, ihre gereimten Forderungen geltend machen, dann steht bestes deutsches Bürgertum im Kampfe gegen alles, was der Volksgemeinschaft oder dem Frieden Schaden zufügt. Wer den leidenschaftlichen Vortrag Glückerts erlebt hat, der weiß, daß hier ein Mann des Volkes mit dem Herzen um Wahrheit, Recht und deutschen Glauben ringt und daß nicht irgendwer irgendwelche Reime deklamiert.[1]

Deutlicher lässt sich wohl kaum die politische Auffassung, die der Nationalsozialismus von der Fastnacht hatte, formulieren. Und mehr als deutlich tritt in diesen Zeilen hervor, worin die politische Funktion von Fastnacht und Karneval im Nationalsozialismus gesehen wurde: Dieses Volksfest war wie kaum etwas anderes geeignet, die nationalsozialistische Volksgemeinschaftsideologie zu befördern, umzusetzen und aller Welt zu demonstrieren, wie ein unter dem „Führer" Adolf Hitler geeintes Volk zusammenhält, ja in dieser Gemeinschaft in der Lage ist, allen Herausforderungen zu trotzen.

Es liegt daher nahe, die Mainzer Fastnacht unter dem seit mehr als einem Jahrzehnt in der NS-Forschung diskutierten Forschungsparadigma „Volksgemeinschaft" zu analysieren. Dabei muss klar sein, dass dieser Propagandabegriff keine Realität erfasste und keineswegs statisch war, ja nicht einmal klar zu definieren war, was denn diese „Volksgemeinschaft" genau sein sollte. Diese von allen Parteien auch der Weimarer Jahre immer wieder formulierte Zielstellung, aus der Vereinzelung und Verwirrung der Nachkriegszeit heraus wieder zu einer schlagkräftigen Gemeinschaft des Volkes zu kommen, übte aber große Strahlkraft auf die Menschen der 1930er Jahre aus und konnte von den nationalsozialistischen Politikern mit ihren ideologischen Vorstellungen gefüllt werden. Dazu gehörte ganz zentral, dass die Gemeinschaft der Volksgenossen jenen gegenüberstand, die nicht dazu gehören sollten: in erster Linie dem „rassischen" Gegner, den Juden, aber auch anderen Gemeinschaftsfremden, etwa politisch Andersdenkende, die nun zu den „Muckern und Philistern" gemacht wurden, gegen die sich die Fastnacht ja seit jeher gewandt hatte.

Der Blick auf die Fastnacht durch die „Brille der Volksgemeinschaftsforschung" hat den Vorteil, dass alltagsnah die Anpassung an den von der nationalsozialistischen Ideologie vorgegebenen neuen Wertekanon erforscht werden kann, ohne gleich eine Kategorisierung zwischen williger „Anpassung" und „Widerstand" vornehmen zu müssen. Der Blick richtet sich auf das Verhalten der „Volksgenossen", die Praxis steht im Mittelpunkt, die durchaus widersprüchlich sein konnte und von der gleichen Person mal mit mehr Anpassung, mal mit mehr Resistenz gelebt wurde. Nimmt man die Idee der nationalsozialistischen Volksgemeinschaft als permanente Handlungsaufforderung ernst, lassen sich die Grenzen angepassten wie widerständigen Verhaltens besser vermessen, stellt sich manch eine Haltung, die wir traditionell und gerne zu voreilig als „Widerstand" bezeichnen würden, im gesamten Lebensvollzug viel angepasster dar und umgekehrt wird manch eine Kleinform zivilen Mutes in ihrer widerständigen Qualität besser erfassbar, weil sie sich z.B. gegen den Kernbestand der intendierten Volksgemeinschaft abgrenzte.

Eben deshalb durchzieht die Beiträge dieses Aufsatzbandes neben der z.T. erstmaligen Aufarbeitung der vergangenen Wirklichkeit im regionalen Kontext immer auch die Frage, inwieweit das Forschungsparadigma „nationalsozialistische Volksgemeinschaft" hilfreich und erkenntnisfördernd bei dem Thema „Fastnacht und Karneval im Nationalsozialismus" ist. Die Autorinnen und Autoren haben darauf durchaus unterschiedliche, z.T. abweichende Antworten gegeben, so dass mit diesen Studien auch ein Beitrag zur Diskussion um die „Volksgemeinschaftsforschung" geleistet werden kann.

Darüber hinaus bietet der Band zahlreiche, über das enge thematische Feld hinausreichende, Ansätze zu einem Vergleich, der freilich noch einer systematischen Ausführung bedarf.

Im ersten Kapitel geht es spezifisch um die Mainzer Fastnacht im Nationalsozialismus. Die meisten der hier abgedruckten Beiträge entstammen einer Tagung, die am 23./24. Mai 2019 in Zusammenarbeit zwischen dem Arbeitsbereich Zeitgeschichte an der Johannes Gutenberg-Universität Mainz und der Katholischen Akademie des Bistums Mainz im Erbacher Hof in Mainz durchgeführt worden ist. Sie unterteilen sich in einen ersten Abschnitt, der die Mainzer Fastnacht als Ganzes im Blick hat und sie im Volksgemeinschaftskonzept, im regionalen Rahmen und in überregionaler Bedeutung untersucht und in einen zweiten Abschnitt, der Detailstudien zur Mainzer Fastnacht bietet. Auch über das Jahr 1945 hinaus wird in einem zweiten Kapitel gefragt, inwieweit die NS-Zeit und das Volksgemeinschaftskonzept noch in der Nachkriegsgesellschaft in Ost und West Wirkung gezeigt hat.

Ein drittes Kapitel ermöglicht Vergleiche, indem – wiederum unter Beachtung des Volksgemeinschaftsparadigmas – Studien zum Kölner Karneval oder zur alemannischen Fastnacht geboten werden. So werden beachtliche Unterschiede und Nuancierungen deutlich, die das enorme Forschungspotential dieses wichtigen gesellschaftshistorischen Themas erkennen lassen.

Begleitet werden diese Beiträge durch einen ausführlichen Bildteil, der z.T. wenig bekanntes Fotomaterial aus dem Archiv des Mainzer Fastnachtsmuseums erschließt, sowie durch Hinweise auf die Quellen- und Archivlage, speziell für die Erforschung der Mainzer Fastnacht.

Wir hoffen, so einen interessanten und die einschlägige NS-Forschung bereichernden Beitrag zur Aufarbeitung der NS-Zeit geleistet zu haben, der die weitere Beschäftigung mit diesem gerade auch im regionalen Rahmen noch viel zu wenig bearbeiteten Thema anregen möge.

Dass dieser Band möglich wurde, ist freilich nicht alleine der Herausgeberin und dem Herausgeber zu verdanken. Viele haben sich an seiner Entstehung beteiligt, vielen ist für anderweitige Unterstützung zu danken: Ganz besonders danken wir den Studierenden des Historischen Seminars der Johannes Gutenberg-Universität für ihre originären Forschungsbeiträge (Maylin Amann, Anna Katharina Lill, Marius Ellermeyer), die Mitwirkung bei der Durchführung der Tagung (Benjamin Pfannes) und der Vorbereitung der Drucklegung (Christian Müller sowie Fabian Meyer und Simon Quint). Dr. Pia Nordblom hat in bewährter Weise die Drucklegung des Bandes betreut. Unser Dank gilt dem Förderverein des Mainzer Fastnachtsmuseums und dessen Vorsitzenden Gerd Ludwig sowie dem Leiter des Archivs Dr. Michael Kläger, dessen Beratung und unermüdlicher Einsatz die Studien zu diesem Buch ermöglichten. Der Gunter-Zentz-Stiftung danken wir für einen maßgeblichen Druckkostenzuschuss, der Akademie des Bistums Mainz für weitere Unterstützung.

Anmerkungen

1. „Der große Tag des MCV", in: Frankfurter Nachrichten, 13. Februar 1934. Der Artikel ist auch in der Presseausschnittsammlung im MCV-Archiv Mainz, Ordner 1934, zu finden.

I. Die Mainzer Fastnacht im „Dritten Reich"

a) Überblick

Markus Raasch

Fastnacht in der NS-Volksgemeinschaft
Grundsätzliche Überlegungen

„Wir sind das Volk", „die Herrschaft für das Volk zurückerobern", „den Volks-
willen vollstrecken", „den Volkskörper gesunden lassen", „das Volk muss über
dem Gesetz stehen" – die Idee der „Volksgemeinschaft" und ihre diversen Deri-
vate prägen den politischen Diskurs unserer Gegenwart. Dies dürfte auch ein
Grund dafür sein, dass die „Volksgemeinschaft" in den letzten Jahren zu einem
wesentlichen, vielleicht zum zentralen analytischen Ansatz der Forschung zum
„Dritten Reich" geworden ist. Obwohl immer wieder Kritik daran geäußert worden ist, ausgerechnet den vermutlich wichtigsten nationalsozialistischen Propagandabegriff als wissenschaftliche Untersuchungskategorie nutzbar machen zu
wollen,[1] kommt kaum eine einschlägige Publikation ohne Bezug zur „Volksgemeinschaft" aus.[2] Erstaunlicherweise sind dabei Fastnacht, Fasching und Karneval[3] und damit Feste, die in den 1930er Jahren Abertausende von Menschen
öffentlich gefeiert haben, nur ansatzweise ins Blickfeld geraten. Der Kölner Karneval ist vor allem durch die Arbeiten von Carl Dietmar und insbesondere Marcus Leifeld noch verhältnismäßig solide beforscht worden,[4] schon für Düsseldorf
sieht dies aber ganz anders aus, zur Mainzer Fastnacht im „Dritten Reich" liegt
keine Monografie vor, die einschlägigen Betrachtungen, etwa von Anton Maria
Keim,[5] Rita Link/Doris Wandel[6] oder Friedrich Schütz,[7] sind wenig systema-
tisch, teilweise eher tentativ gehalten und zwischen 33 und 54 Jahre alt. Einen
gezielten Anschluss an die neuere Volksgemeinschaftsforschung haben bisher
nur sehr wenige versucht.

Im Folgenden soll zur Einführung in den vorliegenden Band veranschaulicht werden, warum dies geändert werden müsste. Dabei wird in drei Schritten vorgegangen: Erstens sollen der Aufstieg der Volksgemeinschaftsidee und
die Besonderheiten der nationalsozialistischen Ausdeutung in Augenschein
genommen worden. Zweitens gilt es, den Ort der Fastnacht in der nationalsozialistischen Volksgemeinschaftsideologie zu erhellen. Drittens schließlich soll herausgearbeitet werden, was die Volksgemeinschaftsforschung eigentlich macht
und wie sie den Themenkomplex Fastnacht im Nationalsozialismus befruchten
bzw. von ihm befruchtet werden könnte.

Die Nationalsozialisten und die „Volksgemeinschaft"

Die Idee der „Volksgemeinschaft" sollte Ordnung in eine immer unübersichtlicher gewordene Welt bringen. Zweifelsohne reichen ihre Wurzeln in Deutschland
bis in die Napoleonische Zeit zurück, zumal in den sogenannten Befreiungskriegen erlebte das Bemühen, eine nationale Tradition zu konstruieren, das Eigene
und das Fremde zu ,erdenken', im Sinne von Selbst- und Feindbildern zu handeln, eine erste Blüte. Der Aufstieg des Volksgemeinschaftsgedankens ist freilich
vor allem Produkt des letzten Drittels des 19. Jahrhunderts und maßgeblich mit
den komplexen Spanungslagen seiner Zeit verbunden.[8] Noch kurz zuvor nicht
für möglich gehaltene technische Errungenschaften, ein ebenso weitreichender
wie mannigfaltiger Prozess der Medialisierung und die überall spürbaren Auswirkungen einer grundsätzlich nicht zu steuernden Globalisierung veränderten
das Leben in nie gedachter Weise. Die Bevölkerungszahlen explodierten ebenso
wie die Wissensbestände, das Verkehrswesen erlebte wie die Kommunikationsmöglichkeiten eine Revolution. Alles schien in diesem „Zeitalter der Nervosität"[9]
immer schneller, immer komplexer zu werden. Die Hoffnungen auf weitere qualitative Verbesserungen des Lebensstandards waren groß und zugleich erlebte
das Krisennarrativ Hochkonjunktur. Auf der einen Seite wurden immer mehr
Konventionen abgeschüttelt und neue Wege beschritten. Die jüdische Bevölkerung erhielt die Gleichberechtigung und Deutschland entwickelte sich von
einem Auswanderungs- zu einem „Arbeitereinfuhrland", die Arbeiterbewegung
erhielt gewaltigen Zulauf, es entstand eine neue Sexualmoral, der emanzipatorische Kampf der Frauen blühte, Homosexuelle traten erstmals für ihre Rechte
ein. Auf der anderen Seite beförderte dies massive Verlustängste und Abwehrkämpfe, es blühten Antisozialismus, Antifeminismus, Xenophobie, Rassismus
und Antisemitismus.[10] Die „Volksgemeinschaft" sollte hier Abhilfe schaffen und
den Gegenentwurf zur Komplexität der modernen Gesellschaft liefern. Sie zielte
auf eine ethnisch gefasste Gemeinschaft, deren Interessen höher zu bewerten
seien als jene des Individuums, eine Gemeinschaft, die derart geeint zu höchsten kulturellen Leistungen befähigt werde und im sozialdarwinistisch gedachten
„Überlebenskampf der Völker" über bessere Chancen verfüge. Sicherlich fand
eine solche Vorstellung bei den Radikalnationalisten, also z.B. im Alldeutschen
Verband, besondere Verbreitung.[11] Jedoch war die Idee der „Volkgemeinschaft"
lange Zeit politisch deutungsoffen. Dies galt insbesondere nach 1914, als so viele
in der teils realen, teils fiktiven Kriegsbegeisterung der Deutschen ein „Augusterlebnis" erkannten, die Utopie des klassenlosen, von Sonderinteressen befreiten
Gemeinwesens zumindest für kurze Zeit verwirklicht schien und der Gedanke
der „Volksgemeinschaft" in der Folge zu einer, wenn nicht *der* prägenden,

politischen Denkfigur aufstieg.[12] Zumal auch im internationalen Kontext, etwa
in den USA oder in Skandinavien, politische Konzepte der Vergemeinschaftung florierten,[13] vermochte sich keine politische Richtung ihrer Strahlkraft zu
entziehen; alle bemühten sich, ihre speziellen Ziele mit ihr in Verbindung zu
bringen. Während die Radikalnationalisten die Verwirklichung der „Volksgemeinschaft" schnell mit dem Ausschluss und der Vertreibung von Juden sowie
fremdsprachigen Minderheiten, etwa in Nordschleswig oder an der Grenze zu
Frankreich, verbanden, wollte z.B. die von Gustav Stresemann geprägte Deutsche Volkspartei (DVP) diese wirtschaftspolitisch verstehen und Arbeitgeber
und Arbeitnehmer in einer Arbeitsgemeinschaft zusammenbringen, die dann
zur „Volksgemeinschaft" werden sollte.[14] Unternehmer sprachen genauso von
der „Volksgemeinschaft" wie Bischöfe, und die Zentrumspartei betrachtete sich
gemäß ihren Richtlinien von 1922 als „christliche Volkspartei, die bewußt zur
deutschen Volksgemeinschaft steht und fest entschlossen ist, die Grundsätze
des Christentums in Staat und Gesellschaft, in Wirtschaft und Kultur zu ver-
wirklichen".[15] „Alle trennenden Unterscheidungen, die unser Volk zerklüften",
wollte sie beiseiteschieben.[16] Die linksliberale Deutsche Demokratische Partei
(DDP) machte demgegenüber 1924 Wahlkampf mit der Parole „Demokratie
heißt Überwindung des Klassenkampfgedankens durch Volksgemeinschaft"[17],
ihre Nachfolgepartei, die deutsche Staatspartei, hielt in ihrem Parteiprogramm
fest, dass sie „auf volksgemeinschaftlicher Grundlage" stehe und „jede Bindung
an Sondergruppen konfessioneller, wirtschaftlicher, ständischer oder klassen-
mäßiger Natur" ablehne.[18] Reichspräsident Friedrich Ebert sah die kulturelle
Bedeutung und wirtschaftliche Stärke des deutschen Staates eng mit der Volksgemeinschaftsidee verbunden[19] und seine Partei wollte mit ihrer Hilfe die gesellschaftlichen Verhältnisse substantiell verändern, d. h. „Grund und Boden, die
Bodenschätze sowie die natürlichen Kraftquellen, die der Energieerzeugung
dienen, der kapitalistischen Ausbeutung entziehen und in den Dienst der Volksgemeinschaft überführen".[20]

Die „Volksgemeinschaft" war also spätestens in den 1920er Jahren omni-
präsent und zugleich politisch höchst variabel – zwei Umstände, die es den
Nationalsozialisten erheblich erleichterten, unter ihrer Überschrift ein attrak-
tives Sinnstiftungsangebot zu machen und zwar just zu dem Zeitpunkt, als sich
die allgemeinen Krisen- und Entfremdungsgefühle gegenüber dem „modernen Staat" angesichts der Weltwirtschaftskrise, der Regierungsunfähigkeit der
demokratischen Parteien und der bürgerkriegsähnlichen Gewalt auf den Straßen gleichsam entgrenzten.[21] Zweifelsohne kannte der Nationalsozialismus
keine einheitliche, verbindliche Weltanschauung. Bestimmte Ideologeme, die
auf Adolf Hitlers Ausführungen in „Mein Kampf" gründeten, galten aber als

handlungsleitend.[22] An erster Stelle stand die Unterscheidung von „wertvollem" und „minderwertigem" Leben. Denn das herrschende Weltbild war sozial-biologisch, unterschied Menschen und Völker nach ihrer angeblich rassischen Herkunft und Wertigkeit und leitete daraus einen unterschiedlichen Anspruch auf Lebensrecht ab („Was nicht gute Rasse ist auf dieser Welt, ist Spreu"[23]). Im Sinne Hitlers fassten die Nationalsozialisten den Krieg der „Rassen" um „Lebensraum", insbesondere des vermeintlichen Kulturträgers ‚Arier' und des Kulturzerstörers ‚Jude', als überzeitliches Kennzeichen des Daseins auf, und sie glaubten, dass in ihrer Gegenwart „die große, letzte Revolution"[24], d. h. der Endkampf der „Rassen" bevorstehe. Daher sahen sie es als zentrale Aufgabe an, einen Staat zu schaffen, der diesen Endkampf erfolgreich führt. Jener Staat sollte alles rassisch „Minderwertige" ausmerzen und eine reinrassige, erbbiologisch „gesunde Volksgemeinschaft" hervorbringen. In dieser waren alle gesellschaftlichen Gegensätze aufgehoben, sie sollte nach Wettbewerb und Leistung funktionieren und die „Volksgenossen" in umfänglicher Hinsicht sozial privilegieren. Dazu gehörte in essentieller Weise, sie von der Exklusion alles „Gemeinschaftsfremden", d. h. vom Kampf gegen politisch Andersdenkende, gegen Homosexuelle, „Asoziale", „Behinderte", „Zigeuner" oder Juden, mithin den „Schädlinge[n]" an der Volksgemeinschaft"[25], profitieren zu lassen. Diese Idee der „Volksgemeinschaft" bildete – so hat es der Urvater der deutschen Politikwissenschaft Ernst Fraenkel schon in den 1940er Jahren formuliert – „die höchste Stelle im nationalsozialistischen Wertesystem".[26] Alle Versuche des NS-Regimes, die Loyalität der Bevölkerung zu gewinnen, gründeten in entscheidender Weise auf ihr und niemand musste die NS-Rassenideologie wirklich durchdrungen haben, um zu erkennen, dass der deutschen Mehrheitsgesellschaft hier etwas ebenso klar Verständliches wie sehr Verlockendes versprochen wurde.

Die nationalsozialistische „Volksgemeinschaft" und die Fastnacht

Fastnacht, Fasching oder Karneval bezeugen es in eindrucksvollster Weise: Das Fest steht gleichsam jenseits der Zeit. Den alltagsweltlichen Lauf konterkarierend, markiert es die fünfte Jahreszeit, deren Rahmendaten und Abläufe fest in das kollektive Bewusstsein eingebrannt sind. Ein bekannter Kölner Karnevalsschlager bringt dies auf den Punkt: „Jo am 11.11. jeht dat Spillche loss / denn dann weed dr Aap jemaht, / ejal wat et och koss. / und selvs dr kleenste Panz de weeß / jetzt jeht es widder loss."[27] Alltag und Fest strukturieren offenkundig „ganz wesentlich das menschliche Zeitempfinden",[28] wobei sie keinen Gegensatz, sondern ein Komplementärverhältnis bilden. Alltag meint Arbeit,

Ordnung, Zwang, mitunter Streit, Unfrieden, Gewalt. Ihm eignet das Monotone und Banale; er ist automatisiert, der Schematisierung verhaftet, frei von unmittelbar fassbarer Sinnhaftigkeit. Er erscheint karg und grau. Das Fest markiert demgegenüber die Aufhebung des Alltags. Fest bedeutet Ausbruch aus der Monotonie, Institutionalisierung ekstatischen Handelns, „Freigebung des sonst Verbotenen".[29] Indem es die zeitweise Verabschiedung von Affektkontrolle, Nüchternheit und Triebverzicht legitimiert, schafft es Entlastung von der Alltagslast. Zugleich hat es die Funktion der Entdifferenzierung; im Fest wird die alltagstypische Aufspaltung der menschlichen Identität in unterschiedliche Rollen überwunden. Streitigkeiten und Interessenkonflikte, Antagonismen und soziale Unterschiede erscheinen obsolet. In besonderer Weise konstituiert und reproduziert das Fest Gruppenidentität und damit hat es eben fundamentale Bedeutung für den Alltag: Es reorientiert Wert- und Handlungsmuster, es sorgt für zufriedene Arbeiter und Unternehmer, es sorgt für systemtreuere Menschen. Zwischen Fest und Alltag besteht folglich eine dialektische Beziehung: „Das Fest intensiviert, was im Alltag reduziert wird, der Alltag wiederum braucht, was im Fest suspendiert wird."[30] Kein Staat, der die Loyalität seiner Bürger gewinnen, seine Herrschaft legitimieren und sichern will, kann also die Bedeutung des Festes geringschätzen. Insbesondere gilt dies für die nationalsozialistische Diktatur. Wer Politik mit totalitärem Anspruch auf die Schaffung einer „Volksgemeinschaft" ausrichtet, muss seinen Blick einerseits auf Alltagsstrukturen richten, also auf die Ausschaltung politischer Gegner, auf die „Gleichschaltung" von Organisationen, auf die Abschaffung von Selbst- und Mitbestimmung, auf eine einschlägige Erziehung der Jugend. Und in Interdependenz dazu muss er sich andererseits um den Außeralltag der Menschen bemühen, um die – so hat es Jan Assmann formuliert – „heilige Zeit" der Freizeit und des Festes.[31] Deshalb wollte das NS-Regime im großen Stil kostengünstige Konzerte, Theaterabende, Ausstellungsbesuche, Sportveranstaltungen, Wander- und Urlaubsfahrten für die „Volksgenossen" organisieren und zwar gerade für diejenigen, die sich derartiges bisher nur schwer hatten leisten können. Daher betrieb es mit größtem Aufwand die symbolische Herstellung der „Volksgemeinschaft" am 1. Mai, bei sonstigen Großveranstaltungen der NS-Organisationen oder bei Appellen von „Betriebsgemeinschaften". Deshalb versuchte es umgekehrt Einfluss auf überkommene, oft lokale Traditionen, Rituale und Feste zu nehmen. Die NSDAP legte großen Wert auf die Pflege von Volkslied, Volksmusik, Volkstanz, Volkstheater oder Volkskunst, sie verwandelte den Volkstrauertag in einen „Heldengedenktag", sie unterstützte Veranstaltungen von Krieger- und Schützenvereinen, sie war mit ihren Organisationen bei Prozessionen, Wallfahrten und Kirchenfeiern präsent, sie zelebrierte die Zustimmung zur „christlichen Volksgemeinschaft"

bei Erntedankfesten.[32] Institutionell lag die Verantwortung neben Fremden-
verkehrsvereinen vor allem bei der im November 1933 als Unterorganisation
der Deutschen Arbeitsfront geschaffenen Gemeinschaft „Kraft durch Freude"
(KdF),[33] deren Selbstdarstellung keine Zweifel ließ: Ziel der Organisation, für die
1937 immerhin über 100.000 Menschen ehrenamtlich und 4.400 hauptamtlich
arbeiteten, ist die „Schaffung der nationalsozialistischen Volksgemeinschaft und
die Vervollkommnung und Veredelung des deutschen Menschen".[34]

In der Folge war die Entstehung der gegenwärtigen Fastnacht wesentlich mit
diesen Bemühungen des NS-Staates um die „Volksgemeinschaft" verbunden. Er
popularisierte das Fest durch Werbung und Merchandising, durch organisierte
Schmückungen, Wochenschaubeiträge sowie Radioübertragungen von Sitzungen und Rosenmontagszügen. Während allein in Rheinhessen bis 1939 acht
neue karnevalistische Gesellschaften entstanden,[35] begründet sich sowohl die
heutige Freiburger Fastnacht[36] als auch der Wiener Fasching[37] wesentlich über
die NS-Zeit, im Kölner Karneval erfreut sich seit 1936 die Prinzenproklamation
großer Beliebtheit, nicht mehr wegzudenken ist die 1935 erfolgte Einführung
des weiblichen Funkemariechen und die erstmalige Eröffnung des Straßenkarnevals an Weiberfastnacht im Jahre 1939.[38] KdF führte „das Narrenzepter"[39] und
veranstaltete seit 1934/35 Maskenbälle und organisierte Kurzurlaube zum Kölner Karneval oder zur Mainzer Fastnacht und subventionierte Eintrittskarten,
so dass manch eine/r zum ersten Mal eine Fastnachtssitzung besuchte. In Köln
suchte die Organisation seit 1938 auch die Frau aus, die nunmehr im Dreigestirn
die Jungfrau darstellen sollte,[40] in Mainz und Umgebung bot sie publikumswirk-
sam offene Weine im Ausschank an.[41] In Anbetracht der steigenden Zuschauer-
zahlen wurden die Wege der Rosenmontagszüge verlängert und wechselseitige
Besuche von Fastnachtsdelegationen aus ganz Deutschland befördert, insbesondere Mainzer und Düsseldorfer tauschten Lieder, Texte und Redner aus.[42]
Wichtiger Teil der Inszenierung war überdies, die ökonomische Seite der Popularisierung offensiv nach außen zu tragen und immer wieder einen Zusammenhang zwischen Fastnacht und wirtschaftlichem Aufschwung zu behaupten.[43] Alle
Bemühungen, die 1937 mit der vom Reichspropagandaministerium forcierten
Gründung des „Bundes deutscher Karneval" zentral koordiniert und noch einmal verstärkt werden sollten[44], gingen darauf hinaus – so das „Mainzer Journal"
1935 – die Fastnacht zum richtigen Volksfest und „somit der breitesten Masse
der Bevölkerung zugänglich" zu machen.[45] Konsequenterweise sammelten Karnevalsvereine und das Winterhilfswerk des Deutschen Volkes auch gemeinsam
für Bedürftige, was den „Mainzer Anzeiger" 1937 dazu veranlasste von einem
„leuchtendem Vorbild unserer herrlichen Volksgemeinschaft" zu schreiben.[46]

Zur Inklusion gehörte unweigerlich die Exklusion. So stolz z.B. der Mainzer Carneval-Verein 1838 e.V. (MCV) auf die Popularisierung der Fastnacht war, so wichtig war es ihm auch 1935 herauszustellen, dass diese auch mit dem Vermögen verbunden war, „alle Entgleisungen und fremde Einflüsse, die dem Gesamteindruck unseres vaterländischen Volkfestes schaden können, fernzuhalten".[47] Einesteils ging es darum, dem „Karneval den volkstümlichen Charakter zu erhalten, ein geschlossenes Zusammenengehen zu gewährleisten, [und] bei den öffentlichen Aufzügen den wahren Volkshumor zum Ausdruck zu bringen". Anderenteils galt es, „Auswüchse auszumerzen".[48] Wer nicht mitlachte, war ein – so hat es Josef Goebbels formuliert – „Meckerer und Miesmacher" und musste ausgesondert werden.[49] Dies betraf etwa die notorisch verunglimpften politischen Emigranten, die Sozialisten, die Kommunisten („seit der rote Bonze im Kitsche brummt, / Ist's dort [in Oppenheim] so ganz erträglich"[50]) oder das „westliche" Ausland, wie es ein Mainzer Fastnachter 1936 pointierte: „Heit gibt's kää links, heit gibt's kää rechts, kää Mitte / Wir sind vereint im Reich, dem Dritte, / und auf der andern Länder Hetz / Da baßt am best's Zitat vom Götz."[51] Der „Arierparagraf" war bei vielen Vereinen nicht gezwungenermaßen Teil der Satzungen und spiegelte sich in

- antisemitischen Mottowagen (für Köln sind etwa zu nennen: der sogenannte Palästinawagen von 1934, der Menschen auf einem Pferdewagen im schwarzen Kaftan, Ringellocken und Hakennasen unter dem Motto „Die letzten ziehen weg" präsentierte, oder der Karnevalskommentar zu den Nürnberger Gesetzen aus dem Jahr 1936, Motto „dem haben sie auf den Schlips getreten"[52]; in Mainz wurde im gleichen Jahr ein Weinfass mit einem Judenstern präsentiert und festgestellt, dass die Juden „dem deutschen Handel schwer geschädigt" haben[53]; in Nürnberg ließ der Motivwagen „Todesmühle" u.a. einen Juden am Galgen baumeln[54]),
- Büttenreden (1937 sprach z.B. der Mainzer Eugen Becker vom „Krieg der Fäulnis uns'rer Rasse" und sah den deutschen Stammbaum durch das NS-Regime „entlaust"[55]; 1939 reimte Christel Litzinger: „Mag uns Israel auch hassen / Dieser Haß, er wird verblassen, / Auch dorten in der Neuen Welt, /Wenn man erst mal festgestellt, / Daß en Jeder, der ein Jidd ist, / Für das Land ein Parasit ist. / Man erkennt das Volk des Mosis / und ist froh, wenn man es los ist."[56]
- beliebten Karnevalsschlagern, wie z.B. des Kölner Musikers und Texters Jean Müller mit dem Titel „Die Jüdde wandern uss", in dem bekundet wurde: „Et deit sich alles freue, Mir sinn jetz bahl su wick, Mir wääde jetz in Deutschland, Die Jüdde endlich quwitt. Hurra mer wääde jetz de Jüdde loß, Die ganze

koschere Band, Trick nohm gelobte Land. Mir laache uns für Freud noch halv kapott, der Izig und die Sahra die träcke fott!"[57]

Letzthin beinhaltete die Popularisierung von Fastnacht, Fasching und Karneval im Zeichen der „Volksgemeinschaft" auch das Abstreiten jeder Politisierung im Zeichen der „Volksgemeinschaft". Davon zeugen das systematische Abhängen von NS-Fahnen oder exemplarische Erklärungen wie die von Thomas Liessem, Kölner Getränkegroßhändler, Präsident der Roten Funken und einer der mächtigsten Karnevalisten seiner Zeit, im Jahre 1935: „Die Politik und gerade die große Politik der heutigen Zeit ist auch viel zu ernst, als dass man sie in Verbindung bringen könnte mit dem der Aufheiterung und Unterhaltung der Kölner Einwohnerschaft dienenden Volksfest."[58]

Die Forschung, die Fastnacht und die „Volksgemeinschaft"

Die Volksgemeinschaftsforschung versucht mit einer Aporie konstruktiv umzugehen, die sich durch die intensive Beforschung des „Dritten Reiches" ergeben hat. Traditionell arbeitet die Forschung mit einem dichotomischen Modell: Auf der einen Seite steht der Nationalsozialismus bzw. der NS-Staat, auf der anderen Seite die deutsche Gesellschaft. Sodann wird versucht, das Verhalten der Gesellschaft gegenüber dem Nationalsozialismus zu fassen und zu kategorisieren. Die Blaupause für dieses Vorgehen liefert der rechtliche Umgang mit dem Nationalsozialismus nach 1945, in deren Zuge die Deutschen in Hauptschuldige, Belastete (Aktivisten), Minderbelastete (Bewährungsgruppe), Mitläufer und Entlastete eingeordnet wurden. Die Belastbarkeit dieses Schemas wird schon auf eine harte Probe gestellt, wenn potentiell über Einordnungen nachgedacht wird: In welche Kategorie wäre z.B. Claus Graf Schenk von Stauffenberg gekommen, der die Weimarer Republik verachtete, schon vor 1933 Sympathien für die NSDAP zeigte und das „Dritte Reich" lange unterstützte? Was machen wir mit Herbert von Bose, der in den 1920er Jahren wiederholt versucht hat, gegen die erste deutsche Demokratie zu putschen, vermutlich an der Ermordung von Rosa Luxemburg und Karl Liebknecht beteiligt war und dann im Zuge des sogenannten Röhmputsches als Exponent einer konservativen Widerstandsgruppe selbst ermordet wurde?[59] Gleichwohl hat sich die Forschungsliteratur in ihrem Bemühen um Systematisierung und Ordnung immer wieder am alliierten Entnazifizierungsmodell orientiert, wobei viele einschlägige Arbeiten die Mehrheit der Deutschen den Gruppen der Minderbelasteten und Mitläufer zuordnen. Gerne wird dann mit Hilfe des Peter-Igelhoff-Schlagers „In meiner Badewanne bin ich

Kapitän" aus dem Jahr 1937[60] das angeblich weit verbreitete Phänomen der inneren Emigration veranschaulicht.

Größte Mühen hat insbesondere die Widerstandsforschung darauf gerichtet, die deutsche Gesellschaft in ihrem Verhalten zum NS-Staat zu kategorisieren. Einige Bedeutung haben z.b. die prinzipiell ähnlichen Widerstandsmodelle von Detlev Peukert, der Stufen abweichenden Verhaltens beschreibt,[61] sowie das 4-Stufen-Modell von Klaus Gotto, Hans-Günther Hockerts und Konrad Repgen, erlangt. Letztere unterscheiden z.b. zwischen „punktueller Unzufriedenheit" (1. Stufe), „Resistenz und Nichtanpassung" (2. Stufe), „öffentlichem Protest" (3. Stufe) und „aktivem Widerstand" (4. Stufe).[62] Dann wird eingeordnet: Stauffenberg z.b. wird dem aktiven Widerstand zugerechnet, das Verhalten der katholischen Kirche wird stark mit den Stufen zwei und drei verbunden. Beispielhaft lässt sich dann der Bischof von Eichstätt anführen, der sich wiederholt durchaus unmissverständlich zum Nationalsozialismus geäußert hat, z.b. im Juli 1936: „Im nationalsozialistischen Staate besteht nicht mehr die volle Freiheit des Gewissens, der Religion und der Bekenntnisse. […] Jeder Katholik muß sich entscheiden, ob er seiner Kirche treu sein oder ein Nationalsozialist werden will. Beides zugleich ist unmöglich."[63]

Die Kritik an solchen Widerstandsmodellen ist Legion. Am prägnantesten hat sie in den letzten Jahren Olaf Blaschke vorgetragen. Er beklagt, dass resistentes Verhalten im Nationalsozialismus viel zu wichtig genommen werde und es stattdessen angemessener sei, Konformität bzw. Kollaboration zu untersuchen. Er schlägt ebenfalls ein 4-Stufen-Modell vor: 1. Punktuelle Zufriedenheit; 2. Kooperation und Anpassung, 3. Loyalität bis Konsens, 4. Aktive Kollaboration.[64] Damit freilich ist die Aporie perfekt: Stauffenberg könnte mit guten Gründen sowohl als aktiver Widerständler wie als aktiver Kollaborateur bezeichnet werden, die katholische Kirche erscheint ebenso resistent wie kooperativ und loyal. Beispielhaft ließe sich wieder der Bischof von Eichstätt anführen, der sich wiederholt durchaus unmissverständlich zum Nationalsozialismus geäußert hat und z.b. 1937 öffentlich versicherte, dass er „in heiligster Volksgemeinschaft […] für unsere Mitbrüder und Mitbürger" arbeiten wolle[65] und privatim noch 1943 bekundete, sich „mit der ganzen Liebe unserer Seele" dafür einzusetzen, „daß diesem unserem Volke jener Platz an der Sonne gewahrt bleibe, von dem wir ehrlich überzeugt sind, daß es ihn verdiene".[66] Es ließe sich auch auf den Mainzer Fastnachter und Sekretär des MCV Seppel Glückert verweisen, der sich in den 1930er Jahren nicht scheute zu texten: „Heil ruft man hier, Heil ruft man dort, / Ein Silbchen nur fehlt diesem Wort, / In allen deutschen Landen / Ist Unheil nur draus entstanden"[67], der angeblich nach Erwähnung des Konzentrationslagers Dachau in einer Büttenrede im Jahre 1938 einen Abbruch der Radioübertragung

der großen Mainzer Fastnachtssitzung provozierte und selbst vor einer Ironisie-
rung der Rassenpolitik, vor denjenigen, die „am Stammbaum rumschnüffeln",
nicht Halt machte.[68] Jenen Seppel Glückert, der vor 1933 aus seiner Verachtung
gegenüber der Demokratie keinen Hehl gemacht, wiederholt gegen „Parteien-
gezänk" und korrupte Politiker gehetzt,[69] der französische Soldaten als „Neger,
Kulis, Menschefresser"[70] bezeichnet hatte und nach 1933 wiederholt zu betonen wusste, dass „durch des Dritten Reiches Geist" die Heimatliebe „wieder
hoch zu Ehren" kam:[71] „Parteien, Notverordnung, Genf / Schmarotzer, Schieber,
Schwarzrotsenf, / Des Zeug ist uns hier, o Graus, / Gewachsen bald zum Halse
eraus."[72]

Hier setzt die neuere Volksgemeinschaftsforschung an. Sie gründet auf der
Erkenntnis, dass eine dichotome Betrachtung von NS-Staat und Gesellschaft an
klare Grenzen stößt und entsprechend eine Kategorisierung von Verhalten im
„Dritten Reich" nur bedingt möglich ist. Sie geht in Konsequenz davon aus, dass
Staat und Gesellschaft keine statischen Größen sind, sondern dass eine Annä-
herung an die Wirklichkeit des „Dritten Reiches" lediglich durch ein Verstehen
ihrer gegenseitigen Interaktion, durch Einsicht in die jeweiligen Wandlungs-,
Adaptions- und Abstoßungsprozesse möglich ist. „Volksgemeinschaft" muss also
nicht gesucht und kann vermutlich gar nicht gefunden werden. Sie ist vielmehr
prozessual und heuristisch zu verstehen. Es geht darum zu fragen: Wie hat der
Nationalsozialismus in praxi funktioniert? Welche Alltagshandlungen, Rituale, Verhaltensmuster und -regeln ergaben sich in einem spezifischen Kontext
aus dem Volksgemeinschaftskonzept? Welche Strategien wählte die Obrigkeit
in einem bestimmten Zusammenhang, um sich Legitimität zu verschaffen? Wie
durchschlagend waren die Bemühungen? Welche Entwicklungen sind dabei festzustellen? Wer sind die Propagandakommunikatoren vor Ort, wie veränderte sich
ihr Handeln? Wie veränderten sich die Propagandaempfänger? Welche konkreten Verhaltensmuster standen hinter der sozialen Inklusion der „Volksgemeinschaft", wie genau funktionierte die alltägliche Exklusion derjenigen, die nicht zu
ihr gehören durften? Welche Rolle spielte dabei der politische Witz? In welchen
Zusammenhängen stand dieser, mit welchen Intentionen war er verbunden, welche Reaktionen erntete er, inwiefern kongruierten, inwiefern konfligierten diese
mit den eigenen Erwartungen, denen des Publikums und denen der Obrigkeit,
welche Konsequenzen erwuchsen daraus, welche warum nicht? Es ist folglich
unerlässlich, nicht von vornherein werten, einordnen und kategorisieren, „Volkgemeinschaft" oder deren Ablehnung an einzelnen Äußerungen oder Ereignissen
festmachen zu wollen, sondern es geht darum, Kontexte, Prozesse und Wandel zu
erfassen, die Betrachtungen nicht erst im Jahr 1933 beginnen und nach Kriegs-
beginn, dem faktischen Ende der öffentlichen Fastnacht, enden zu lassen. Es ist

wichtig, das Blickfeld auf die Zeit nach 1945 zu erweitern und Kontinuitäten sowie Diskontinuitäten zu reflektieren. Das Interesse darf ferner auch, aber nicht nur auf die „großen Männer" in Fastnacht, Fasching und Karneval gerichtet sein, auch, aber nicht nur auf die Fastnachtssitzungen und die Rosenmontagszüge. Über ökonomische Fragen ist genauso nachzudenken wie über die soziale Zusammensetzung von Festgemeinschaften und Geschlechterrollen. Dementsprechend sollte sich um Quellenbreite bemüht werden: Statistiken erscheinen ebenso wichtig wie öffentliches Reden und Schweigen, Textquellen genauso wie Audio- und Filmmaterial, amtliches Schriftgut genauso wie privates. Sodann sollten Quellen nicht nur sorgfältig gelesen (Sprechakt-, Performanz- und Netzwerkanalysen könnten z.B. sehr hilfreich sein), sondern wo immer möglich auch gegen den Strich gebürstet werden. Die Volksgemeinschaftsforschung hat z.B. deutlich gemacht, dass Polizei-, Gestapo- und Gerichtsakten exzellente Quellen für resistentes Verhalten sind, jedoch eben auch für das Duckmäusertum, das Unverständnis, die Kritik, die Anklage und die Wut, mit der sogenannte Volksgenossen nonkonformem Verhalten begegneten und „Selbstermächtigung" betrieben.[73] Ein solch gewendeter Blick könnte gerade die Fastnachtsforschung bereichern, wenn sie wieder einmal nachdenkt über vermeintlich außergewöhnliche Ereignisse wie die sogenannte Kölner Narrenrevolte[74] oder die „Verhaftung" des MCV-Komitees im Jahre 1935.[75] Er könnte hilfreich sein, wenn das Besondere herausgestellt werden soll bei Josef (Seppel) Glückert oder Karl Küpper, jenem von der Gestapo verfolgten und schließlich mit einem Berufsverbot belegten Kölner Karnevalisten,[76] oder von Leo Statz, dem Präsidenten des 1936 gegründeten Karnevalsausschusses der Stadt Düsseldorf, der 1943 vom Volksgerichtshof zum Tode verurteilt wurde – freilich nur bedingt wegen seines karnevalistischen Engagements, sondern vor allem, weil ihn ein Mitarbeiter seiner Firma wegen einer hitlerkritischen Privatäußerung denunziert hatte.[77]

Fazit

Die Idee einer ethnisch verfassten, dem Einzelinteresse übergeordneten „Volksgemeinschaft" reüssierte seit Ende des 19. Jahrhunderts, der Erste Weltkrieg verschaffte ihr nachhaltige Breitenwirkung. Grundsätzlich bedienten sich alle politischen Kräfte ihrer; als nach erbbiologischen Kriterien segregierte und konsequent segregierende Profitgemeinschaft wurde sie indes zum zentralen politischen Narrativ des Nationalsozialismus. Das NS-Regime wusste sehr gut, dass die Wirkungsmächtigkeit des Volksgemeinschaftsgedankens sowohl von politischen Maßnahmen als auch vor allem von ihrer steten Neuerzählung abhing. Feste, die sich als elementares Komplementärstück des Alltags begreifen lassen, spielten in diesem Zusammenhang eine besondere Rolle. Vor allem mittels der Organisation KdF bemühten sich die Machthaber daher, die Fastnacht durch Popularisierung und Aussonderung des „Gemeinschaftsfremden" zum Erfahrungsraum der „Volksgemeinschaft" zu machen. Die Volksgemeinschaftsforschung untersucht die soziale Praxis dieser Bemühungen. Sie versucht alltägliche Handlungsmuster im historischen Wandel zu beschreiben, sie interessiert sich für Prozesse, für Kontinuitäten und Diskontinuitäten, für das praktische Mit-, Neben- und Gegeneinander von Staat und Gesellschaft und könnte einen Ausweg bieten, wenn wieder einmal darüber gestritten wird, ob sich die Fastnachter dem „Dritten Reich" nun angepasst oder ob sie ihm mit kritischer Distanz gegenübergestanden haben.

Anmerkungen

1. Scharf ablehnend stehen diesem Forschungs-Paradigma z.B. gegenüber: Rudolf Tschirbs: Das Phantom der Volksgemeinschaft. Ein kritischer Literatur- und Quellenbericht, Düsseldorf 2015; Peter Schyga: Über die Volksgemeinschaft der Deutschen. Begriff und historische Wirklichkeit jenseits historiographischer Gegenwartsmoden, Baden-Baden 2015; Hans Mommsen: Der Mythos der Volksgemeinschaft. Die Auflösung der bürgerlichen Nation, in: Zur Geschichte Deutschlands im 20. Jahrhundert. Demokratie, Diktatur, Widerstand, hg. von Hans Mommsen, München 2010, S. 162–174. Etwas konzilianter fällt die Kritik bei Ian Kershaw aus: „Volksgemeinschaft". Potenzial und Grenzen eines neuen Forschungskonzepts, in: Vierteljahrshefte für Zeitgeschichte 59 (2011), S. 1–17.
2. Aus der Vielzahl an Studien seien nur genannt: Michael Wildt: Volksgemeinschaft als Selbstermächtigung. Gewalt gegen Juden in der deutschen Provinz 1919 bis 1939, Hamburg 2007; Frank Bajohr/ Michael Wildt (Hg.): Volksgemeinschaft. Neue Forschungen zur Gesellschaft des Nationalsozialismus, Frankfurt a. M. 2009; Detlef Schmiechen-Ackermann (Hg.): „Volksgemeinschaft". Mythos, wirkungsmächtige soziale Verheißung oder soziale Realität im „Dritten Reich"? Zwischenbilanz einer kontroversen Debatte, Paderborn 2012; Dietmar von Reeken/ Malte Thießen (Hg.): „Volksgemeinschaft" als soziale Praxis. Neue Forschungen zur NS-Gesellschaft vor Ort, Paderborn 2013; Uwe Danker/ Astrid Schwabe (Hg.): Die NS-Volksgemeinschaft. Zeitgenössische Verheißung, analytisches Konzept und ein Schlüssel zum historischen Lernen?, Göttingen 2017; Thomas Großbölting: Volksgemeinschaft in der Kleinstadt. Kornwestheim und der Nationalsozialismus, Stuttgart 2017; Michael Kißener/ Andreas Roth: Notare in der nationalsozialistischen „Volksgemeinschaft". Das westfälische Anwaltsnotariat 1933–1945, Baden-Baden 2017; Christiane Hoth/ Markus Raasch (Hg.): Eichstätt im Nationalsozialismus. Katholisches Milieu und Volksgemeinschaft, Münster 2017; Detlef Schmiechen-Ackermann u.a. (Hg.): Der Ort der „Volksgemeinschaft" in der deutschen Gesellschaftsgeschichte, Paderborn (u.a) 2018; Anette

Blaschke: Zwischen „Dorfgemeinschaft" und „Volksgemeinschaft". Landbevölkerung und ländliche Lebenswelten im Nationalsozialismus, Paderborn 2018.

3. Aus pragmatischen Gründen soll im Folgenden „Fastnacht" als Sammelbegriff verwendet werden.

4. Carl Dietmar, Marcus Leifeld: Alaaf und Heil Hitler. Karneval im Dritten Reich, München 2010; Marcus Leifeld: Der Kölner Karneval in der Zeit des Nationalsozialismus. Vom regionalen Volksfest zum Propagandainstrument der NS-Volksgemeinschaft, Köln 2015.

5. Anton M. Keim: 11 mal politischer Karneval. Weltgeschichte aus der Bütt: Geschichte der demokratischen Narrentradition vom Rhein, Mainz 1966; ergänzend z.B. auch ders.: 150 Jahre politisch-literarische Fastnacht. Von der Freiheit der Narren und wechselnden Zensoren, in: Bürgerfest und Zeitkritik. 150 Jahre Mainzer Fastnacht, 150 Jahre Mainzer Carneval-Verein 1838–1988, hg. vom Mainzer Carneval-Verein, Mainz 1987, S. 131–148.

6. Rita Link, Doris Wandel: Die Mainzer Fastnacht und ihre ökonomische und politische Ausnutzbarkeit, in: Analyse eines Stadtfestes. Die Mainzer Fastnacht, hg. von Herbert Schwedt, Wiesbaden 1977, S. 39–76.

7. Friedrich Schütz: 150 Jahre MCV – 150 Jahre Stadtgeschichte, in: Bürgerfest und Zeitkritik (Anm. 5), S. 11–130, vor allem S. 54–78; ergänzend z.B. auch Werner Hanfgarn (u.a.): Fünfundachtzig Mainzer Jahre. Die Stadt, die Fastnacht: Jakob Wucher in Geschichte und Geschichten, Mainz 1983.

8. Zur Geschichte des Begriffs z.B. Detlev Schmiechen-Ackermann: Einführung, in: Volksgemeinschaft (Anm. 2), S. 37–43; Schyga (Anm. 1), S. 38–60.

9. Joachim Radkau: Das Zeitalter der Nervosität. Deutschland zwischen Bismarck und Hitler, München 1998.

10. Zur Komplexität der deutschen Gesellschaft an der Wende zum 20. Jahrhundert z.B.: Sven Oliver Müller/ Cornelius Torp (Hg.): Das deutsche Kaiserreich in der Kontroverse, Göttingen 2009.

11. Dazu z.B. Johannes Leicht: Biopolitik, Germanisierung und Kolonisation. Alldeutsche Ordnungsutopien einer ethnisch homogenen „Volksgemeinschaft", in: Jahrbuch für Antisemitismusforschung 19 (2010), S. 151–177.

12. Michael Wildt: Die Ungleichheit des Volkes. „Volksgemeinschaft" in der politischen Kommunikation der Weimarer Republik, in: Bajohr, Wildt (Anm. 2), S. 24–40.

13. Thomas Etzemüller: Total, aber nicht totalitär. Die schwedische „Volksgemeinschaft", in: Bajohr, Wildt (Anm. 2), S. 41–59.

14. Aufruf der DVP 1920, zit. nach Wolfgang Hartenstein: Die Anfänge der Deutschen Volkspartei 1918–1920, Düsseldorf 1962, S. 210.

15. Richtlinien der Deutschen Zentrumspartei, 16. Januar 1922, in: Volk, Kirche, Vaterland. Wahlaufrufe, Aufrufe, Satzungen und Statuten des Zentrums 1870–1933, bearb. von Herbert Lepper, Düsseldorf 1998, S. 418 f.

16. Wahlaufruf, 27. März 1925, in: Lepper (Anm. 15), S. 450–453.

17. DDP-Wahlkampfslogan 1924, zit. nach Jürgen C. Heß: „Das ganze Deutschland soll es sein". Demokratischer Nationalismus in der Weimarer Republik am Beispiel der Deutschen Demokratischen Partei, Stuttgart 1978, S. 332.

18. Manifest der Deutschen Staatspartei, in: Wilhelm Treue: Deutsche Parteiprogramme 1861–1954, Göttingen (u.a.) 1954, S. 148–152, hier S. 148.
19. Friedrich Ebert, 17. August 1922, zit. nach Wildt (Anm. 2), S. 60.
20. Protokoll über die Verhandlungen des Parteitags der Sozialdemokratischen Partei Deutschlands vom 18. bis 24. September 1921, Berlin 1921, S. III f.
21. Prägnant dazu: Andreas Wirsching: Die Weimarer Republik. Politik und Gesellschaft, München 2008, S. 31–46.
22. Für eine konzise Interpretation von „Mein Kampf": Barbara Zehnpfennig: Hitlers Mein Kampf. Eine Interpretation, München ³2006; auch dies.: Adolf Hitler, Mein Kampf. Weltanschauung und Programm: Studienkommentar, München ²2011.
23. Adolf Hitler: Mein Kampf, Buch 1, Kapitel 11, 313, zit. nach Hitler, Mein Kampf. Eine kritische Edition, hg. von Christian Hartmann (u.a.), München, Berlin 2016, S. 769.
24. Adolf Hitler: Mein Kampf, Buch 1, Kapitel 11, 346, zit. nach Hitler (Anm. 23), S. 853.
25. Adolf Hitler: Sämtliche Aufzeichnungen 1905–1924, hg. von Eberhard Jäckel und Axel Kuhn, Stuttgart 1980, S. 190.
26. Ernst Fraenkel, zit. nach Manfred Gailus, Armin Nolzen: Einleitung. Viele konkurrierende Gläubigkeiten – aber eine „Volksgemeinschaft"?, in: Zerstrittene „Volksgemeinschaft". Glaube, Konfession und Religion im Nationalsozialismus, hg. von Manfred Gailus und Armin Nolzen, Göttingen 2011, S. 7–33, hier S. 18.
27. Karl-Heinz Brand, Denn wenn et Trömmelche jeht, 1993, Interpreten: Die Räuber.
28. Günter Riederer: Feiern im Reichsland. Politische Symbolik, öffentliche Festkultur und die Erfindung kollektiver Zugehörigkeiten in Elsaß-Lothringen, Trier 2004, S. 25.
29. Sigmund Freud: Totem und Tabu. Einige Übereinstimmungen im Seelenleben der Wilden und der Neurotiker, Frankfurt a. M. ³1972, S. 157.
30. Jan Assmann: Der zweidimensionale Mensch. Das Fest als Medium des kollektiven Gedächtnisses, in: Das Fest und das Heilige. Religiöse Kontrapunkte zur Alltagswelt, hg. von Jan Assmann, Gütersloh 1991, S. 13–30, hier S. 16.
31. Die Formulierung zieht sich durch den Aufsatz: Assmann (Anm. 30).
32. Erhellend z.B.: Werner Freitag (Hg.): Das Dritte Reich im Fest. Führermythos, Feierlaune und Verweigerung in Westfalen 1933–1945, Bielefeld 1997.
33. Zu ihr z.B.: Wolfhard Buchholz: Die nationalsozialistische Gemeinschaft „Kraft durch Freude". Freizeitgestaltung und Arbeiterschaft im Dritten Reich, München 1976; Sascha Howind: Kraft durch Freude und die Illusion eines besseren Lebens. Sozialpropaganda im Dritten Reich 1933–1939, Hannover 2012; Detlef Schmiechen-Ackermann (Hg.): Volksgemeinschaftliche Dienstleister? Anmerkungen zu Selbstverständnis und Funktion der Deutschen Arbeitsfront und der NS-Gemeinschaft „Kraft durch Freude", Potsdam 2012.
34. Zit. nach Hasso Spode: Zur Geschichte des Tourismus. Eine Skizze der Entwicklung der touristischen Reise in der Moderne, Starnberg 1987, S. 108.
35. Hildegard Frieß-Reimann: Der Siegeszug des Prinzen Karneval. Die Ausbreitung einer bürgerlichen Festform unter besonderer Berücksichtigung von Rheinhessen, Mainz 1988, S. 121.
36. Berthold Hamelmann: „Helau" und „Heil Hitler". Alltagsgeschichte der Fastnacht 1919–1939 am Beispiel der Stadt Freiburg, Eggingen 1989.

37. Ruth Mateus-Berr: Fasching und Faschismus. Ein Beispiel: Faschingsumzug 1939 in Wien, Wien 2007.

38. Leifeld (Anm. 4), S. 165–199.

39. Landskrone, Oppenheim, 23. Januar 1936, zit. nach Frieß-Reimann (Anm. 35), S. 119.

40. Dietmar, Leifeld (Anm. 4), S. 144–148.

41. Frieß-Reimann (Anm. 35), S. 120.

42. Günter Schenk: Die Mainzer Fastnacht, Darmstadt 2016, S. 116.

43. Leifeld (Anm. 4), S. 191–194.

44. Vgl. dazu den Beitrag von Peter Krawietz in diesem Band.

45. Mainzer Journal vom 12. November 1935, zit. nach Link, Wandel (Anm. 6), S. 67.

46. Mainzer Journal vom 22. Januar 1937, zit. nach Link, Wandel (Anm. 6), S. 68.

47. Mainzer Journal vom 12. November 1935, zit. nach Link, Wandel (Anm. 6), S. 67.

48. Georg Spickhoff: Aus der Geschichte des Düsseldorfer Karnevals, Düsseldorf 1938, S. 91.

49. Joseph Goebbels 1934, zit. nach Reinhold Gutschik: Der politische Witz im National-sozialismus aus Sicht der Kommunikationswissenschaft, Marburg 2005, S. 97.

50. Henry Bender 1935, zit. nach Frieß-Reimann (Anm. 35), S. 120.

51. Jakob Wucher, 1936, zit. nach Link, Wandel (Anm. 6), S. 72.

52. Dietmar, Leifeld (Anm. 4), S. 122

53. Gunter Mahlerwein: Rheinhessen 1816–2016. Die Landschaft, die Menschen und die Vorgeschichte der Region seit dem 17. Jahrhundert, Mainz 2015, S. 291.

54. Dietmar, Leifeld (Anm. 4), S. 127.

55. Eugen Becker: Kläänigkeite! Vortrag von Eugen Becker, gehalten in der 1. Herrensit-zung des MCV e. V. am 9. Januar 1937, zit. nach Marius Ellermeyer: „Heil und Sieg der Mainzer Fassenacht". Ideologische „Gleichschaltung" der Mainzer Fastnachtsvereine im Nationalsozialismus (unveröffentlichte Bachelorarbeit), Mainz 2019, S. 21.

56. Christel Litzinger, Februar 1939, zit. nach Schütz (Anm. 7), S. 76.

57. Jürgen Meyer: Organisierter Karneval und „Narrenrevolte" im Nationalsozialismus. Anmerkungen zu Schein und Sein im Kölner Karneval 1933–1935, in: Geschichte in Köln 42, 1997, S. 69–86, hier S. 75.

58. Thomas Liessem, 1935, zit. nach Leifeld (Anm. 4), S. 80.

59. Herbert von Bose bildet eine der Hauptfiguren bei Rainer Orth: „Der Amtssitz der Opposition"? Politik und Staatsumbaupläne im Büro des Stellvertreters des Reichs-kanzlers in den Jahren 1933–1934, Köln (u.a.) 2016.

60. Otto Berco: In meiner Badewanne bin ich Kapitän. Ein heiterer Foxtrot. Worte: Wilh. Krug und Ludwig Bernauer, Wien 1937.

61. Detlev Peukert: Die Edelweißpiraten, Protestbewegungen jugendlicher Arbeiter im Dritten Reich: eine Dokumentation, Köln ²1983, S. 236.

62. Klaus Gotto (u.a.): Nationalsozialistische Herausforderung und kirchliche Antwort. Eine Bilanz, in: Nationalsozialistische Diktatur 1933–1945. Eine Bilanz, hg. von Karl Dietrich Bracher (u.a.), Bonn 1983, S. 655–668.

63. Michael Rackl in einer Predigt, zit. nach Monatsbericht der Bezirksregierung, 8. Juli 1936, in: Die kirchliche Lage in Bayern nach den Regierungspräsidentenberichten

1933–1943, bearb. von Helmut Witetschek, Band 2: Regierungsbezirk Ober- und Mittelfranken, Mainz 1967, S. 98.

64. Olaf Blaschke: Stufen des Widerstands – Stufen der Kollaboration, in: Widerstand? Forschungsperspektiven auf das Verhältnis von Katholizismus und Nationalsozialismus, hg. von Andreas Henkelmann und Nicole Priesching, Saarbrücken 2010, S. 63–88.

65. Michael Rackl in einer Predigt, zit. nach Monatsbericht der Bezirksregierung, 8. Juli 1937, in: Die kirchliche Lage in Bayern (Anm. 63), S. 198 f.

66. Michael Rackl an den Militärkommandanten von Eichstätt, 25. Dezember 1943, zit. nach Christiane Hoth, Markus Raasch: Katholisches Milieu und Volksgemeinschaft. Michael Rackl 1883–1948: Bischof von Eichstätt (1935–1948) im Dritten Reich, in: Zwischen Seelsorge und Politik. Katholische Bischöfe in der NS-Zeit, Münster 2018, hg. von Maria Anna Zumholz und Michael Hirschfeld, S. 621–666, hier S. 655.

67. Seppel Glückert, zit. nach Günter Schenk: Fassenacht in Mainz. Kulturgeschichte eines Volksfestes, Stuttgart 1986, S. 82.

68. Seppel Glückert, zit. nach Keim (Anm. 5), S. 157.

69. Seppel Glückert, 1930, zit. nach Keim (Anm. 5), S. 135.

70. Adolf Gottron, Rück- und Ausblick. Vortrag zur Fremdensitzung des M.C.V. am 8. Februar 1931, zit. nach Ellermeyer (Anm. 55), S. 20.

71. Mainzer Anzeiger, 13. Februar 1936, zit. nach Link, Wandel (Anm. 6), S. 75.

72. Seppel Glückert, 1934, zit. nach Keim (Anm. 5), S. 148.

73. Z. B. Gisela Diewald-Kerkmann: Politische Denunziation im NS-Regime oder die kleine Macht der „Volksgenossen", Bonn 1995; Wildt (Anm. 2).

74. Meyer (Anm. 57), S. 82–86; Leifeld (Anm. 4), S. 76–82.

75. Vgl. den Beitrag von Michael Kißener in diesem Band.

76. Fritz Bolz: Unangepasst und widerborstig. Der Kölner Karnevalist Karl Küpper 1905–1970, Köln ²2018.

77. Jörg A. Heimeshoff: In den Fängen des Nationalsozialismus. Widerstand und Selbstbehauptung des Düsseldorfer Fabrikanten Leo Statz, in: Düsseldorfer Jahrbuch 68 (1997), S. 194–202; Helmut Moll: Leo Statz. Ein rheinischer Blutzeuge in der Zeit des Nationalsozialismus, in: Pastoralblatt für die Diözesen Aachen, Berlin, Hildesheim, Köln und Osnabrück 4 (1997), S. 114–117.

Michael Kißener

Die „närrische" Volksgemeinschaft
Mainzer Fastnacht im NS-Staat

Zwischen verordneter und bereitwilliger Einfügung in die Volksgemeinschaft

Die Mainzer Fastnacht – das war von alters her und ist bis heute ein Volksfest, bei dem die Menschen, lustig verkleidet, die Alltagssorgen vergessend, Standesschranken überwindend, sich tagelang fröhlich in den Armen liegen und gemeinsam in geselliger Runde feiern. Zwischen 1933 und 1945 jedoch bot dieses Fest weit darüber hinaus den Propagandisten der nationalsozialistischen Weltanschauung die geradezu einzigartige Gelegenheit, die Wirkmächtigkeit eines zentralen Punktes ihrer „Weltanschauung" zu demonstrieren: Fastnacht und Karneval wurden zu idealen Gelegenheiten, um die Realität der propagierten nationalsozialistischen Volksgemeinschaft zur Schau zu stellen, den geforderten Gemeinschaftssinn zu stärken und aller Welt zu verdeutlichen, dass das unter Reichskanzler Adolf Hitler nach Jahrzehnten der gesellschaftlichen Spaltung endlich geeinte deutsche Volk wie ein Mann hinter seinem „Führer" stehe und allen Herausforderungen trotzen könne.

Eben deshalb waren die für den Kulturbereich zuständigen Stellen im NSDAP-Gau Hessen-Nassau wie in der Stadt Mainz vom ersten Tag ihrer Herrschaft an bestrebt, die Mainzer Fastnacht nicht etwa einzuschränken oder abzuschaffen, sondern vielmehr sie für ihre Zwecke zu instrumentalisieren. Schon 1934 tönte der nationalsozialistische „Mainzer Anzeiger" in diesem Sinne, Fastnacht in Mainz sei „eine Erlebnisgemeinschaft (…), die alle Grenzen zwischen reich und arm, zwischen dem einfachen und vornehmen Bürger wegnimmt und ausgemerzt sein läßt in einer einigen großen Freude" der Volksgemeinschaft.[1] Auch den ins Ausland geflüchteten sozialdemokratischen Regimegegnern in der Sopade fiel das große Interesse der NS-Führung an Fastnacht und Karneval gleich auf. Sie sahen dafür zwei Ursachen: 1) gehe es dem Regime wohl darum, durch „organisierte Lustigkeit" „die immer noch nicht vorhandene Volksgemeinschaft zu demonstrieren" und 2) solle sie die Menschen narkotisieren, damit sie ihre trostlose Lage nicht reflektieren könnten. Um dies zu erreichen, werde sogar eine gewisse Zügellosigkeit, die erotische Bedürfnisse bediene, toleriert, getreu der Goebbels-Devise „Wir leben in keinem Franziskanerkloster".[2]

Tatsächlich drängte sich die Partei im Alltag sehr schnell und unmittelbar in die Vorbereitung und Durchführung der Mainzer Fastnacht. Zwar wurden einzelne Garden und Gruppierungen verboten, so etwa „nicht bodenständige" junge Garden, die man z.b. wegen der politisch linken Gesinnung der Mehrheit ihrer Mitglieder als schädlich für die Volksgemeinschaft einstufte und sie deshalb aus der Gemeinschaft der feierlaunigen Gleichgesinnten ausschließen wollte.[3] Auch die Zahl der Veranstaltungen wurde zunächst eingeschränkt, die ohnehin nur noch von Vereinen „wirklich karnevalistischer Zielsetzung" durchgeführt werden durften, um sicherzustellen, dass volksgemeinschaftliche Geschlossenheit auch gewahrt wurde.[4] Doch insgesamt ist festzustellen, dass die Partei ein Interesse an der Verbreitung des Fastnachtstreibens hatte und in Rheinhessen mancherorts sogar zur Gründung von Fastnachts- und Karnevals-vereinen aufrief.[5]

Die Parteiorganisation Kraft durch Freude (KdF) bemächtigte sich geradezu der Fastnacht, verlangte an der Organisation und der Ausrichtung mitbeteiligt zu werden, und finanzierte, was den Vereinen aufgrund mangelnder Ressourcen jahrelang unmöglich war. Dadurch ergaben sich auch Werbemöglichkeiten für die NSDAP, indem sie z.B. dafür sorgte, dass auch einfache Leute das närrische Treiben zu gemäßigten Preisen unbeschwert miterleben konnten. SA-Kapellen spielten bei den Umzügen auf, der Bund Deutscher Mädel (BDM) und die Hit-lerjugend (HJ) liefen verkleidet mit und konnten so für sich werben. Und wenn bekannte Fastnachter für NS-Organisationen wie das Winterhilfswerk beim gemeinsamen Eintopfsonntag sammelten, war auch das werbewirksam für die Partei.[6]

Darüber hinaus gab es handfeste wirtschaftliche Interessen beim Engagement der örtlichen NS-Führer für die volksgemeinschaftliche Fastnacht: Mit dem Volksfest konnten der Tourismus gefördert und die Wirtschaft angekurbelt wer-den. Zwar lassen sich keine exakten Zahlenangaben hierzu mehr finden, aber vielerorts ist in zeitgenössischen Quellen die Rede davon, dass die KdF-Werbetrommel funktionierte und viele tausend Menschen von außerhalb sogar mit Sonderzügen der Reichsbahn nach Mainz kamen, um sich das Spektakel einmal näher anzusehen. Das 100-Jahr-Fest des Mainzer Carneval-Vereins (MCV) 1938 erzielte mit seiner großen Aufmachung, für die KdF mit Sorge trug, eine enorme Außenwirkung, sogar im gleichgeschalteten Rundfunk, der schon seit 1935 Büt-tenreden aus Mainz live übertrug.

Diese regelrechte Übernahme der Fastnacht durch die NS-Funktionäre zeigt sich auch in den Vorständen der Vereine und Komitees. Nimmt man als Beispiel etwa das 1935 amtierende Mainzer Fastnachtskomitee, dessen Zusammenset-zung Friedrich Schütz eruiert hat, so lässt sich feststellen, dass darin zwar mit

Heinrich Bender,[7] Seppel Glückert,[8] Philipp Kepplinger,[9] Christel Müller, Heinrich Eppelsheimer, Martin Mundo,[10] Hans Becker, Fritz Eberhard und Heinrich Hilsenbeck noch bekannte alte Mainzer Fastnachter saßen. Aber dem Komitee gehörte zwei Jahre nach der „Machtergreifung" auch der städtische Beigeordnete Fritz Saurmann an, ein Alt-Parteigenosse (Pg.) von 1932, der 1933 maßgeblich für die Gleichschaltung der städtischen Behörden gesorgt hatte, in den Weimarer Jahren als Redakteur des NS-Blattes „Mainzer Tageszeitung" mehrfach wegen Diffamierung demokratischer Politiker sich vor Gericht hatte verantworten müssen[11] und in der Durchsetzung nationalsozialistischer Ziele nicht zimperlich war. Er sollte schon bald wegen parteiinterner Querelen in Konflikt mit der Gauleitung geraten und seines Postens als Beigeordneter enthoben werden, seine angeblich so geliebte Stadt dann auf Fortzahlung von Gehalt verklagen, um endlich auf dem Wege nationalsozialistischer Vetternwirtschaft eine neue Verwendung in Völklingen zu finden.[12] Mit Hans Weis war ein zweiter Nationalsozialist im Kreis des Elfergremiums und sogar als geschäftsführender Vorstand tätig, der Mitarbeiter in der NSDAP-Kreisleitung war und später wegen Unterschlagung von Geldern des MCV vor Gericht sich verantworten musste.[13]

Die Fastnachter des Festkomitees waren aber nicht nur gleichgeschaltet und ungefragt durch zuverlässige Nationalsozialisten eingerahmt worden; ein erheblicher Teil von ihnen schwenkte offenbar auch mit der Zeit willig auf die neue Linie ein und wurde ebenso aktiv in den NS-Organisationen, so, wie es die Volksgemeinschaft erwartete und erforderte. Fritz Eberhard[14] war schon zum 1. Mai 1933 der NSDAP beigetreten[15], Philipp Kepplinger ebenso.[16] Heinrich Bender suchte um Aufnahme 1939 nach und wurde 1940 Pg.[17] Und als Seppel Glückert 1938 ausschied, wurde 1939 mit dem Kohlenhändler Adolf Gottron ein Parteimitglied und NSDAP-Ortsgruppenleiter Mitglied des Festkomitees, auf den sich die Partei ebenso verlassen konnte: Als Redner hatte er schon früher Emigranten verhöhnt, seinem berühmt gewordenen Vorgänger, der in der Mainzer NS-Parteileitung keine Freunde hatte, widmete er in seiner ersten Protokollerrede kein einziges Wort. 1944 geriet auch er in interne Konflikte und unter den Verdacht der Bestechung.[18] Anders als gelegentlich zu lesen, ist daher festzuhalten, dass schon 1935 weit mehr als 30 % der führenden Fastnachter von Mainz der NSDAP angehörten oder ihr nahestanden, 1939 waren es dann mehr als die Hälfte.

Diese Zusammensetzung in Leitungsgremien der Fastnacht ermöglichte so Kontrolle, die Leitungsgremien kontrollierten sich aber je länger, je mehr auch selbst, indem sie sich einordneten in die Volksgemeinschaft und deren Regeln internalisierten. Das belegt etwa die Frage der politischen Prüfung von Büttenreden, die häufig genug umgangen worden sein soll.[19] Wie das in der Praxis verlief, zeigt ein bemerkenswerter Erinnerungsbericht des Mainzer Carneval Club (MCC)-Vorsitzenden Jakob Wucher.[20] Wucher umging zwar die offizielle Kontrolle mit der ganz unpolitischen Ausrede, dass die Kontrollstelle in der Kreisleitung eben jener Hans Weis gewesen sei, dem man als MCV-Angehörigen die MCC-Reden nicht habe vorlegen können. Aber bei unsicheren Situationen habe er sich, obwohl selbst Parteimitglied, doch immer auch bei der örtlichen NS-Prominenz abgesichert, ob eine Rede akzeptabel sei oder nicht.[21] Darüber hinaus redete er sich selbst ein, dass politische Reden, für die die Mainzer Fastnacht seit jeher bekannt war, das Publikum doch weniger interessiert hätten, vielmehr unpolitische witzige Reden, die sich mit Alltagsproblemen beschäftigten, auf größere Resonanz gestoßen seien.[22]

Rein äußerlich erfolgte die Selbsteinordnung in die Volksgemeinschaft ohnehin überraschend schnell: Der MCV lobte sich schon nach der Kampagne 1933 selbst für seine „Selbstzucht" – kein „Misston" sei in dieser „spannungsreichen Zeit" zu hören gewesen und man sei bemüht gewesen, „das mögliche Odium zersetzender Kritik" zu vermeiden.[23] Wie sehr man sich für die Propagandaziele des Staates einspannen ließ, zeigt etwa die Mainzer Fastnachtszeitschrift „Narrhalla", in der nun Jubelverse wie „Ein Retter kam, vom Himmel uns gesandt,/ zu dem des Vaterlandes Not gedrungen/ schwang siegbewehrt das starke Schwert der Nibelungen/ verröchelnd liegt der Lindwurm nun im Sand" abgedruckt wurden,[24] – oder auch der MCC-Orden von 1937, der einmarschierende Wehrmachtssoldaten während der Remilitarisierung des Rheinlandes 1936 vor dem Dom zeigt – dass dies ein Bruch von völkerrechtlich bindenden Verträgen war, wurde hier behände übersehen. In der Mainzer Prinzengarde betonte Generalfeldmarschall Diether Hummel 1934,[25] dass man schon immer das Führerprinzip geachtet habe und „schon lange hinter der nationalen Bewegung" stehe. Auf den Reichspräsidenten Hindenburg und den Reichskanzler Adolf Hitler brachte er ein dreifaches „Sieg Heil!" aus.[26] Und schaut man sich das Gästebuch des MCC an, so finden sich darin viele Eintragungen „im Einklang … mit den heroischen Zeiten", wie Werner Hanfgarn einmal formuliert hat.[27]

Besonders düster und ein bis heute nicht aufgearbeitetes Kapitel der Mainzer Fastnachtsgeschichte ist die feststellbare, verbreitete Anpassung an die im NS-Volksgemeinschaftsdenken geforderte Exklusion jüdischer Mitbürger und politisch Andersdenkender. Weder gegen dieses Unrecht noch gegen die Diffamierung der jüdischen Fastnachter in der „Mainzer Warte", die obszön behauptete, die Juden hätten in der Fastnacht nichts anderes im Sinne, als lüstern auf Maskenbällen an „arischen" Frauen ihre sexuelle Lust zu befriedigen, regte sich öffentlicher Protest.[28] Nur einzelne Verfolgungsschicksale finden sich gelegentlich erwähnt: So etwa das des Speditionskaufmanns Oskar Bär, Mitglied des

MCV-Komitees, der aus rassischen Gründen gehen musste, glücklicherweise aber das „Dritte Reich" überlebte und dann nach 1945 sich wieder für die Mainzer Fastnacht engagierte.[29] Weniger Glück hatte der Weinhändler Otto Neumann, 1931 noch Schatzmeister des MCV, der ebenso ausgestoßen und 1942 dann in Theresienstadt ermordet wurde.[30] Jakob Wucher erinnerte sich später noch an einen damals bekannten Sänger namens Sissi Rosenbusch, der Ernst Neger[31] ein Vorbild war – auch er durfte nicht mehr auftreten. Immerhin soll Wucher ihn später noch mit Lebensmitteln versorgt haben.[32] Ein MCV-Kapellmeister wurde verdrängt, weil er seine freundschaftlichen Verbindungen zu jüdischen Mitbürgern nicht lösen wollte. Der Kapellmeister beim MCC durfte schließlich auch nicht mehr öffentlich dirigieren, weil er sozialdemokratisch gesinnt war.[33]

Weit darüber hinaus zeigte sich die Einfügung der Fastnachter und ihrer närrischen Führung in die neue NS-Volksgemeinschaft in den Rosenmontagszügen. Neben unpolitischen Fußgruppen und Wagen waren dort schon bald solche zu sehen, die an politischer Deutlichkeit nichts zu wünschen übrig ließen. Die Ablehnung des Völkerbundes, die Diffamierung der politischen Emigranten, antisemitische Stellungnahmen und etliche Themen mehr, die nationalsozialistisches Gedankengut popularisierten, wurden ab 1933 auf den Umzugswagen aufgegriffen. Wie im Rosenmontagszug breitete sich auch in den Fastnachtssitzungen der Volksgemeinschaft nationalsozialistisches Gedankengut aus und drangen rassistische Vorstellungen in gereimten Versen in das Denken der „Volksgenossen" ein. Es waren keine Ausnahmen, wenn auf Mainzer Fastnachtssitzungen Büttenreden gehalten wurden, die die Politik Adolf Hitlers bejubelten und den „Führer" über alle Maßen lobten, die die alte Narrenkritik an den Philistern aufgriffen und auf diesem Weg jetzt die politischen Gegner des Nationalsozialismus lächerlich machten, die die aggressive NS-Außenpolitik rechtfertigten und die berechtigte Kritik des Auslands an Deutschland als Hetzpropaganda beschimpften, ja auch solche, die etwa den nationalsozialistischen Antisemitismus nicht nur bejahten, sondern den Hass gegen die Juden schürten. 1938 war man sogar so weit, die Judenverfolgungen der Reichspogromnacht in einer Büttenrede zu rechtfertigen und den Ausschluss jüdischer Mitbürger als einen völlig natürlichen Akt darzustellen, ohne dass sich dagegen erkennbarer Widerstand geregt hätte. Die Rede wurde vielmehr abgedruckt, damit sie noch einmal nachgelesen werden konnte.[34]

Der Humor der Volksgemeinschaft

Die Gleichschaltung wie die Selbstgleichschaltung der Mainzer Fastnacht in der „närrischen" Volksgemeinschaft brachte aber nicht nur den Fastnachtern einen enormen Aufschwung und dem Regime beachtliche propagandistische Vorteile, sie brachte auch Probleme. Denn ein Kernelement gerade der Mainzer Fastnacht war seit jeher die bisweilen durchaus scharfe politische Büttenrede, das Meisterstück etwa der Protokoller, des Till Eulenspiegel oder anderer Ausgewählter der Fastnachtsvereine. Wie weit konnte gerade dies in einer totalitären Diktatur akzeptiert werden, wann nützte und stärkte das „Ablassen" von Ärger und Frustration den Zusammenhalt der Volksgemeinschaft, wann schadete ein solches Verhalten? Wie weit sollten oder durften sich die Fastnachter vorwagen?

Man wird nicht sagen können, dass Nationalsozialisten keinen Humor gehabt, nicht gerne gelacht hätten. Auffallend ist zunächst jener Humor, der wegen seiner Bösartigkeit kaum mehr so zu nennen ist, etwa wenn in antisemitischen Zeitschriften wie den „Lustigen Blättern" in übelster Weise rassistische Hetze verbreitet wurde, über die wohl nur überzeugte Nationalsozialisten lachen konnten.[35]

Der „Führer" selbst lachte dem Vernehmen nach gerne, aber glaubt man den Erinnerungen des Reichspressechefs Otto Dietrich, dann war dieser Humor geradezu eisig kalt. Er schildert typische Situationen mit Hitler bei Tisch so:

> Wenn Hitler nicht sprach und Goebbels nicht einsprang, herrschte manchmal verlegene Stille, die der Tischherr gern durch Einschalten von scherzhaften Intermezzos überbrückte. Der Münchener Hoffmann erzählte dann süddeutsche Witze und Wiener Graf Bobby-Anekdoten, Goebbels die neuesten, allerdings nur die harmlosen politischen Scherze im Berliner Jargon, persönlicher Art allerdings nur soweit, als sie Göring und nicht seine Person betrafen. Göring war großzügig und ließ sich eine Privatsammlung der über ihn umlaufenden Witze anlegen. Die Person Hitlers, der sich durch Humor unterhalten fühlte, blieb stets aus dem Spiel. Er hatte die Gewohnheit, seinen Hausintendanten, der ein Berliner Original war und früher das bekannte Gartenlokal ‚Onkel Toms Hütte' bewirtschaftet hatte, während des Essens oder Anrichtens ins Gespräch zu ziehen. Dieser sorgte oft für Humor und närrische Unterhaltung, was Hitler entlastete und ihn und seine Gäste belustigte.

Hitlers Humor, so resümiert Dittrich, sei „gezwungen", bisweilen gar „grimmig" gewesen.[36] Ins Münchner Kabarett „Am Platzl" zu Weiß Ferdl ging Hitler ab und zu, lud den Humoristen am 2. August 1933 sogar auf seinen Berghof ein.[37] Zu Karneval und Fastnacht hatte der „Führer", soweit bekannt, keinen Bezug, auf einem Umzug war er nie zu sehen; er hat keine Fastnachter empfangen oder an einer Sitzung teilgenommen. Allenfalls zu einem Besuch der „Lustigen Witwe" in der Deutschen Oper zur Fastnachtszeit hat er sich überreden lassen.[38]

Bei anderen NS-Größen, vor allem solchen, deren Aufgabe es war, das Volk bei Laune zu halten, war die Haltung wesentlich pragmatischer: Robert Ley, der als Chef der Deutschen Arbeitsfront (DAF) und von KdF gleichsam beruflich mit der Hebung der Stimmung im arbeitenden Volke befasst war, hat einmal bekannt:

> Sehen Sie, Kultur kann doch nichts anderes sein als Erholung. Und da muß ich schon sagen, wenn ich einen Abend bei Carl Napp [einem von Nationalsozialisten sehr geschätzten unpolitischen Kabarettisten] gewesen bin und einmal so richtig gelacht habe, so daß ich mir die Seiten halten muß, – ja, dann habe ich mich erholt. Davon lebe ich noch vierzehn Tage. Und das geht den anderen auch so.[39]

Hier wird deutlich, dass den Machthabern die sozialpsychologische Bedeutung von Humor und Witz durchaus geläufig war. Nicht erst kritische volkskundliche Arbeiten wie sie über die Mainzer Fastnacht in den 1970er Jahren geschrieben wurden,[40] sondern schon die Exilleitung der SPD in den 1930er Jahren erklärte eine gewisse feststellbare Toleranz des NS-Regimes in Sachen Humor und politischem Witz mit einer „Ventilfunktion", die dieser Witz in der Gesellschaft der deutschen Diktatur wohl hatte. Die Sopade nannte das „Schimpffreiheit". In einem Untergrundbericht aus Bayern hieß es:

> Immer stärker tritt in Erscheinung, was man als amtlich erlaubte Kritik, als kanalisierte Opposition, bezeichnen könnte. Auf diesem Gebiet ereignen sich Dinge, die man sich nur dann einigermaßen erklären kann, wenn man annimmt, daß es die Nazibehörden selbst sind, die auf dem Umweg über die Witze der Komiker ein Ventil für die auch ihnen bekannte Mißstimmung im Volke schaffen wollen.[41]

Auch den Reichspropagandaminister, den Rheinländer Joseph Goebbels, beschäftigte natürlich der Humor und die Stimmung im Volk, sozusagen schon von Amts wegen, und auch er ließ anfänglich den Dingen ihren Lauf. Er soll vom Humor als dem „Stuhlgang der Seele" gesprochen haben. Witze, auch politische Witze, schätzte er, insbesondere, wenn sie über seine innerparteilichen Gegner, wie etwa Hermann Göring, gerissen wurden.[42] „Zum Witzemachen muß man Bewegungsfreiheit haben", stellte er einmal fest.[43] Und 1941 beabsichtigte er in gezielter Propaganda durch humoristische Stellungnahmen zum Tagesgeschehen, die „verkrampft gewordene" Tagessituation aufzulockern: „Humor und Witz entkleidet die Dinge meistens ihrer Bitterkeit. Ich verspreche mir von diesem Vorhaben außerordentlich viel."[44]

Aber das alles erreichte schnell eine Grenze, wenn der politische Witz scharf wurde, wenn er das Allerheiligste der Bewegung tangierte, vor allem wenn der „Führer" selbst zur Zielscheibe wurde. Selbst der Münchner Humorist und Faschingsredner Weiß Ferdl war ihm ein Dorn im Auge, obwohl dieser Antisemit und ein alter Sympathisant des Nationalsozialismus war und geschützt wurde von bayerischen NS-Gewaltigen wie Julius Streicher oder Gauleiter Adolf Wagner. Für Goebbels gingen seine politischen Witze zu weit und er trachtete

danach, ihn mundtot zu machen. In seinem Tagebuch hielt er 1937 fest: „Weiß
Ferdl lasse ich jetzt vorknöpfen. Er macht fast nur noch gemeine politische
Witze. Aber ich werde ihm schon das Handwerk legen. Auch wenn er von den
bayerischen Instanzen geschützt wird."[45] 1939 war seine Geduld grundsätzlich
am Ende und er erließ ein Verbot von politischen Witzen, das er im „Völkischen
Beobachter" ausführlich begründete. „Humor gibt es in Deutschland noch
genug und übergenug … ein Humor, der gutmütig, anständig und sauber ist
und, wenn nötig, auch derb und zugreifend sein kann", stellte er einleitend fest.
Beim politischen Witz, der „alles andere, nur nicht witzig ist", habe sich aber
mit der Zeit eine „gewisse Entartung und Disziplinlosigkeit bemerkbar gemacht,
die in weitesten Kreisen der Öffentlichkeit und vor allem der Parteigenossen
schwerstes Ärgernis erregt" habe. Diese „politische Witzemacherei" sei „ein
liberales Überbleibsel" und man habe nun „keine Lust [mehr], weiterhin unsere
Partei, unseren Staat und unsere öffentlichen Einrichtungen von intellektuellen
Nichtskönnern anblödeln zu lassen". „Wir sind auf solche politischen Witze nicht
angewiesen. Wir haben sie nicht nötig, wir mögen sie nicht und wir wollen sie
nicht. Sie verursachen uns Brechreize", stellte Goebbels klar. Nur der habe das
Recht „zu spotten, zu meckern oder auch mal zu schimpfen, der mitmarschiert".
Wer abseits stehe, habe gar kein anderes Recht „als das Maul zu halten". Es gebe
eine Grenze für den politischen Witz und „zwar verläuft diese Grenze da, wo es
sich um die vitalen Dinge und Angelegenheiten unseres politischen und weltan-
schaulichen Lebens handelt. Hier gibt es Reservate, die für uns heilig sind, und
an die soll sich niemand leichtsinnig heranwagen."[46] Je weiter der Krieg voran-
schritt und je schlechter die Lage wurde, desto rigider wurde dieser Grundsatz
offenbar angewandt: 1941 notierte er in sein Tagebuch: „Wir können im Kriege
nichts gebrauchen, was die Einheit stört. Also weg damit!" (gemeint waren politische Witze).[47]

Mittel und Wege, um den politischen Witz einzuengen, waren im „Dritten
Reich" von Anfang an verfügbar. Wer sich nicht einordnen wollte in die Volksgemeinschaft wurde zwangsweise exkludiert oder in seinem Denken mit Gewalt
neu ausgerichtet. In der Phase der Umgestaltung 1933 waren bereits eine Vielzahl regionaler Konzentrationslager (KZ) errichtet worden, in die ganz öffentlich politische und sonstige Gegner eingeliefert und gedemütigt wurden, bis sie,
oft menschlich gebrochen, verstummten. Für Mainz und Rheinhessen war in
Osthofen ein solches Lager errichtet worden. Das bekannteste und bis 1945 auf-
rechterhaltene KZ für Gegner aller Art war aber Dachau bei München, dessen
Ruf sich schnell verbreitete. Am 20. Dezember 1934 wurde diese ungeregelte
Einhegung von Kritik und Angriffen auf Symbole des NS-Staates in gesetzliche
Regelungen gegossen und das „Gesetz gegen heimtückische Angriffe auf Staat

und Partei und zum Schutz der Parteiuniform" erlassen. Darin war in Artikel 1, Paragraph 2, Absatz 1 festgelegt:

> Wer öffentlich gehässige, hetzerische oder von niedriger Gesinnung zeugende Äußerungen über leitende Persönlichkeiten des Staates oder der NSDAP, über ihre Anordnungen oder die von ihnen geschaffenen Einrichtungen macht, die geeignet sind, das Vertrauen des Volkes zur politischen Führung zu untergraben, wird mit Gefängnis bestraft.[48]

Zur Umsetzung dieser Verfügungen wurden in jedem Oberlandesgerichtsbezirk des Reiches an einem Landgericht besondere politische Strafsenate, sog. Sondergerichte, eingeführt, die schnell und unter drastischer Beschneidung von Rechtsmitteln für die Angeklagten solche „Heimtückereden" bestrafen sollten. Zwar urteilten diese Sondergerichte in den Anfangsjahren sehr unterschiedlich, aber es ist sicher falsch, die Bestrafung von politischen Witzreden gleichsam als Bagatelle einzustufen.[49] Sie erzielte eine abschreckende Wirkung gerade auf den Normalbürger, der sonst nie mit dem Gesetz in Konflikt geraten ist. Die Drohung und die öffentliche Exekution von Beispielen reichen in einer totalitären Herrschaft gewöhnlich, um Verhaltensanpassungen zu erreichen.

Auch für Karneval und Fastnacht galten selbstverständlich die von Goebbels definierten Grenzen. Warnende Hinweise in der Presse, man werde keinesfalls hinnehmen, dass im Fastnachtstreiben ungehemmt die Führer von Partei und Staat geschmäht würden, sind von Anfang an üblich gewesen. Am deutlichsten formulierte es der Hauptschriftleiter des „Mainzer Anzeigers" und Pressebeauftragter der NSDAP in Mainz, Gustav Staebe, in einem Vortrag im Januar 1936:

> Wir sind keine Trübsalblaser. Wir wollen Deutsche haben, die lachen können (…). Wir sind aber der Meinung, daß weltanschauliche Frozzeleien und Hinterhältigkeiten, die Stimmungsmache gegen den Nationalsozialismus bezwecken, nicht aus der ‚Bütt' gesprochen werden dürfen. Der Nationalsozialismus hat dem Karneval allen Schutz angedeihen lassen und hilft, wo er kann. Diese verächtliche Stimmungsmache hat aber zu unterbleiben.[50]

„Närrischer Widerstand"?

Ob es unter solchen Rahmenbedingungen eine Art „närrischen Widerstand" gegen das Regime überhaupt geben konnte, ist fraglich. Solange sich die politische Kritik „im Rahmen" hielt, war sie in den Anfangsjahren zu sozialpsychologischen Zwecken immerhin geduldet, wenn nicht akzeptiert. Gegen Ende der 1930er Jahre wäre ein Überschreiten der von Goebbels 1939 dann definierten Grenzen einer Art öffentlichen Selbstausschlusses aus der „närrischen Volksgemeinschaft" gleichgekommen.

In jedem Fall ist es höchst unwahrscheinlich, dass die vielzitierte Geschichte von der Verhaftung des MCV-Komitees 1935 ein Beweis für dessen Widerständigkeit und höchste Gefährdung der verantwortlichen Fastnachter darstellt – und das nicht nur aus den oben genannten strukturellen Gründen. An Aschermittwoch 1935 soll demnach der NSDAP-Gauleiter von Hessen-Nassau Jakob Sprenger angeordnet haben, die 11 Komiteeter der Fastnacht durch die Polizei verhaften zu lassen. Zum Teil seien sie aus den Betten geholt worden, ihre Familien in großer Sorge über ihr Schicksal zurücklassend. Die Ehefrau des Fastnachters Martin Mundo soll deswegen einen Herzanfall erlitten haben, bei Jakob Spangenmacher soll es eine Hausdurchsuchung gegeben haben. Die „Verhafteten", darunter kein einziges der bekannten nationalsozialistischen Komiteemitglieder, wurden von der Polizei ins Hotel Zentral gebracht, wo sie in einem Raum einige Zeit in Ungewissheit gewartet hätten, bis um 11 Uhr 11 der Gauleiter aufgetaucht sei, sie zu einem Katerfrühstück eingeladen und das Ganze als Fastnachtsscherz deklariert habe. In Windeseile habe sich allerdings in der ganzen Stadt herumgesprochen, dass dies eine deutliche Warnung an die Fastnachter gewesen sei, sich gefügig zu verhalten, um nicht eines Tages wirklich für ihre Spitzen gegen die Regierung verhaftet zu werden.

Für diese Erzählung gibt es so gut wie keine validen Quellenbelege. Amtliches Schriftgut über den Vorgang hat sich nicht erhalten. So ist ein ausführlicher Bericht im „Mainzer Anzeiger" vom 7. März 1935 unter dem Titel „Drei Stunden in ‚Schutzhaft' … Das Komitee des Mainzer Carneval-Vereins wird dem Gauleiter vorgeführt. Ein Scherz" das zeitnächste Dokument, das von einem Journalisten mit dem Kürzel „W" geschrieben wurde. Im Jahr darauf thematisierte einer der Betroffenen, Seppel Glückert, den Vorgang in einer Rede unter dem Titel „Die Verhaftung", die das Ganze schon als versteckte Warnung interpretierte und die Gefährdung der freien Rede offen thematisierte. Glückert wies dabei allerdings schon darauf hin, dass man in der Stadt „Märchen" über diesen Vorgang erzählt habe und betonte, Sprenger habe die Fastnachter nach dem Essen entlassen, obwohl sie „Dorscht (…) noch genug" gehabt hätten und sie „noch gar nit [gehen] wollten". Nach 1945 wurde über den Vorgang, soweit es das in den Fastnachtsarchiven archivierte Material zeigt, lange Zeit nicht mehr gesprochen. Erst 1963 berichtete ein Otto Westermann, der, wie Michael Kläger bereits bemerkt hat, höchstwahrscheinlich mit dem Schreiber des ersten Artikels im „Mainzer Anzeiger" identisch ist, wieder darüber, diesmal allerdings unter der Überschrift „Die Verhaftung – ein schlechter Scherz". Dieser Beitrag nun betonte die Ungeheuerlichkeit der Verhaftung zum Zweck der Einschüchterung resistenter Komiteeter und die Gefährdung der Fastnachter so, wie sie dann in viele nachfolgende Darstellungen, meist ohne Quellenbeleg, übernommen wurde.[51]

1985 erfuhr diese Darstellung nochmals eine Verstärkung durch einen Bericht des Sohnes eines der Betroffenen, Philipp Kepplinger jun., der die Verhaftung eindeutig als „Warnschuss" für die Komiteeter darstellte und den „Herzanfall" von Frau Mundo als schlimme Folgeerscheinung hervorhob, ohne allerdings zu berichten, was in Westermanns Artikel von 1935 wie von 1963 noch festgehalten war, dass nämlich angeblich die Polizei die Ehefrauen von dem Scherzcharakter der Verhaftung direkt in Kenntnis gesetzt hätten, um sie zu beruhigen.[52] Schon der Verlust dieses wichtigen Details zeigt, wie von Bericht zu Bericht wesentliche Elemente der Erzählung weggelassen oder verändert wurden, um den gefährlichen Verhaftungscharakter des Geschehens und die aufrechte Haltung des Komitees immer stärker hervorzuheben.

Geht man auf den Ursprungsbericht zurück, dem man natürlich auch eine tendenziöse Darstellung im Sinne einer Verharmlosung des wohl gar nicht gut in der Bevölkerung aufgenommenen Geschehens unterstellen muss, so fallen einige weitere, nach 1935 aber nie wieder thematisierte Einzelheiten auf, die zumindest in Frage stellen, ob diese Verhaftungsgeschichte inhaltlich wie von ihrer Intention her wirklich vollständig tradiert wurde. In dem Zeitungsbericht von 1935 wird nämlich hervorgehoben, dass Gauleiter Sprenger sich bei der Aktion, die dem Mainzer Polizeidirektor Herbert eingefallen sein soll, ganz karnevalistisch verhalten habe und recht umständlich den Versammelten „nach gesetzlicher Vorschrift (…) die Begründung der getroffenen Maßnahme" mitgeteilt habe. Diese lautete: „Wer einen Reichsstatthalter zu falscher Ausübung seines Amtes beeinflußt oder gar nötigt, wird mit dem Tode oder bis zu acht Jahren Zuchthaus bestraft." Was mit dieser Nötigung zu „falscher Amtsausübung", die also der Grund für die ganze Verhaftungsaktion gewesen sein soll, gemeint sein könnte, war den Zeitgenossen vielleicht noch klar, heute erschließt sich das erst durch ein Interview, das Karl Moerlé 1980,[53] damals Redner beim MCV und, wie er selbst betonte, Augenzeuge „aus unmittelbarer Nähe", dem Deutschlandfunk gegeben hat. 1935, so Moerlé, sei Gauleiter Sprenger beim Besuch einer Fastnachtsveranstaltung, wie es damals üblich war, gebeten worden, aus der Bütt einige Worte an das närrische Auditorium zu richten. Sprenger habe das abgelehnt, sei dann aber von dem angeheiterten Publikum mit Rufen „In die Bütt, in die Bütt!" dazu gezwungen worden. Heraus gekommen seien 2–3 trockene, unbeholfene Sätze, die den Gauleiter als ziemlich ungelenken Vertreter seines „Führers" gezeigt hätten, was ihn enorm erzürnt habe. Moerlé: „Er hat innerlich gekocht, man hat es ihm angesehen, weil er sich ausdrücklich verboten hatte, daß ein Gauleiter in die Bütt geht."[54] Für diese Blamage habe sich Sprenger, dessen Minderwertigkeitskomplex und Empfindlichkeit in Sachen seines öffentlichen Ansehens bekannt sind,[55] mit der Verhaftung rächen wollen, und zwar mit

Unterstützung des Mainzer NS-Oberbürgermeisters Barth, der plötzlich auch
bei den „Verhafteten" erschienen sei und gefordert habe, die Komiteeter hätten
sich dafür zu verantworten. Geholfen hat bei dieser Inszenierung aber nicht nur
Barth, sondern vermutlich mindestens einer der Komiteeter selbst. Bemerkenswert ist schon, dass Präsident Bender sofort erwidern konnte: „Könne mer's nit
mit e paar Jahr Ehrverlust abmache?" Vor allem aber wird die Vorstellung von
einer Einschüchterungs- und Strafaktion fraglich durch die Mitwirkung Philipp
Kepplingers, Mitglied des Festkomitees und seit knapp zwei Jahren Pg., der
plötzlich als bayerischer Komiker Weiß Ferdl verkleidet aufgetreten sei und vor-
gegeben habe, ein Abgesandter des bayerischen Reichsstatthalters Ritter von Epp
zu sein. Er sei von diesem nach Mainz geschickt worden, um Gnade für die Verhafteten zu erflehen. Epp empfehle seinem Kollegen Sprenger die Devise „LL",
d. h. „Loss se laafe!" Daraufhin habe Gauleiter Sprenger das Komitee begnadigt
und zur traditionellen fröhlichen Rheingaufahrt entlassen. Dieses Ende der Verhaftungsaktion ist nach dem Krieg nie wieder erzählt oder kommentiert worden – völlig aus der Luft gegriffen sind diese Angaben aber höchstwahrscheinlich
nicht, denn dass Philipp Kepplinger sich gerne als Weiß Ferdl verkleidete, war
damals bekannt. Zu seinem 50. Geburtstag war im „Mainzer Anzeiger" vom
31. Dezember 1934 erst ein sehr warmherzig formulierter Bildbericht erschienen, der wünschte, dass „unser Philipp" auch an Fastnacht doch öffentlich als
Weiß Ferdl auftreten möge.[56]
     Die Hintergründe und genauen Abläufe dieser Verhaftungsaktion bleiben
also, nimmt man alles zusammen, aufgrund der schlechten Quellenlage im
Dunkeln. Gewiss wollte der Gauleiter, ganz gleich welche Erzählung man nun
für richtig hält, Grenzen aufzeigen, vielleicht auch einschüchtern, seine Macht
demonstrieren. Aber die bislang vorhandene Überlieferung lässt es angeraten
erscheinen, das Ereignis nicht einfach als schlagenden Beweis für eine gene-
relle Widerständigkeit des MCV-Komitees und seine unmittelbare Gefährdung
zu sehen, denn Sprenger versicherte allen Anwesenden auch seiner weiteren
Unterstützung, die alle gerne annahmen, und gab als sein Ziel aus: Mainz müsse
„die Zentrale des rheinischen Karnevals" werden. Das MCV-Komitee hatte
sich also nicht außerhalb der Volksgemeinschaft gestellt, es war wohl eher aktiver Teil eines (vielleicht missglückten) öffentlichen Scherzes geworden, den es
zumindest z.T. mitgestaltet hatte und der dem brüskierten Gauleiter öffentlich
gleichsam „närrische Rehabilitation" verschaffen wollte. Ein geradezu institu-
tionalisierter Widerstand der Mainzer Fastnachter im Komitee ist folglich mit
diesem Geschehen kaum zu beweisen und aus den oben ausgeführten Gründen
auch höchst unwahrscheinlich.

Das bedeutet allerdings nicht, dass es solche Bereitschaft zum Selbstausschluss aus der Volksgemeinschaft, zur Negierung des neuen, verbindlichen nationalsozialistischen Wertekanons nicht vielleicht in Einzelfällen doch gegeben haben mag. Dafür bedarf es allerdings angesichts des oben geschilderten Interesses des Regimes auch an politischen Witzen weit mehr Indizien als einzelne kritische Bemerkungen in Reden. Widerständige Haltungen haben immer biographische Hintergründe, Kontexte, Entwicklungen, oft auch Brüche, die detailliert und für jeden Einzelfall zu analysieren sind, bevor dieses Phänomen dingfest gemacht werden kann. Regimekritische Reden können ein Indiz sein, sie sind alleine aber längst kein Beweis für eine grundlegende, bewusst geäußerte regimekritische Einstellung.

Dies zeigt in besonderer Weise der häufig zitierte „Heringsvortrag" von Martin Mundo, ein echtes Meisterwerk seiner Art. Ganz unabhängig von der politischen Einstellung Mundos, die noch weiterer Forschungen bedürfte, lässt sich die regimekritische Aussage gar nicht überhören. Mundo gibt vor, gar nicht über Politisches reden, sondern nur völlig unpolitisch von der besonderen Spezies der Heringe handeln zu wollen. Dabei wird sehr schnell klar, dass der beschriebene Heringsschwarm gleichzusetzen ist mit der nationalsozialistischen Volksgemeinschaft, die sich offenbar gedanken- und willenlos politischen Vorgaben hingibt, ganz gleich wie sinnig oder unsinnig diese sind. Der Volksgemeinschaft wird also gleichsam ein zu selbstkritischem Denken anregender Spiegel vorgehalten. Wir wissen aus den Erinnerungen des MCC-Präsidenten Jakob Wucher allerdings, dass dieser kritische Vortrag nur deswegen gehalten werden konnte, weil er den von Wucher vorab befragten SS-Vertretern in Mainz wegen einer darin vorkommenden Verunglimpfung von deren innerparteilichem Gegner Hermann Göring so gut gefiel, dass sie ihn genauso ungekürzt hören wollten und sich beim Vortrag dann auch köstlich amüsiert haben. Mundo hatte in diesem Fall also mächtige Protektoren, die ihn absicherten.[57]

Anders verhält es sich wohl mit den kritischen Vorträgen von Seppel Glückert. Der 1891 in Mainz geborene Josef Glückert vereinte schon in seiner Person vieles von dem, was die Nationalsozialisten politisch ablehnten. Er hatte, wie sich seine Verwandten ausdrückten, „eine ernste religiöse Lebensauffassung" und war tief verwurzelt im Katholizismus. In seiner Verwandtschaft war der Mainzer Domdekan Lennig und auch mit dem Dialektdichter Friedrich Lennig war er verwandt. Als Teil des katholischen Mainzer Milieus sang er schon als Kind im Mainzer Domchor und wurde als Schreibwarenhändler Mitglied im Katholischen kaufmännischen Verein. 1925 kam er zum MCV, ab 1928 fungierte er dort als Protokoller und brillierte mit geistreichen politischen Reden.[58] Nicht erst 1933, sondern viel früher schon kritisierte er den Nationalsozialismus von

dieser Warte aus und warnte mit seinen Mitteln eindringlich vor einer Machtübernahme der Nationalsozialisten. 1931 reimte er z.b. auf einer Fremdensitzung: „Heil ruft man hier, Heil ruft man dort/ Ein Silbchen nur fehlt diesem
Wort/ In allen unseren deutschen Landen/ Ist Unheil nur daraus entstanden."
1932 gab er sich in einer Rede als verständnisvoller Anhänger des Zentrum-
Reichskanzlers Heinrich Brüning zu erkennen. Glückert trat, soweit dies die im
Bundesarchiv Berlin verwahrten Parteiakten der NSDAP erkennen lassen, nie in
die NSDAP ein. Aber auch er konnte sich nicht völlig dem Sog der neuen NS-
Volksgemeinschaft entziehen. 1933 lobte er den neuen NS-Oberbürgermeister
Barth und nannte es ein Glück, dass ein „Umschwung" gekommen sei. Neben
vielen kritischen Tönen in seiner Rede 1933 reimte er mit selbstkritischem
Unterton: „Jetzt hot sich, sag's nit für die Katz,/ Aach abgefärbt mein Seel, mein
schwarz,/ Braun sin mir all jetzt um die Reih',/ Un fühle uns ganz wohl dabei."
Sodann gab es eine Reverenz an Hitler: „Auf ihn drum fest vertrauen wir!/ Wie
überall so sei auch hier/ Zu seinen Füßen ihm gelegt/ Das Banner, das vier Farben trägt."[59] Beim Eintopfsonntag von KdF trat auch er auf und warb als promi-
nenter Mainzer damit für die Sozialeinrichtung Winterhilfswerk (Abb. 26).[60] Im
Krieg hielt er schon mal einen Vortrag an der Westfront, der national aufmun-
terte, aber keine nationalsozialistischen Anklänge hatte.[61]

Da er 1941 wegen einer nicht angemeldeten Veröffentlichung seiner Vorträge
mit der Reichsschrifttumskammer in Konflikt geriet, hat sich eine von Berlin aus
bei der NSDAP-Kreisleitung Mainz angeforderte politische Beurteilung erhalten, die sehr gut zeigt, dass man in NS-Kreisen seine innere Haltung stark in
Zweifel zog. Es heißt dort:

> Glückert war hier lange Jahre Sekretär des Mainzer-Carneval-Vereins und hat es als
> Stock-Katholik immer ausgezeichnet verstanden, den Nationalsozialismus bei den car-
> nevalistischen Sitzungen in spitzfindigster Weise anzugreifen. Er selbst bezeichnet sich
> hierbei ohne weiteres als ‚schwarz'. An dieser Einstellung hat sich bis heute in keiner
> Weise etwas geändert, wenn Glückert selbstverständlich auch versucht, formal den an
> ihn herantretenden Forderungen gerecht zu werden, wie beispielsweise Sammlungen,
> Mitglied der NSV etc. Glückert gilt zwar nicht unbedingt als politisch unzuverlässig,
> jedoch zählt er zu den Katholiken, die aufgrund ihrer inneren Bindungen und ihrer
> äusseren Beziehungen niemals zu einer restlosen Bejahung des Nat.Soz. kommen.[62]

Was hier beschrieben wird, ist zumindest im Ansatz das letztliche Unvermögen,
sich so vollständig, wie gefordert, in die NS-Volksgemeinschaft mit ihrem Wertekanon zu integrieren. Ob dies bereits „Widerstand" im engeren Wortsinn war,
ließe sich erst klären, wenn man mehr über Glückerts innere Einstellung, etwa
auch über seine Ansichten zur Judenverfolgung als Kernelement der Exklusions-
logik des Volksgemeinschaftsdenkens wüsste, doch die Überlieferungslage ist

auch in diesem Fall sehr schlecht. Sicher ist nur, dass er 1938 von seinen Ämtern in der Fastnacht zurücktrat, wie Jakob Wucher überliefert hat, aus politischen Gründen.[63] Die Vermutung liegt nahe, dass dies ein stiller Selbstausschluss aus der NS-Volksgemeinschaft und damit ein öffentliches Verstummen sowie ein Rückzug in eine Art innere Emigration waren.

Anmerkungen

1. Mainzer Anzeiger, 16. Januar 1934.
2. Deutschland-Berichte der Sozialdemokratischen Partei Deutschlands (Sopade) 1934–1940, 5. Jahrgang 1938, hg. von Erich Rinner, Frankfurt a. M. [4]1980, S. 142; ebd., 4. Jahrgang 1937, Frankfurt a. M. [4]1980, S. 300.
3. Die in diesem Zusammenhang oft genannte Auflösung der „Moguntia-Garde" hatte allerdings keinen politischen Hintergrund. Der Vorsitzende dieser Garde war ein mehrfach vorbestrafter Mann, der sie nur gegründet hatte, um Geld zu sammeln, das er dann in die eigene Tasche steckte. Der Mann wurde sofort in das KZ Osthofen überführt und 1940 nach weiteren Straftaten als „Gewohnheitsverbrecher" wieder in ein KZ eingewiesen; s. Landesarchiv (LA) Speyer, H 79, Nr. 91; s.a. Friedrich Schütz: 150 Jahre MCV – 150 Jahre Stadtgeschichte, in: Bürgerfest und Zeitkritik. 150 Jahre Mainzer Fastnacht. 150 Jahre Mainzer Carneval-Verein 1838–1988, hg. vom Mainzer Carneval-Verein, Mainz 1987, S. 11–130, hier S. 59, der die Hintergründe der Auflösung der „Moguntia-Garde" nicht kennt.
4. Schütz (Anm. 3), S. 59.
5. Hildegard Frieß-Reimann: Fastnacht in Rheinhessen. Die Diffusion der Mainzer Fastnacht von der Mitte des 19. Jahrhunderts bis zur Gegenwart, Mainz, Diss. 1979, S. 114.
6. Laura Engelskircher: Karneval im Dritten Reich am Beispiel der Städte Speyer und Mainz (unveröffentlichte Masterarbeit, Universität Mannheim 2010), S. 27, 50, 56, 68.
7. Kurzbiographie in: Wolfgang Balzer: Mainz. Persönlichkeiten der Stadtgeschichte, Band 3: Geschäftsleute, epochale Wegbereiter, Baumeister, Fastnachter, Originale, Ingelheim 1993, S. 266.
8. Kurzbiographie in: ebd., S. 284.
9. Kurzbiographie in: ebd., S. 280.
10. Kurzbiographie in: ebd., S. 276.
11. S. LA Speyer, J 44, Nr. 80, 186, 268 u. 420.
12. Stadtarchiv Mainz (StA MZ), PA 90/1971/11.
13. Schütz (Anm. 3), S. 77.
14. Kurzbiographie in: Balzer (Anm. 7), S. 282.
15. StA MZ, 100/1994/33,320, OB Fuchs an Staatssekretär Duppré, 8. Juli 1968; Bundesarchiv (BA) Berlin, Mitgliederkartei der NSDAP.
16. BA Berlin, Mitgliederkartei der NSDAP.
17. Ebd.
18. Siehe Landeshauptarchiv (LHA) Koblenz, 856/141322, Entnazifizierungsfragebogen Adolf Gottron; Carl Dietmar, Marcus Leifeld: Alaaf und Heil Hitler. Karneval im

Dritten Reich, München 2010, S. 109; zu Gottrons Rede s. Mainzer Anzeiger, 25. Februar 1935; Kurzbiographie in: Balzer (Anm. 7), S. 300; seine Mitgliedskarte: BA Berlin, NSDAP-Mitgliederkartei.

19. Die Kontrollauflagen weist Engelskircher (Anm. 6), S. 27 nach.

20. Kurzbiographie in: Balzer (Anm. 7), S. 288.

21. Werner Hanfgarn: Der Präsident oder 85 Jahre Jakob-Wucher-Geschichte(n), in: Fünfundachtzig Mainzer Jahre. Die Stadt. Die Fastnacht. Jakob Wucher in Geschichte und Geschichten, hg. von Werner Hanfgarn, Bernd Mühl u. Friedrich Schütz, Mainz 1983, S. 211–294, hier S. 274.

22. Ebd., S. 275 f.

23. Dietmar, Leifeld (Anm. 18), S. 105.

24. Zit. ebd., S. 108.

25. Kurzbiographie in: Balzer (Anm. 7), S. 298.

26. Archiv der Prinzengarde Mainz, Ordner 1934, Artikel: „Generalappell der Mainzer Prinzengarde", in: Mainzer Tageszeitung, 22. Januar 1934; Günter Schenk: Fassenacht in Mainz. Kulturgeschichte eines Volksfestes, Stuttgart 1986, S. 84 berichtet auch von dem Absingen des Horst-Wessel-Liedes bei der Rekrutenvereidigung, wofür sich jedoch in der einschlägigen Presse kein Beleg findet.

27. Hanfgarn (Anm. 21), S. 235 f. u. 275.

28. Archiv der Prinzengarde Mainz, Ordner 1934, Artikel: „Der Jude im Meenzer Karneval", in: Mainzer Warte, 10. Februar 1934.

29. Schütz (Anm. 3), S. 58 u. 61.

30. Ebd., S. 77.

31. Kurzbiographie in: Balzer (Anm. 7), S. 302.

32. Hanfgarn (Anm. 21), S. 278.

33. Ebd., S. 272.

34. Otto Schäfer: „E kloo biß'je früher, jetzt is es zu spät!". Vortrag als „Mumbacher Gemiesfraa" in den Damen- und Fremdensitzungen des Mainzer Carneval-Verein 1939, in: Narrhalla H. 3/27 (1939), S. 7 f.; s. auch der Beitrag von Maylin Amann in diesem Band.

35. Alexandra Greavu: Das nach außen und das nach innen gekehrte Lachen. Formen des Humors während des Dritten Reiches, in: „Es schlägt 13!" Aberglaube, Mythos und Geschichte(n) in der deutschen Sprache und Literatur des mittel- und osteuropäischen Kulturraumes. XIII. Internationale Tagung Kronstädter Germanistik, hg. von Carmen E. Puchianu, Kronstadt 2011, S. 199–214, hier S. 200 (Reihe Academica, Bde. 13/14).

36. Otto Dittrich: Zwölf Jahre mit Hitler, Köln 1962, S. 253 f.

37. Sabine Sünwoldt: Weiß Ferdl. Eine weiss-blaue Karriere, München 1983, S. 87.

38. Dietmar, Leifeld (Anm. 18), S. 134.

39. Zit. nach Kleinkunststücke, Band 3: Deutschlands Erwachen. Kabarett unterm Hakenkreuz 1933–1945, hg. von Volker Kühn, Weinheim, Berlin 1989, S. 101.

40. Rita Link, Doris Wandel: Die Mainzer Fastnachter und ihre ökonomische und politische Ausnutzbarkeit, in: Analyse eines Stadtfestes. Die Mainzer Fastnacht, hg. von Herbert Schwedt, Wiesbaden 1977, S. 39–76, hier S. 74 (Mainzer Studien zur Sprach- und Volksforschung, Band 1). In gleicher Weise: Rudolph Herzog: Heil Hitler – Das

Schwein ist tot! Lachen unter Hitler – Komik und Humor im Dritten Reich, Frankfurt a. M. 2006, S. 11 f. u. 15.

41. Deutschland-Berichte (Anm. 2), 5. Jahrgang 1938, Frankfurt a. M. [4]1980, S. 143.

42. Elke Fröhlich (Hg.): Die Tagebücher von Joseph Goebbels, Teil I, Band 2/III, München 1998, S. 294 (Eintragung vom 18. und 19. Oktober 1933).

43. Ebd., Teil I, Band 9, S. 39.

44. Ebd., Teil II, Band 1, S. 90.

45. Ebd., Teil I, Band 5, S. 55.

46. Joseph Goebbels: Haben wir eigentlich noch Humor?, in: Völkischer Beobachter, Norddeutsche Ausgabe, 4. Februar 1939, S. 1.

47. Fröhlich (Anm. 42), Teil I, Band 9, S. 116.

48. Gesetz gegen heimtückische Angriffe auf Staat und Partei und zum Schutz der Parteiuniformen vom 24. Dezember 1934, in: Gesetze des NS-Staates. Dokumente eines Unrechtssystems, hg. von Ingo von Münch, 3. neubearb. u. erw. Auflage, Paderborn u.a. 1994, S. 72–74, hier S. 72.

49. Meike Wöhlert: Der politische Witz in der NS-Zeit am Beispiel ausgesuchter SD-Bezirke und Gestapo-Akten, Frankfurt a. M. 1997, S. 97, 99, 151 f. u. 156.

50. Zit. nach Schütz (Anm. 3), S. 72. Der Alt-Pg. (Parteieintritt 1926) und glühende Antisemit Staebe machte im „Dritten Reich" eine steile Karriere. Bis 1939 war er Zentralschriftleiter der NS-Presse in Hessen-Nassau und SS-Obersturmbannführer im SD des RFSS. Um die Geneigtheit von Reichspropagandaminister Goebbels bemühte er sich eifrig, zu Gauleiter Sprenger unterhielt er ein freundschaftliches Verhältnis; s. BA Berlin, R 55–24046, Staebe an Goebbels, 18. Oktober 1942; zu Staebes innerparteilichem Verhalten s. auch BA Berlin, R 9361-II-963435, R 9361-III-197772 u. 557663, R 9361-V-36639, R 55 – 24046.

51. Otto Westermann: Die Verhaftung – ein schlechter Scherz, in: 125 Jahre MCV, hg. von Karl Moerlé und Hans Halema, Mainz 1963, S. 46–48.

52. Philipp Kepplinger: Määnzer Fassenacht zur Nazizeit. Erinnerungen an Ereignisse aus der Kampagne vor 50 Jahren: „Die Verhaftung", in: Mainz. Vierteljahreshefte für Kultur, Politik, Wirtschaft, Geschichte 5.1 (1985), S. 42–44.

53. Kurzbiographie in: Balzer (Anm. 7), S. 292.

54. Michael Franke: Narren unterm Hakenkreuz. Karneval im Dritten Reich, gesendet am 11. Februar 1980, Typoskript, S. 15.

55. Stephanie Zibell: Jakob Sprenger: Eine Studie zur Biographie und Politik des nationalsozialistischen Gauleiters in Hessen-Nassau, Diss. Mainz 1998. Der Zeitzeugenaussage von Sprengers Tochter zufolge, war der Gauleiter tatsächlich interessiert an Fastnacht und besuchte gerne die Fastnachtssitzungen; s. E-Mail Stephanie Zibell an Michael Kißener, 3. Mai 2019.

56. „W.", Wir stellen vor: Den „Schnauzer" von Mainz, in: Mainzer Anzeiger, 31. Dezember 1934.

57. Hanfgarn (Anm. 21), S. 274.

58. Balzer (Anm. 7), S. 284; MCV-Archiv Mainz, Totenblatt für Seppel Glückert.

59. Schütz (Anm. 3), S. 57 f.; s.a. Michael Kläger: Heller Kopf in dunkler Zeit, in: Narrhalla 2017, S. 5–8.

60. Schütz (Anm. 3), S. 62.
61. Seppel Glückert: Rede an der Westfront 1940, in: An die Mainzer aus aller Welt. Eine Blütenlese aus dem Protokollbuch vom Mainzer Carneval-Verein, Mainz 1940, unpaginiert, letzte drei Seiten. Insofern erscheint im Fall Glückert die Kritik von Link/Wandel (Anm. 40), S. 74 überzogen.
62. BA Berlin, R 9361 V-19645, NSDAP-Kreisleitung Mainz an den Präsidenten der Reichsschrifttumskammer, 9. Dezember 1940.
63. Hanfgarn (Anm. 21), S. 275.

Peter Krawietz

Eine Dachorganisation für die „närrische" Volksgemeinschaft

Bemerkungen zur Gründungsgeschichte des Bundes Deutscher Karneval

Fastnacht und Karneval waren als gemeinschaftsstiftende Volksfeste mit weitreichendem Wirkungsgrad politisch viel zu wichtig, als dass die NS-Führung darauf hätte verzichten können, sie für ihr Volksgemeinschaftskonzept zu instrumentalisieren und dazu gleichzuschalten. Allerdings waren die Nationalsozialisten nicht die ersten, die Fastnacht und Karneval eine feste organisatorische Gestalt hatten geben wollen.

Vereinnahmung der Fastnacht

Nachdem es im 19. Jahrhundert die ersten regionalen fastnachtlichen Zusammenschlüsse gegeben hatte, wurde als erste deutschlandweite Interessenvertretung von Fastnachts- und Karnevalsvereinen im Jahre 1901 der „Bund Deutscher Karnevalisten" gegründet. „Über Auftrag, Mitglieder und Wirken dieses Zusammenschlusses ist wegen der dürftigen Quellenlage so gut wie nichts bekannt", stellte Hans Joachim Schumacher im Jahr 2003 fest.[1] Die tragische Ironie liegt wohl darin, dass man diesen Bund erst richtig wahrnahm, als unter dem Einfluss der Nationalsozialisten am 16. Januar 1937 sein letzter Präsident Franz Heidecker aus Würzburg die Auflösung bekanntgab.

Gleich nach der sogenannten Machtergreifung im Januar 1933 begann das nationalsozialistische Regime mit der Einpassung von Fastnacht und Karneval in die propagierte NS-Volksgemeinschaft.

Die Karnevalisten und Fastnachter wurden in den Jahren 1933 bis 1936 immer wieder ermahnt, durch ehrgeizige Gauleiter auch gezwungen, das fastnachtliche Volkstreiben „anständig" und den uralten germanischen Bräuchen entsprechend zu vollziehen, am besten als Teil der nationalsozialistischen Organisation „Kraft durch Freude" (KdF), um die herkömmlichen demokratischen Vereinstraditionen zu zerstören. Darüber hinaus hielt die NSDAP noch vor dem 11. November 1933 den gesamten deutschen Karneval dazu an, „die innere Beziehung" zwischen Karneval und Kirche und Christentum „zu verneinen und zu verwischen", die Fastnacht auf ihre vorchristlichen, germanischen Ursprünge

hin auszurichten und politisch jedwede Kritik zu vermeiden.[2] Jedoch gelang die
Vereinnahmung des Karnevals aus Sicht der hohen Staats- und Parteiführer in
den ersten Jahren nicht im gewollten Maße[3]. Denn die neuen Machthaber streb-
ten für Deutschland – und sogar darüber hinaus – einen in Form und Stil einheitlichen Karneval an, wobei die Funktionäre des Münchener Faschings der
Ansicht waren, dass München Vorbild und Maßstab für alle anderen Karnevalisten sei. Dies widersprach selbstverständlich der Realität mit den sehr unterschiedlichen lokalen und regionalen Ausprägungen von Fastnacht, Fasching und
Karneval in Deutschland und auch dem Selbstverständnis der Vereine. Dementsprechend wehrten sich Düsseldorf, Köln, Mainz und andere Städte gegen
die Vereinnahmung und es kam zu teils heftigen Auseinandersetzungen mit der
Leitung der NS-Gemeinschaft KdF, was dem Regime überhaupt nicht recht sein
konnte, weil es den schönen Schein einer auch im Feiern geeinten Volksgemeinschaft konterkarierte. Deshalb wohl nahm 1937 das Reichsministerium für Propaganda und Volksaufklärung das Heft in die Hand.

Ganz im Sinne des Volksgemeinschaftskonzepts waren die demokratisch
anmutenden „Vereinsvorsitzenden" durch „Führer" dieser „närrischen" Volksgemeinschaft bereits Anfang der 1930er Jahre ersetzt worden und die Exklusion
von jüdischen Mitgliedern aus den Vereinen und Institutionen war nach 1935
rasch angegangen worden, um die geforderte Rassereinheit der feiernden Volksgenossen herzustellen. Ganz treffend beschrieb schon 1934 der damalige MCV-
Präsident Heinrich Bender, diese volksgemeinschaftliche Gleichschaltung:

> Alles ist heut umgestaltet, Alles ist heut gleichgeschaltet: Zweckverbände, große, kleine,
> Turn-, Gesang- und Skatvereine, Ziegenzucht und Bullenhaltung, Polizei und Stadtver-
> waltung. Alles ist heut solidarisch, Bis zur Urgroßmutter arisch, Und seit 52 Wochen
> Uni-braun bis auf die Knochen.[4]

Fastnacht als Teil eines imaginierten „germanischen Erbes"

Doch das erschien längst nicht ausreichend, die Fastnacht sollte weit mehr noch
eingepasst werden in das nationalsozialistische Kultur-, Werte- und Gesell-
schaftskonzept, das die NS-Volksgemeinschaft formen sollte. Es ging also nicht
nur um Vereinnahmung und Instrumentalisierung, es musste auch um eine ide-
elle Neuorientierung, eine für den Nationalsozialismus förderliche Herleitung,
ja Traditionsstiftung, gehen. Die Fastnacht sollte nunmehr als Ausdruck einer
urgermanischen Tradition, die der Nationalsozialismus wieder ins Bewusstsein
gehoben haben wollte, erscheinen. Diese Tradition, geradezu mystisch über-
höht, sollte nun in der Volksgemeinschaft wieder fühlbar und erfahrbar werden.
Auf diese Weise hoffte man, die christlichen Wurzeln des Fastnachtstreibens in

Vergessenheit geraten zu lassen und das alte/neue Fest für die Demonstration des Wirksamwerdens der Volksgemeinschaft nutzen zu können.

In der 1938 erstmals erschienenen Propagandaschrift „Deutsche Fasnacht" (sic!), herausgegeben von Ludwig Klemme, dem Leiter des Amtes „Feierabend" der NS-Gemeinschaft „Kraft durch Freude" (KdF), in Zusammenarbeit mit der Reichsjugendführung, dem Reichsnährstand und der Arbeitsgemeinschaft für Deutsche Volkskunde, ist niedergelegt, was die Nationalsozialisten unter einem „ordentlichen Fasnachtsfest" (sic!) verstanden und wie sie Fastnacht und Karneval interpretiert haben wollten:

„Fasenacht ist die Zeit, in der die neue Lebenskraft und Fruchtbarkeit des Menschen überall lebendig wird und aufbricht. (…) Wie konnten wir das nur vergessen? Wie konnten wir uns dieses Urgesetz aus Blut und Scholle verfälschen lassen?" Fastnacht sei das Fest „der Freude des Menschen über das ankommende Licht und das neu aufsteigende Leben". Man freue sich an „der Überfülle aus der schöpferischen Urkraft eines jahrtausendealten erdenfrohen Volkes". „Was die Volksgemeinschaft hier zusammenführe und feiere, habe nichts mit dem christlichen Glauben und schon gar nichts mit „Fastenzeit" zu tun: Ihr „eigentlicher Wortsinn bedeutet: die Lebenskräfte brechen auf", so Klemme. Mehr noch: „vom politischen Jahresablauf her gesehen [stehe die Fastnacht] zwischen der Zeit, in der das neue Reich auferstand [30. Januar] und dem Tag, an dem wir des Führers Geburtstag [20. April] feiern". Als ein solches geradezu politisch wertvolles Fest könne es, so Klemme weiter, dem überzeugten Nationalsozialisten nicht genügen, „mit einiger Ausgelassenheit, viel Bockbier, kümmerlichen Papiermützen und bunten Papierschlangen" ein solch wichtiges Gemeinschaftsritual zu feiern. Viel mehr wollte er den „Narr" in der Volksgemeinschaft „mit seiner schonungslosen Offenheit, Wahrheitsliebe und humorvollen Lebendigkeit ähnlich wie Till Eulenspiegel … [als den] Hüter der Sauberkeit des Lebens" sehen.[5]

In dem Buch „Jugend im Jahresring. Ein Brauchtumsweiser für die deutsche Jugend" von 1937, verfasst von der BDM-Führerin Erna von Vacano-Bohlmann, wird das gemeinschaftsstiftende Brauchtum ebenso in einer germanischen Vorzeit verankert und so zum Teil einer erfundenen Tradition erklärt, die sich in die NS-Ideologie ideal einpasst:

Fastnacht ist ein hochzeitliches Vorfrühlingsfest. Fastnacht hat an sich gar nichts mit ‚fasten' zu tun, sondern mit ‚fasen' und ‚faseln', mit leben und schwärmen und wachsen. (…) Und Karneval ist nicht das schmerzliche ‚Fleisch fahr wohl' – ‚Carne vale!' – sondern wahrscheinlich der Umzug des Schiffskarrens, des ‚Carrus navalis'.[6]

Wenn dies auch auf römische Traditionen verweist, so „mutet uns doch dieser Schiffsumzug germanisch an. Denn wer erinnert sich nicht an den goldenen

Sonnenwagen von Stade und ähnliche Funde, vor allem an die schwedischen Felszeichnungen, die auch ein auf Räder gestelltes Schiff zeigen. (…) Auf solchem Schiff kam der ‚Lenzbringer' gefahren."[7]

Die Begriffe „Wendezeit" und „Odin-Wodan, der Winter- und Totengott, als wilder Mann" sollen die germanisch-heidnischen Ursprünge der Fastnacht belegen.

Das Regime habe die Pflicht, so ein Bericht vom 2. Februar 1939 in der Speyrer „Neue[n] Abendzeitung", den Karneval zu fördern, da dieses Jahrhunderte alte Volksbrauchtum in den Jahren vor der Machtergreifung durch die Zersetzungsarbeit der volksgemeinschaftsfremden Juden demoralisiert worden sei: „Die NSDAP hat die Führung des deutschen Menschen übernommen und nun ist die Zeit gekommen, die Menschenführung auch auf karnevalistischem Gebiet nach der einzig und allein Richtung gebenden Weltanschauung des Nationalsozialismus auszurichten."

Die Ordnung der Fastnacht in der Volksgemeinschaft

Was gleichgeschaltet, instrumentalisiert und ideologisch vereinnahmt war, bedurfte schließlich noch einer organisatorischen Form im Führerstaat Adolf Hitlers. Nach vorbereitenden Gesprächen zwischen dem Propagandaministerium, der NS-Gemeinschaft KdF, dem Reichsverkehrsverband und dem bayerischen Ministerpräsidenten Ludwig Siebert wurde vom 14. bis 17. Januar 1937 in München ein internationaler Karnevalskongress abgehalten, der von dem Verein „Münchener Fasching" als „Welttagung aller Karnevalisten" angeregt worden war. 1934 war dieser Verein in den Räumen der NSDAP-Kreisleitung München-Nord von dem Nationalsozialisten Max Reinhard gegründet worden.[8] Am Donnerstag, dem 14. Januar, hielt die Stadt München zu Ehren des Prinzen Karneval und der Teilnehmer des Kongresses im Deutschen Theater ab 20 Uhr einen Festball ab unter dem Motto „Der Kongreß tanzt". Am Freitag, 15. Januar, versammelten sich um 11 Uhr im Kongress-Saal des Deutschen Museums Vertreter aus Belgien, Danzig, England, Frankreich, Holland, Italien, Jugoslawien, Luxemburg, Österreich, der Schweiz, der Tschechoslowakei und Ungarn, die von dem Münchener Oberbürgermeister Karl Fiehler begrüßt wurden. Anscheinend war das internationale Flair der Olympischen Spiele des vergangenen Jahres noch nicht verflogen, und die Organisatoren gingen wohl davon aus, dass es ihre Sendung sei, ganz Europa mit ihrer Auffassung von Fastnacht und Karneval beglücken zu sollen. Das Abendprogramm sah im Bürgerbräukeller den Betriebsball der Firma Lodenfrey, im Deutschen Theater das Fest der Auslandsdeutschen, im Kolosseum den Ball der Belegschaft der BMW und im Löwenbräukeller den Faschingsball des Heeresbekleidungsamtes vor.[9]

Am Samstag, dem 16. Januar, trafen sich die deutschen Teilnehmer, Vertreter aus rund 60 Städten, im Festsaal des Künstlerhauses zu der Gründungsversammlung für einen Reichsverband, dem im oben beschriebenen Sinne künstlerische, kulturelle, vor allem aber wirtschaftliche und politische Vorgaben, etwa durch den Düsseldorfer nationalsozialistischen Stadtrat Horst Ebel und zwei Vertreter des Ministeriums für Volksaufklärung und Propaganda, gemacht wurden. Der Münchener Oberbürgermeister Fiehler hob hervor: „Prinz Karneval kennt keine Klassen und keine bevorzugten Kreise!" Das entsprach ganz und gar dem volksgemeinschaftlichen Anspruch der NS-Ideologie. Robert Ley, der Reichsorganisationsleiter von KdF, einer Unterabteilung der Deutschen Arbeitsfront, bekundete in einem Telegramm: „Zur heutigen Gründung des Bundes Deutscher Karneval sendet Ihnen die NS-Gemeinschaft ‚Kraft durch Freude' durch mich herzliche Glückwünsche und die Versicherung allzeit tätiger Zusammenarbeit." Und der erwähnte Präsident des Deutschen Karnevals-Bundes, Franz Heidecker, verkündete die Auflösung seines Verbandes und die gleichzeitige Überführung seiner Mitglieder in den neuen Bund. Zwar unterstrichen die Redner, dass durch die Gründung des neuen Bundes, der „wohl unter die Fittiche des Reichsministeriums für Propaganda und Volksaufklärung gestellt werden" würde, wie die Münchener Tageszeitung „Neueste Nachrichten" vom 14. Januar 1937 vermutete, das Eigenleben der Vereine in den deutschen Städten nicht tangiert sei, vielmehr sollten „Auswüchse ausgemerzt" und dem Karneval seine Bedeutung „als Pflegestätte alten deutschen Brauchtums" zurückgegeben werden, so der „Völkische Beobachter" vom 18. Januar 1937. Politische Instrumentalisierung der Fastnacht und die beschriebene neue Traditionsstiftung sollten also durch neue Organisationsstrukturen gefestigt und ihre Wirksamkeit in der Volksgemeinschaft abgesichert werden.

Diese Organisationsstruktur des „Bundes Deutscher Karneval" (BDK) wurde nicht diskutiert, sondern einfach angenommen, schließlich hatte auch hier das Führerprinzip Geltung. Sie sah vor, den geschäftsführenden Vorstand vornehmlich mit Vertretern der zuständigen Reichsbehörden und Reichsverbände zu besetzen und später die eigentlichen Repräsentanten des Karnevals in einem „Großen Rat" zusammenzufassen. Dem allerdings gehörten als ständige Mitglieder neben dem Präsidium ebenfalls Vertreter der Reichskulturkammer, des Deutschen Gemeindetages, der NS-Gemeinschaft „Kraft durch Freude" und Vertreter der Deutschen Reichsbahn an. Von dem neuen Bund erwarteten die „Münchener Neueste[n] Nachrichten" vom 14. Januar 1937, dass der Karneval

„vor jeder Verzerrung" und die „wertvollen Austauschgaben alten Brauchtums vor der Verkitschung geschützt werden".

Im Einvernehmen mit dem Reichspropagandaministerium und allen beteiligten Karnevalsgesellschaften deutscher Städte, letztere vertreten durch den Präsidenten des Kölner Karnevalsausschusses Thomas Liessem, wurden die Amtsträger vorgeschlagen und akzeptiert: als Präsident des BDK NSDAP-Mitglied und Ratsherr Max Reinhard aus München, als Erster Vizepräsident und Stellvertreter des Reichsfremdenverkehrsverbandes der nationalsozialistische Bürgermeister Willi Ebel aus Köln, als Zweiter Vizepräsident Oberregierungsrat Leopold Gutterer aus dem Reichspropagandaministerium und sehr enger Vertrauter von Joseph Goebbels. Schatzmeister wurde Stadtrat Horst Ebel aus Düsseldorf und Geschäftsführer der Syndikus Dr. Kirchgeßner aus München. Gutterer, dessen amtlicher Rang in den Quellen sehr verschieden vom Oberregierungsrat bis zum Staatssekretär angegeben wird, sagte laut „Völkischem Beobachter" vom 18. Januar 1937, es könne keinesfalls angehen, „dass jeder Verein sich berufen fühlt, Fasching oder Karneval zu machen". Das Reichsministerium werde „durch seine Einrichtungen, durch Presse, Rundfunk, Film und Schrifttum dabei mithelfen, dem deutschen Karneval seine Volkstümlichkeit wiederzugeben".

Man stellte sich vor, dass den Vereinen vor Ort lediglich Ausführung und Durchführung der Veranstaltungen überlassen blieb. „Ein Literat", also „eine Persönlichkeit, die auch politisch zuverlässig sei", so war es in Köln vorgesehen, sollte die Inhalte der Büttenreden kontrollieren.[10]

Eine BDK-Satzung gab es im Januar noch nicht, die Eintragung des BDK ins Vereinsregister erfolgte trotzdem am 8. November 1937. Die Satzung des BDK wurde erst am 29. Juli 1938 beim Registergericht München vorgelegt und am 5. April 1939 nachträglich ergänzt. Ziel des BDK war dieser zufolge die „Erhaltung, Pflege und Förderung des alten Karnevalbrauchtums und die Hebung des künstlerischen Karnevals." Man wolle verhindern, dass aus dem Karneval eine „reine Geschäftsangelegenheit" gemacht wird, hieß es.

Die Hundertjahrfeier des Mainzer Carneval-Vereins (MCV) war willkommener Anlass, die erste Karnevalsreichstagung des BDK vom 10. bis 12. Januar 1938 im Akademiesaal des Kurfürstlichen Schlosses zu Mainz zu veranstalten. Die Eröffnungsrede des BDK-Präsidenten Reinhard fiel „relativ zurückhaltend"[11] aus. Hauptredner war Ministerialrat Gutterer aus Berlin, der zur ideologischen Ausrichtung des deutschen Karnevals ausführte, dass dieser eine zeitlich noch sehr junge Erscheinungsform der Fastnacht sei, dem jedoch ein „aus grauen Vorzeiten" stammendes Brauchtum zugrunde liege. Die christlichen Wurzeln dieses Festes erneut leugnend, führte er aus, dass sich dies äußere in den

Auseinandersetzungen mit den „Naturdämonen in der Fasnacht". Aufgabe der Jugend sei es, vor allem dieses Brauchtum lebendig zu erhalten. Hans Joachim Schumacher schreibt, dass die meisten Mainzer diesen Feststellungen mit einer gewissen Ratlosigkeit begegnet seien, woraufhin der Mainzer Oberbürgermeister Robert Barth (NSDAP) darauf hingewiesen habe, dass sich der „Mutterboden der Fastnacht" in Mainz durch zwei Jahrtausende in Reinkultur erhalten habe, jetzt aber der ganze „unerwünscht hineingetragene Wildwuchs zu lichten" sei.[12]

Die zweite Reichstagung des BDK fand in Düsseldorf statt. Aufschlussreich ist das Tagungsprogramm vom Samstag (14. Januar), dem eigentlichen Sitzungstag: Vormittags sprachen im Brauchtumsausschuss Reichsamtsleiter Parteigenosse (Pg.) Ludwig Klemme und Pg. Schmidt, der deutlich machte, was nach „nationalsozialistischer Auffassung" Fasching, Fastnacht, Karneval „als Brauchtum und Kulturfaktor bedeutet". „Der deutsche Narr liebt die gläubige und schaffende Tat. Sein Wort gilt, weil er etwas will." Im Eulenspiegel habe jeder Karnevalist ein leuchtendes Vorbild, indem er durch dieses „erzieherische Aufgaben, die sogar hochpolitisch sein können, erhält." Außerdem deutete Schmidt „den Sinn des Wortes ‚Karneval' aus carrus navalis (Narrenschiff), die ‚Fastnacht' aus Faselnacht und den Aschermittwoch charakterisierte er als Aschermittwoch, wo man die Töpfe zerbricht."[13]

Thomas Liessem sprach sich bei dieser Gelegenheit „scharf" gegen den „karnevalsmäßigen Rummel am Drachenfels, an der Ahr und an der Mosel zu anderen Jahreszeiten" und gegen den „Kaffeehaus-Karneval" aus.[14] Damit wandte man sich seitens des BDK auch damals schon gegen den Sommerkarneval und jede Form nicht Volksgemeinschaft stiftender öffentlicher Feste. Mittags im Presse- und Propaganda-Ausschuss kündigte Gaupropagandaleiter, Pg. Wächter aus Berlin, an, „es werde künftig auf dem Weg vom Propagandaministerium über die Propagandaämter eine sachgemäße und zweckdienliche Werbung geführt werden, und zwar das ganze Jahr hindurch." Er verkündete außerdem die bevorstehende Eingliederung des BDK in die seit September 1933 bestehende Reichskulturkammer und deren sieben Unterkammern, deren Mitglieder einen Ariernachweis besitzen mussten. Zur Eingliederung kam es durch den Ausbruch des Zweiten Weltkrieges aber nicht mehr.

Nach dem Essen sprach Reichsamtsleiter Klemme vor dem KdF-Ausschuss. Anschließend trugen Stadtrat Horst Ebel aus Düsseldorf und Direktor Thierfelder aus München vor dem BDK-Finanzausschuss vor. Da ging es vornehmlich um staatliche Förderung unter dem Aspekt Finanzen und Organisation des Fremdenverkehrs. Am Sonntag fanden die Sitzung des Großen Rates und die BDK-Hauptversammlung statt, bei der der Beauftragte des Reichsministeriums für Volksaufklärung und Propaganda, Pg. und Mitglied des Reichstages

Wächter den Festvortrag hielt. Die Berichte des „Düsseldorfer Stadt-Anzeigers"
vom 13. Januar 1939 heben hervor, dass die Repräsentanten nicht nur zum Vergnügen angereist seien, sondern harte Verbandsarbeit leisteten, um „das Bodenständige im Karneval zu hegen und zu pflegen." Aber auch dem künstlerischen
Karneval, „der Verbindung von Frohsinn und künstlerischem Schaffen", wurde
besondere Aufmerksamkeit geschenkt. Dazu kam die Brauchtumsforschung der
im Januar 1937 eingerichteten Arbeitsgemeinschaft für deutsche Volkskunde:
„Echte Brauchtumsforschung!", wie der Verfasser des Artikels noch einmal
betont, der unter anderem den „zügellosen Amüsierbetrieb der vergangenen
Jahre" beanstandete, womit wohl die Erscheinungsformen der Lebenslust der
Goldenen Zwanziger gemeint sind, denen nun dieses in einer neuen Traditionsstiftung stehende Fest der Volksgemeinschaft entgegengestellt werden sollte.

Der Düsseldorfer Vorsitzende Leo Statz, ein Zentrumsmann, der 1943
wegen bissiger Bemerkungen gegen den Führer mit dem Fallbeil hingerichtet
werden sollte, wurde 1939 noch neu ins BDK-Präsidium aufgenommen. Auch
er begrüßte im „Düsseldorfer Tageblatt" vom 14. Januar 1939 die jüngste Entwicklung so: Der BDK sei „zum Hüter eines kostbaren Volksgutes bestimmt,
des Brauchtums Karneval in deutschen Landen." „Eine Arbeitsgemeinschaft
von Vertretern des Reichsministeriums für Volksaufklärung und Propaganda,
der deutschen Karnevalsstädte und der Karnevalsvereine und -gesellschaften"
sei dieser Bund, dessen Präsident Reinhard [sowie] Ministerialdirektor Gutterer und Reichspropagandaleiter Wächter ihm „als wahre Kämpen zur Seite"
stünden – kein Zweifel darüber, wer im BDK den Ton angab! Dazu passt, dass
am Schluss der Sitzung der Präsident Telegramme an Reichsminister Dr. Joseph
Goebbels, Reichsorganisationsleiter Dr. Robert Ley, Reichsleiter Oberbürgermeister Fiehler und an NSDAP – Staatsminister a. D. Hermann Esser verlas.

Diesen Eindruck des massiven Eingreifens in die Aktionen der Karnevalisten vermittelt auch die Besetzung des Elferrates im zweiten Teil der abendlichen
Festsitzung in der heutigen Düsseldorfer Tonhalle: Neben den Vereinsvertre-
tern aus Köln (Liessem), Mainz (Weis), Wien (Hieke) und München (Reinhard) saßen Ministerialdirektor Gutterer und Reichspropagandaleiter Wächter
und Reichsamtsleiter Klemme, daneben noch Karl Schweig von der Deutschen
Kongress-Zentrale Berlin und die Herren Stadträte Ebel jeweils aus Düsseldorf
und Köln – sie alle überzeugte Nationalsozialisten. Rein karnevalistisch gesehen, war das Programm des Festabends laut „Düsseldorfer Stadt-Anzeiger" vom
15. Januar 1939 stellenweise so „humorlos, „deplaciert" und „dekadent" gewesen, dass man „den Abend nur als bedauerlichen Fehlgriff bezeichnen kann."

Die dritte Reichstagung – so war es ursprünglich geplant – sollte dann
in Wien stattfinden, der heiteren, lebensfrohen Stadt der „Ostmark". Am

1. September 1939 brach jedoch der Zweite Weltkrieg aus, der mit der Kraft der Volksgemeinschaft gewonnen werden sollte.

Fortwirken der Volksgemeinschaftsideologie in der Verbandsorganisation nach 1945

Hans-Joachim Schumacher, der Begründer des Deutschen Fastnachtsmuseums in Kitzingen, geht davon aus, dass das vom Deutschen Bundestag 1952 verabschiedete „Gesetz zum Schutze der Jugend" den Anstoß gab, dass die lokalen und regionalen Karnevalisten sich auch nach dem Zweiten Weltkrieg um eine bundesweite Interessenvertretung in Form eines Verbandes bemühten. In einem erläuternden Text zu diesem Gesetz hatte man den Karneval mit Schaustellungen in Revue, Kabarett und Varieté gleichgesetzt und damit die Teilnahme von Jugendlichen weitgehend ausgeschlossen. „Dagegen Front zu machen war den örtlichen und regionalen Organisationen kaum möglich."[15] Auf einem Karnevalskongress in München im Januar 1953 beschloss man deshalb, einen demokratisch legitimierten Bundesverband ins Leben zu rufen, zu dessen vorläufigem Präsidenten Thomas Liessem aus Köln bestimmt wurde.

Vertreter von rund 400 Vereinen kamen im Oktober 1953 daher in das Kurfürstliche Schloss zu Mainz. Nach dem Vorbild der Bundesrepublik strebte man eine föderale Struktur des karnevalistischen Bundesverbandes mit Regional- und Landesverbänden an. Zum ersten Bundesvorsitzenden wurde wiederum der Präsident des Kölner Festausschusses Thomas Liessem gewählt. Schon diese Personalie zeigt, dass die Schatten der Vergangenheit lang waren und auch in Fastnacht und Karneval hineinreichten. Denn Liessems Rolle in der Zeit vor 1945 wird in der jüngsten Forschung durchaus kritisch betrachtet. Nachdem er Jahrzehnte lang hoch verehrt worden war und ihm gelegentlich gar der Ruf eines Widerstandskämpfers zuteilwurde, urteilte Thomas Gutmann: „Der Vertreter für Spirituosen und Angehörige des SA- Reiterkorps war persönlich abhängig von Gauleiter Josef Grohé (…) und setzte geräuschlos die NS-Ideologie im Fastelovend durch."[16] Personelle Kontinuitäten aus der Zeit des „Dritten Reiches" sind also auch in Fastnacht und Karneval wie in anderen Bereichen von Politik, Wirtschaft und Gesellschaft zu konstatieren. Darüber hinaus lassen sich aber auch Kontinuitäten im Denken der Fastnachter und Karnevalisten feststellen, das offensichtlich von der NS-Volksgemeinschaftsideologie nachhaltig geprägt worden war. In einem Rückblick in der Lokalpresse von 1978 auf die Gründung des BDK im ‚Goldenen Mainz' heißt es: „Hier wurde das alte Brauchtum aus allen deutschen Gauen wieder lebendig!"[17] Von der Erstgründung des Bundes Deutscher Karneval aus dem Jahre 1937 liest man nichts.

In der „Rheinischen Post" vom 28. September 1968 schrieb Redaktionsmitglied Josef Odenthal von der Begeisterung der älteren Karnevalisten, die sich anlässlich des 30. Jubiläums der zweiten Reichstagung des BDK in Düsseldorf 1939 an die glanzvollen Aktionen unter der Leitung von Leo Statz erinnerten. Keinerlei Bedenken oder Vorbehalte gegenüber damals! Nach wie vor galt es auch nach der NS-Zeit, „den echten, volkstümlichen Karneval als Ausdruck einer optimistischen Lebenshaltung und als alten Brauch aufrechtzuerhalten. Wir sind gegen die Übertreibung des Kommerziellen und gegen Auswüchse wie Sommerkarneval und noch schwerwiegendere."

Auch der Bericht in einem Sonderdruck der „Allgemeinen Zeitung" in Mainz vom 26. Oktober 1953 über die Gründung des BDK enthält keinerlei Hinweise auf die Vorgängerorganisation oder etwaige Irrwege in der NS-Zeit. Im Gegenteil: Selbst als heutiger Leser rund 70 Jahre später ist man beeindruckt von der Euphorie und der Freude über die neue Freiheit, die alle, selbst den Verfasser dieses Zeitungsberichtes, ergriffen hatte. Hier ist unser Verständnis für die Ambivalenz der persönlichen Befindlichkeiten der Akteure von damals gefordert. Die leicht überbetonte Forderung nach Sitte und Anstand besonders auch in Thomas Liessems Rede könnte man mit dem Bedürfnis erklären, alle Schatten der jüngsten Vergangenheit zu verscheuchen, die inneren genauso wie die äußeren Trümmer wegzuräumen und sich mit aller Kraft und Konzentration dem Neuaufbau zu widmen. Der Psychoanalytiker Alexander Mitscherlich erklärte 1972 dazu: Was von 1933 bis 1945 „geschehen sein mochte an Mord, Gemeinheit, Zerstörungsgier waren im Urteil der Welt Kriegsverbrechen. Die Identifikation mit Adenauers Wertorientierung, mit seiner bürgerlichen Zielsetzung bot da einen Ausweg an. Ihm zu folgen, hieß dem besseren Deutschland anzugehören. (…) Man sollte keine Zeit verlieren: Schwamm darüber. Arbeiten, tüchtig sein, der Welt zeigen, daß Deutschland seine Krankheit Nazismus überstanden hat." Das sei zwar „plakativ, vereinfacht, aber psychologisch konsequent."[18]

Gleichwohl: Allein aus dem in Liessems Rede verwendeten Vokabular weht noch deutlich der Geist vergangener Tage und man spürt, wie sich in der Sprache der NS-Volksgemeinschaftsgeist festgesetzt hatte:

Der Karneval ist rein und sauber zu erhalten und der Volksbrauch vor Verfälschung, Entartung (!) und Aushöhlung durch kommerzielle Nutzung zu schützen. … Ein Volk, welches die frohen Sitten und Gebräuche seiner Vorfahren achtet und pflegt, sie nicht der Hast und Unrast einer schnelllebigen Zeit opfert oder gar über Bord wirft, wird sich immer wieder aufrichten. (…) Oh Ihr glücklichen Freunde der alemannischen und badischen Fasnet, bewahrt Euch der Väter Art so wie sie Euch von diesen hinterlassen wurde und übergebt sie Eurem Nachwuchs in der gleichen sauberen Weise (…). Ich glaube ein Recht zu besitzen, von dieser Stelle aus die Forderung zu erheben, Nuditäten von den Tanzböden der Fastnacht zu verweisen."[19]

Das erste Präsidium des neuen BDK bestand aus dem Präsidenten Thomas Liessem, Köln, dem ersten Vizepräsidenten Karl Moerlé aus Mainz, dem Münchener Karl Steinacker als zweiten Vizepräsidenten, dem Freiburger Willi Jäger als Schriftführer, dem Düsseldorfer Ernst Schäffer als Kassenleiter und den Beiratsmitgliedern Konrad Habicht aus Nürnberg, Oberbürgermeister Fiebig aus Amberg (NRW) und Jacques Königstein aus Aachen. Zwei Beiratsplätze blieben offen für je einen Vertreter der badisch-alemannischen und der schwäbisch-alemannischen Fasnet. Es umfasste damit überwiegend Männer, die auch schon vor dem Krieg karnevalistisch tätig gewesen waren. Die Satzung des neu gegründeten BDK entsprach selbstverständlich der freiheitlich-demokratischen Grundordnung der Bundesrepublik Deutschland. Nach irgendwelchen undemokratischen Resten und Spuren der Satzung von 1937 sucht man vergeblich, wobei man sich nicht täuschen lassen darf von Wortwahl und Wendungen, die uns Heutigen fremd geworden sind. Wer aber mit eigenen Ohren noch Redewendungen, pathetische Radioreportagen, die „Fox Tönende Wochenschau" und politische Debatten der 1950er Jahre gehört hat, wird sich erinnern, dass nicht nur die Wortwahl, sondern auch die Intonation und der stimmliche Aufwand von damals typische Phänomene ihrer Zeit waren. Das aber sagt nichts über die Inhalte aus!

Anmerkungen

1. Hans-Joachim Schumacher: 50 Jahre im Dienst von Fastnacht, Fasching, Karneval, Kitzingen 2003, S. 38.
2. Zit. nach Marcus Leifeld: Der Kölner Karneval in der Zeit des Nationalsozialismus. Vom regionalen Volksfest zum Propagandainstrument der NS-Volksgemeinschaft, Köln 2015, S. 236 (Schriftenreihe des NS-Dokumentationszentrums der Stadt Köln, Band 18).
3. Karl Linker: Fastnacht gestern und heute, in: Interessengemeinschaft Mittelrheinischer Karneval (Hg.), Referat vom 05.10.1975 in Wiesbaden [o. J., o. S.].
4. Heinrich Bender in: Mainzer Carneval-Zeitung Narrhalla 23.1 (1935), S. 6.
5. Deutsche Fasnacht, hg. vom Amt „Feierabend" der NSG. „Kraft durch Freude", in Zusammenarbeit mit dem Kulturamt der Reichsjugendführung, dem Reichsnährstand und der Arbeitsgemeinschaft für Deutsche Volkskunde (Villingen), 1938.
6. Erna von Vacano-Bohlmann: Jugend im Jahresring. Ein Brauchtumsweiser für die deutsche Jugend, Potsdam 1937.
7. Ebd.
8. Leifeld (Anm. 2), S. 70.

9. Humor der Nationen. Ein lustiges Bilderbuch für den Münchener Fasching, hg. vom Verein Münchner Fasching, München 1937, S. 41.
10. Leifeld (Anm. 2), S. 78.
11. Schumacher (Anm. 1), S. 46.
12. Ebd.
13. Düsseldorfer Stadt-Anzeiger vom 15.01.1939.
14. Ebd.
15. Schumacher (Anm. 1), S. 49.
16. Thomas Gutmann: Karneval im Nationalsozialismus, in: Academia 105.1 (2012), S. 24–26.
17. Albert Becker: Bund Deutscher Karneval in Mainz gegründet, in: Allgemeine Zeitung Mainz, 18.09.1978, S. 18.
18. Alexander Mitscherlich: Gedanken über einen Politiker, in: Gedanken über einen Politiker, hg. von Dagobert Lindlau, München 1972, S. 25.
19. Zit. nach Schumacher (Anm. 1), S. 53.

b) Detailstudien

Marius Ellermeyer

„Heil und Sieg der Mainzer Fassenacht" – Ideologische „Gleichschaltung" der Büttenreden in der Mainzer Fastnacht

Einleitung

> Alles ist heut umgestaltet, alles ist heut gleichgeschaltet: Zweckverbände, große, kleine,
> Turn-, Gesang- und Skatvereine, Ziegenzucht und Bullenhaltung, Polizei und Stadtver-
> waltung. Alles ist heut solidarisch, bis zur Urgroßmutter arisch und seit zweiundfünfzig
> Wochen uni-braun bis auf die Knochen.[1]

So kommentierte Heinrich Bender, Präsident des Mainzer Carneval-Vereins
(MCV), 1934 die „Gleichschaltung" von Staat und Gesellschaft, die auch vor
dem kleinsten Verein nicht Halt machte. Die Büttenreden in der Fastnacht waren
dabei von großer gesellschaftspolitischer Relevanz. Denn die Fastnacht ist eine
kollektive, ritualisierte Veranstaltung, die Gemeinschaft und ihre Werte und
Vorstellungen performativ inszeniert und durch gemeinsame Teilhabe daran
gesellschaftliches Bewusstsein (re)produziert.[2] Sie konnte gemeinschaftlich-ima-
ginierte Erlebnisräume liefern, in denen sich die „Volksgemeinschaft" selbst darstellte und erlebte und die von den weiterhin bestehenden Klassenunterschieden
und Repressionen ablenkte.[3] Die Büttenreden boten eine ideale Gelegenheit, um
politische und gesellschaftliche Ideologien unter das Volk zu bringen. Die NSDAP
erkannte früh, was Josef (Seppel) Glückert, Sekretär des MCV und bekannter
Büttenredner, 1934 postulierte: „Der Weg zur rhein'schen Volkes Huld führt über
diesen Rednerpult und wenn ihr sonstwo, daß es schallt, aach noch so scheen
Redde halt."[4] Daher sollen die Büttenreden, die in dem offiziellen Presseorgan
der Mainzer Fastnachtsvereine, der Mainzer Carneval-Zeitung „Narrhalla"[5],
veröffentlicht wurden, den Untersuchungsgegenstand dieser Arbeit darstellen.
Herausgeber der „Narrhalla" war bis 1935 Karl Kneib, langjähriges MCV-Mit-
glied und Neu-Gründer der Zeitung (1903/1925), danach fungierte der MCV als
Herausgeber. Ab 1933 stand auch dieses Medium unter den Einschränkungen
der Presse- und Meinungsfreiheit und dem Einfluss der ideologischen Verein-
nahmungsversuche. Zu beachten ist zudem, dass die Intention der Redner bei
der Analyse nur bis zu einem gewissen Grad erschlossen werden kann, da Intonation, Mimik und Gestik der Vorträger nicht überliefert sind. In der „Narrhalla"
wurde zudem stets nur eine Auswahl der Büttenreden der jeweiligen Kampagne

abgedruckt, die Quellenbasis ist daher schon subjektiv gefiltert. Da die Zeitung allerdings als offizielles Presseorgan der Vereine fungierte, kann sie als repräsentativ für die Mainzer Fastnacht herangezogen werden.

Betrachtet wurden mit der NS-Ideologie konforme sowie nonkonforme Büttenreden. Eine Analyse dieser Reden, mit Blick auf Inhalt, Rhetorik und Vokabular der Aussagen, sollte Aufschluss über das Ausmaß der ideologischen „Gleichschaltung" der Mainzer Fastnachtsvereine und damit über ihren Beitrag zur Konstituierung einer imaginierten „Volksgemeinschaft" liefern. Die Reden wurden unterteilt in thematische Kategorien, um Kontinuitäten oder Diskontinuitäten ideologischer Elemente in den Büttenreden zu betrachten. Diese Kontinuitäten und Diskontinuitäten können Erkenntnisse über Kontexte, Prozesse und Wandel vor und nach 1933 in den Büttenreden liefern. Als Referenzzeitraum dienten die Jahre 1927 bis 1937. Der Beginn wird markiert durch die erste Fastnachtskampagne in Mainz nach dem Ersten Weltkrieg, die aus wirtschaftlichen, gesellschaftlichen und politischen Gründen erst 1927 durchgeführt werden konnte. Das Ende des Referenzzeitraums bildet die Gründung des „Bundes Deutscher Karneval", in dem die institutionelle „Gleichschaltung" der Mainzer Fastnachtsvereine ihren Abschluss fand.

Anpassung der Mainzer Fastnachtsvereine

Nach dem Ersten Weltkrieg war lange Zeit nicht an närrische Aktivitäten zu denken. Zum einen hatten die meisten Leute zu viele Probleme und Sorgen, um sich mit der Fastnacht zu beschäftigen, zum anderen erlaubten die wirtschaftlichen und politischen Umstände keine Fastnachtsaktivitäten. So bat etwa 1920 der Oberpräsident der preußischen Rheinprovinz, insbesondere aufgrund der Lebensmittelknappheit die karnevalistischen Veranstaltungen zu beschränken. Auch im hessischen Mainz wurde daher 1920 die Kampagne untersagt.[6] Erst mit dem Abflauen der Inflation ab dem Jahre 1925 besserte sich die Lage. Der MCV konnte am 4. Januar erstmals seit elf Jahren wieder eine Generalversammlung sowie eine Herrensitzung und zwei Damensitzungen abhalten. Auch die Mainzer Carneval-Zeitung „Narrhalla" wurde wieder gedruckt. Ab 1926 durfte der MCV wieder in der bis dahin von den französischen Besatzern genutzten Stadthalle seine Veranstaltungen abhalten. Die erste Kampagne seit dem Ersten Weltkrieg konnte schließlich 1927 durchgeführt werden.[7] Der Mainzer Carneval Club (MCC) hingegen veranstaltete noch bis 1933 aufgrund wirtschaftlicher Probleme keine Kampagnen. Am 31. Januar 1933 schloss der MCC sich mit der 1928 entstandenen „Carneval-Gesellschaft Ukra"[8] zusammen.[9]

Während am 27. Februar 1933 in Mainz vormittags der Rosenmontagsumzug stattfand, brannte in Berlin am Abend der Reichstag. Die Täter schienen schnell identifiziert zu sein: die Kommunisten. Die bis heute ungeklärte Frage nach der Täterschaft[10] instrumentalisierten die Nationalsozialisten, um die parlamentarische Demokratie abzuschaffen und die Verfassung auszuhebeln. Einen Tag nach dem Brand unterzeichnete Hindenburg die Verordnung „zum Schutz von Volk und Staat", welche vorgab, der „Abwehr kommunistischer staatsgefährdender Gewaltakte" zu dienen, darüber hinaus aber Grundrechte wie die Presse- oder Meinungsfreiheit außer Kraft setzte.[11] Am 20. Dezember 1934 wurde das „Gesetz gegen heimtückische Angriffe auf Staat und Partei und zum Schutz der Parteiuniformen",[12] das sogenannte „Heimtückegesetz", erlassen. Unter anderem wurde auch Kritik am Reich, der Regierung oder der NSDAP unter Strafe gestellt. Dies ermöglichte dem NS-Regime eine Rechtfertigung für inhaltliche Eingriffe in karnevalistische Angelegenheiten und für die willkürliche Bestrafung kritischer Aussagen.[13] Die NSDAP veränderte durch die Verabschiedung neuer Gesetze die Rahmenbedingungen für die Büttenredner grundlegend, sodass die Reden ab 1933 mit Blick auf diese Regelungen einzuordnen sind.

Im November 1933 gab die NSDAP für die gesamte deutsche Fastnacht die verbindliche Weisung aus, dass sich diese auf ihre „germanischen Ursprünge" auszurichten habe und eine „innere Beziehung" zu Kirche und Christentum „zu verneinen und zu verwischen" sei.[14] Kritik an den Zuständen im Reich oder eine Glossierung der Führer in Staat und Gemeinde wurde untersagt. Stattdessen sollten sich die Büttenreden thematisch nach der „von der Reichsregierung verfolgten Politik" richten.[15] Aus einem Dokument der NSDAP Kreisleitung Mainz, Abteilung Organisation, geht hervor, dass die Vereine künftige Veranstaltungen der NS-Organisation bekanntzugeben hatten und das Programm, inklusive Vorträge und Lieder, zur Durchsicht vorlegen mussten. Das Regime drohte, Veranstaltungen, die die Anforderungen nicht erfüllten, noch in letzter Minute verbieten zu lassen.[16] Viele Vereine übernahmen aber auch freiwillig NS-Regelungen in ihre Satzungen, wie etwa den sogenannten Arierparagrafen vom 7. April 1933, der die Verdrängung und Ausschließung jüdischer Bürger ermöglichte[17]. Schon vor dem Verbot der Glossierung der Führer und des Regimes lobte sich das Komitee des MCV für die geübte „Selbstzucht" und betonte, dass kein „Misston" von ihnen zu vernehmen war. Dabei haben politische Büttenreden, insbesondere obrigkeitskritische, in der Mainzer Fastnacht traditionell ein großes Gewicht.[18]

Mainzer Büttenreden zwischen Weimarer Demokratie und Nationalsozialismus

Außenpolitik

Neben innenpolitischer Obrigkeits- und Parteienkritik nahmen außenpolitische Themen traditionell viel Platz in den Mainzer Büttenreden ein. Ende der 1920er Jahre waren gern gewählte Themen die Kritik am Völkerbund, dem Versailler Vertrag, der französischen Besatzung und der zunehmenden internationalen militärischen Aufrüstung. Karl Kneib verglich den Völkerbund schon 1928 mit einer schlecht gedrehten Zigarre:

> Das Deckblatt geht ja, auch das Umblatt ist gut, doch sag' ich ungeniert, was in dem Wickel ist enthalten, ist noch nicht richtig fermentiert! Die Zigarr' zieht nit, beißt, tut kohle, sie brennt nit recht und ohnehin würzt jeder Staat die Tabaksoße mit nationalem Nikotin![19]

Vor allem der mangelnde Erfolg bei der Abrüstung wurde dem Völkerbund vorgehalten. Viele Deutsche schienen sich zunehmend durch eine allgemeine Aufrüstung der anderen Nationen bedroht zu fühlen. Franz Reinhart stellte 1932 in seiner Rede überspitzt dar, dass Deutschland sich aus seiner Sicht einem „Riesenheer" gegenübersah und selbst lediglich über „ein Schießgewehr, günstigstenfalls aus Pappe" verfügte.[20] Während die anderen Länder zumeist als Kriegstreiber dargestellt wurden, erhoben viele Büttenredner Deutschland zur einzigen friedliebenden Nation, stärkten ein deutsches Opfernarrativ und spielten damit der nationalsozialistischen Propaganda in die Hände.[21] Auch die Stimmung gegen Frankreich wurde bereits Anfang der 1930er Jahre in der Bütt aggressiver, der Wunsch nach „Gegenwehr" größer:

> Die ganze Welt hält er [gemeint wohl der Versailler Friede] in Schach, was nutzt uns all das stunden, auf ihm allein nur ruht die Schmach, er läßt uns nicht gesunden! Doch einst kommt auch der große Tag, wo sich in allen Welten das Bittre dann rächen mag, und das nennt man vergelten![22]

Als Deutschland 1933 nach der „Machtübernahme" aus dem Völkerbund austrat, wurde dies daher auch von den Mainzer Fastnachtern überwiegend positiv aufgenommen.[23]

> An so 'n Schwindel konnt sich halt der Führer nit gewähne; er sprach: ‚Hier stör' ich, küss' die Hand! Macht eiern Dreck alleene!' Mir kenne jo den ganze Schmus! – Mir pflüge – baue – grawe, rings steht die Welt, Gewehr bei Fuß uns will mer's nor nit glawe![24]

Wie die allgemeine Stimmung der Mainzer war, zeigte Seppel Glückert in einer Rede von 1937 auf. In Bezug auf den Einmarsch deutscher Truppen in Mainz stellte er fest:

Wollt' ich hier im Narrenreich Narrhallesen fragen euch, welches im verfloss'nen Jahr'
eure schönste Stunde war, die, vergessend alles Klagen, euer Puls ließ höher schlagen,
gäb' mir jeder von euch hie gleiche Antwort, nämlich die: Als die Straßenbrück', die alte,
von dem Gleichschritt widerhallte unserer Soldatenschar, dies die schönste Stunde war.[25]

Die Aufrüstungspolitik der NSDAP wurde anscheinend auch von der Mehrheit
der Mainzer Fastnachter befürwortet. Viele sahen Deutschland für einen Kriegs-
fall unzureichend gewappnet und trauten dem Völkerbund nicht den Erhalt des
Friedens zu. Auch die Unzufriedenheit mit der Außenpolitik der Regierungen
vor 1933 lässt sich daraus ablesen. Viele forderten einen starken Staat und ein
internationales Machtgleichgewicht durch deutsche Aufrüstung. Hitler und die
NSDAP nutzten diese Ängste der Bevölkerung.[26]

Antiparlamentarismus, Antiparteienpluralismus und die NSDAP

Ende der 1920er Jahre hielt sich die Kritik am Parlamentarismus und „Parteien-
hader" in den Büttenreden noch zurück. Dies lag vermutlich auch an der rela-
tiven wirtschaftlichen und politischen Stabilisierung. Allerdings gab es auch
schon in dieser Zeit den Wunsch nach politischer und gesellschaftlicher Einigkeit. Nur dann, so etwa Karl Kneib, könnte Deutschland „in sich selbst gesunden" und wieder international geachtet werden[27]. Zu Beginn der 1930er Jahre
mehrte sich auch aufgrund der Weltwirtschaftskrise die Kritik an der Regierung
und die Ablehnung des Parteienpluralismus und Parlamentarismus in den Vorträgen der Büttenredner:[28]

> Schaut nur zum Deutschen Reichstag hin, und höret das Gequassel – Sind da noch
> Volksvertreter drin, das ist ja nur Schlamassel! Wir Deutsche sollten einig sein, nur
> Einigkeit kann nützen, geteilt in Dutzende Partei'n, Sieht man die Stützen sitzen![29]

Die NSDAP profitierte von der Kritik. Viele Fastnachter begrüßten 1933 das
neue Regime und hofften auf soziale, gesellschaftliche, wirtschaftliche und politische Verbesserungen. Die NS-Rhetorik wurde in der Bütt übernommen und
die Büttenreden wurden zunehmend auch radikaler und aggressiver. Eugen
Becker sagte drei Tage nach der Ernennung Hitlers zum Reichskanzler: „Für-
wahr ein solches Trockenlegen, wär' auch für deutsches Land ein Segen; *wenn
ausgerottet bis zum Stumpf, der giftige Partei'ensumpf!*"[30]

Das Ende des Parteienpluralismus und Parlamentarismus und die Entstehung einer Diktatur wurden, wie von der Mehrheit der Bevölkerung, offenbar
auch von den meisten Fastnachtern positiv (oder stillschweigend) aufgenommen.[31] Eine neue politische und gesellschaftliche Gemeinschaft wurde gefordert,
auch der Präsident des MCV Heinrich Bender sah in der neuen Regierungsform
eine Chance, denn „wo man vordem sich entzweit, da knüpfte man alsbald in

Eintracht die Bande der Gemeinsamkeit".[32] Gab es vor 1933 vor allem Kritik an den etablierten Parteien sowie am Parteienpluralismus selbst, beinhalteten die Büttenreden nach der „Machtübernahme" Hitlers oft Lob und Zuspruch für die neue Regierungspartei. Viele Redner, wie etwa Hans Gundrum, begrüßten den Systemwechsel:

> Es braust ein Ruf durchs neue deutsche Land, das einig, stark in allen seinen Gauen. Aus den Ruinen herrlich es erstand, ein Volk, das Ehre kennt und Selbstvertrauen. Die Besten sind zu neuem Tun am Werk, und Freude soll uns neue Kräfte bringen. Daß stark vereint jedweden Feind wir niederzwingen. Daß Frohsinn so die deutschen Waffen stärk.[33]

Der Einfluss der NS-Ideologie zeigt sich auch an der vermehrten Verwendung von NS-Vokabular, -Rhetorik und -Symbolik in den Büttenreden ab 1933. Die „Narrhalla" erschien nun in Frakturschrift und Monatsnamen wurden in ihrer alten germanischen Form geschrieben, so etwa Nebelung anstelle von November[34]. Karl Kneib bezeichnete die Garden als „Stahlhelmleute des Karnevals" und eröffnete die Begrüßung der General-Versammlung des MCV mit den Worten: „Heil und Sieg der Mainzer Fassenacht".[35] Ob Kneib die Begriffe benutzte, um den Vorgaben des Regimes zu entsprechen, oder ob er dies freiwillig mit ideologischer Überzeugung bzw. im vorauseilenden Gehorsam tat, lässt sich nicht sagen.[36] Zumindest aber widersetzte sich Kneib nicht den neuen sprachlichen Veränderungen, obwohl er vor 1933 einer der Kritiker Hitlers und der NSDAP gewesen war. Nach 1933 finden sich in der von ihm herausgegebenen „Narrhalla" aus seinem Mund keine kritischen Töne mehr.

Auch nationalsozialistische Rhetorik fand ab 1933 häufiger Eingang in die Reden. So wurde etwa die „Volksgemeinschaft" mit der Parole „nicht Eigennutz geht allem vor, Nein! Deutschland über Alles!"[37] propagiert. Auch Alfred Gottlieb nutzte in seinen Reden zunehmend NS-Gedankengut: „Laß die ander'n doch geifern, das ist nur Neid, es wird und muß einst kommen die Zeit wo es eintritt, daß nur an deutschem Wesen die ganze Welt kann und wird genesen."[38] Der letzte Abschnitt wurde von den Nationalsozialisten zur Forderung erhoben, um die scheinbare Überlegenheit der Deutschen herauszustellen. Glückert schien den Aufschwung der Nationalsozialisten zunächst ebenfalls zu befürworten und seine Parteitreue zu bekräftigen:

> [d]aß mir mol früher schwarz war'n, drum sollt man uns doch nit meide – Tempi passati, ich mään um so brauner wär'n mir heute! Ha' mir vielleicht e bißche schwer uns aach dezu entschlosse, so, denk ich, könnt' mer um so mehr sich heut' uff uns verlosse![39]

In Anbetracht seiner häufigen und zum Teil recht deutlichen Kritik am Nationalsozialismus scheint es aber wahrscheinlich, dass seiner vorgegebenen Freude über die neue „braune" Ideologie der meisten Fastnachter ein ironischer Unterton mitschwang, wie auch Friedrich Schütz anmerkt. Die Bekräftigung der Parteitreue könnte auch zur Abmilderung seiner sonstigen Kritik dienen, um keine Repressalien der Nationalsozialisten zu erleiden.

Martin Mundo hatte bereits 1934 die mangelnde Kritikfähigkeit von Parteimitgliedern angeprangert: „Seht m'r zu äm vun de Partei, er wär noch garnit lang debei, und daß ein Märzveilchen er sei, do schlägt äm der e' paar uff's Ei!"[40] „Märzveilchen" war die abwertende Bezeichnung für die seit 1933 in die NSDAP eingetretenen Personen, denen vorgehalten wurde, sich der Partei nur aus opportunistischen Gründen angeschlossen zu haben.[41] Viele Redner beschränkten ihre Kritik daher auf „Gegner" des NS-Regimes, denn dies, so Altmeister Joseph Lambinet,

> wird uns niemand verwehren. Die da wandeln noch immer im alten Geleis, die nehme euch unter die Luppen, und sie werden sich, jeder Pimpfe das weiß, nicht als die Besten entpuppen. (…) Doch von allen als die Verwerflichsten sind in das Buch der Sünder geschrieben, die den braunen Mantel gehängt nach dem Wind und im Innern die Alten geblieben.[42]

Lambinet kritisierte hier auch die mangelnde NS-Treue einiger Parteimitglieder. Akzeptiert wurden nur jene, die nicht nur nach außen hin dem Nationalsozialismus anhingen, sondern auch innerlich die gleiche Gesinnung vertraten.

„Führerkult"

Hatte es vor 1933 noch kaum positive Stimmen über Adolf Hitler in der „Narrhalla" gegeben, waren die Ausgaben insbesondere in den ersten Jahren nach der „Machtübernahme" reichlich gefüllt mit Reden, die den „Führer" als „Retter" anpriesen. Das allgemeine Hochgefühl, welches die große Mehrheit der Bevölkerung empfand, war auch in der Fastnacht nicht zu überhören. Besonders in den neuen „starken Mann" setzten viele Menschen ihr Vertrauen und hofften, dass er die wirtschaftliche, politische und gesellschaftliche Situation Deutschlands verbessern würde.[43] Ein Beispiel von vielen liefert die Rede Adolf Gottrons von 1934: „Der Führer konnt' mit starker Hand ein neues Deutschland bauen, und frisches Hoffen zog ins Land und endlich – *auch Vertrauen!*"[44] Die NS-Propaganda versuchte den „Führerkult" mit allen Mitteln zu stärken, indem Erfolge des Regimes in erster Linie Hitler zugeschrieben wurden und er als Erlöser, Retter und Heilsbringer, oft mit religiösen Elementen, dargestellt wurde.[45] Auch in der Bütt wurde Hitler gepriesen, etwa durch Eugen Becker 1934:

> Der Nebel fällt, es strahlt ein goldner Schein am Firmament der Hoffnung uns entgegen. Du, schicksalsschwer geprüftes Volk am Rhein, spürst du den Geist der neuen

Zeit sich regen? Ein Retter kam vom Himmel uns gesandt, zu dem des Vaterlandes Not gedrungen; Schwang siegbewehrt das starke Schwert der Nibelungen. Verröchelnd liegt der Lindwurm nun im Sand.[46]

Becker hob Hitler als von Göttern gesandten „Heilsbringer" empor und bediente sich dabei der Elemente der Nibelungensage, die auch von den Nationalsozialisten aufgrund der heidnischen und mystischen Komponenten gerne verwendet wurden, etwa für die Dolchstoßlegende[47].

Keim sieht in diesem Vortrag nur einen Einzelfall. Er sieht solche Reden entweder als notwendiges Übel an, mit welchem sich Fastnachter ein „Alibi" für kritische Reden geben konnten, oder lediglich als übertriebenen „Götzenkult" und „leichtgläubigen Führerfolgsam".[48] Carl Dietmar und Marcus Leifeld hingegen argumentieren, dass es in Mainz viele Redner gab, die sich nicht nur an die nationalsozialistische Ideologie hielten, sondern sich dem neuen Regime und seinen Führern geradezu „emphatisch andienten".[49] Auch in der „Narrhalla" finden sich viele solcher Büttenreden, die das Ende der Republik und den Aufstieg Hitlers bejubelten:

Einst klang ein Ruf in schicksalsschwerer Nacht, als Deutschlands Stern für immer schien begraben, ein einz'ger rief. – Er hat allein gewacht und ließ nicht Ruh', bis alle Antwort gaben. Das Volk stand auf! – Ein Wunder ist gescheh'n![50]

Selbst Seppel Glückert schien „Parteien, Notverordnung, Genf, Schmarotzer, Schieber [und] Schwarzrotsenf"[51] überdrüssig zu sein. Stattdessen bekannten sich viele Büttenredner „zu uns'res Führers sieggekrönten Fahnen. Sie führen uns durch Nacht zum Licht empor, ‚Gemeinnutz soll am Eigennutz' uns hindern".[52] Die Parole der NSDAP „Gemeinnutz geht vor Eigennutz" wurde in vielen Büttenreden verwendet. Durch sie propagierten die Nationalsozialisten eine „Volksgemeinschaft" und betonten, dass das Wohl der Gemeinschaft[53] vor dem Wohl des Einzelnen stehe. Die „Volksgemeinschaft" wirkte dabei nicht nur inkludierend, sondern wurde auch zur Rechtfertigung der Exklusion und Verfolgung von Juden und Jüdinnen, Andersdenkenden und Minderheiten benutzt.[54] Deutschland wurde in der Bütt, entgegen der Realität, als eine Nation kurz vor dem Untergang dargestellt, die durch Adolf Hitler allein gerettet wurde:

Auch in uns'rem neuen Staate steht ein Mann am Steuerrade der, ob auch der ‚Westwind' braust lenkt das Schiff mit sich'rer Faust. Beinah hätten Sturmeswogen es zum Grund hinab gezogen, *doch des Führers Geistesmacht hat gerettet Schiff, und Fracht.*[55]

Hitler als „starker Mann" gegen Frankreich, das oft als westlicher Aggressor dargestellt wurde, war ein gern formuliertes Narrativ der Nationalsozialisten. Die diktatorische Führung verklärte der Redner positiv als ein „Lenken mit sicherer

Faust", „Schiff und Fracht" stellten die Nation und das Volk dar, wobei ausgespart wurde, dass in der neuen „Volksgemeinschaft" nicht mehr jeder Teil der „Fracht" war und viele über Bord geworfen wurden. Es gab auch Büttenredner, die sich mit Führerlob wesentlich mehr zurückhielten oder den „Führerkult" im Volk in den Vordergrund stellten, ohne dabei Rückschlüsse auf ihre eigenen Ansichten zuzulassen. Auch bekannte Regimekritiker streuten hin und wieder Lobesverse ein, womöglich um Repressionen vorzubeugen. Viele Reden gingen allerdings weit über ein „Alibi" hinaus und lassen auf die nationalsozialistische Ideologie der Redner schließen, die nicht als „Götzenkult" oder „leichtgläubiger Führerfolgsam" verharmlost werden sollte.

Rassismus und Antisemitismus

Während sich antisemitische Reden zwischen 1927 und 1933 in der „Narrhalla" nicht finden, wurden rassistische und diskriminierende Ausdrücke bereits vor 1933 in vielen Büttenreden verwendet. Besonders negativ konnotierte Bezeichnungen anderer Gruppen, wie z. B. „Polacke", „Japse" oder „Mohr", lassen sich häufig entdecken. Dies waren zwar auch von der Allgemeinheit oft benutzte Ausdrücke, jedoch wurden sie unreflektiert in den Reden reproduziert und trugen damit zu ihrer Normalisierung bei. Es lässt sich feststellen, dass die Verwendung von Rassismen ab dem Beginn der 1930er Jahre deutlich zunahm. So bejubelte etwa Seppel Glückert 1932 den Abzug der französischen Besatzungstruppen und bezeichnete diese als „Neger, Kulis, Menschefresser",[56] während Adolf Gottron über polnische Immigranten sagte:

> Nit selte kam doch so'n Polack, un durft in Deutschland wohne – hatt' erst kän Pfennig Geld im Sack – un jetzt – hot er Millione! Du böser Nachbar sei nur froh, daß es uns geht so kratzig, wär' unser Militär noch do, dann wärst du nit so batzig![57]

Dieses Zitat verdeutlicht die sich wandelnde Stimmung in der Gesellschaft. Nach der „Machtübernahme" mehrten sich die rassistischen Reden, auch die Aggressivität der Aussagen nahm deutlich zu, wie dieser Vortrag von Adolf Gottron 1934 zeigt:

> Ja – seitdem mir die erwischte, die schmarotzt in unserm Lande, die so gern im Trübe fischte, seit der Zeit gibt's – Emigrante! Wunnert sich do äner driwwer! Immer schon wenn etwas gärte, dann lief Dreck un Abschaum iwwer, un zurück blieb das Geklärte! ‚Ach, sie hätte ‚gehe' müsse', jammern ihre Lügenpresse – ganz im Gegeteil, die hätte jahrelang hier noch ‚gesesse'![58]

Emigranten wurden offen als „Dreck" und „Abschaum" bezeichnet. Selbst der Präsident des MCV, Heinrich Bender, bezeichnete die moderne Kulturszene als

„Niggersong und Niggertanz" und begrüßte die „Gleichschaltung" des Thea-
ters.[59] Neben Eugen Becker, der 1937 auf Linie der nationalsozialistischen Ideologie einen „Krieg der Fäulnis uns'rer Rasse" propagierte und den deutschen
„Stammbaum" durch die Nationalsozialisten als „entlaust" ansah[60], waren es
auch Adolf Gottrons Büttenreden, die durch Rassismus auffielen:

> Ich wollt nit sein en Emigrant, der brauch kään Geist und kään Verstand, brauch kään
> Charakter zu beweise, so'n Kerl brauch bloß mit Dreck zu schmeiße! Der kimmt aach
> in de Welt erum, zieht jedes Jahr zwää- dreimol um un is for dreißig Silberlinge zu alle
> Schandtate zu bringe. Was macht denn eigentlich Tag un Nacht Beruflich – so e Gelich-
> ter? Früh'r hawwe se lange Finger gemacht, jetzt mache se lange Gesichter!

Es scheint, dass sich die Fastnachter an die offizielle Sprachregelung hielten und
im Sinne des Regimes rassistische Reden vortrugen.[61] „[D]ie Sprache veränderte
sich und mit ihr auch die Struktur des Denkens und Fühlens".[62] Die Verwendung von Rassismen und Stereotypen, wie sie auch die Nationalsozialisten verwendeten, ist allerdings nicht per se mit einer Übereinstimmung der Redner
mit der allgemeinen nationalsozialistischen Ideologie gleichzusetzen. Rassistische Bezeichnungen kamen wie aufgezeigt bereits vor 1933 vor. Die Anzahl an
rassistischen Reden und vor allem die Schärfe der Aussagen nahmen allerdings
ab 1933 deutlich zu und gingen oft weit über den Rahmen von Anpassungs-
leistungen hinaus; sie lassen auf die Überzeugungen der Redner schließen. Mit
antisemitischen Textpassagen dagegen hielten sich die Büttenredner auch im
nationalsozialistischen Deutschland zurück. Diejenigen, die in der „Narrhalla"
abgedruckt wurden, zeigten ihren Antisemitismus meist weniger offenkundig,
wie etwa bei Otto Schäfer 1935: „Un kimmt der Vorbeimarsch vorbei dann am
Haus, rief alles ‚Heil Hitler' am Fenster eraus, und Deutschland über alles, laut
hört mer den Schrei, un dodebei kaafe se beim Stubb alles ei, un die Kleider beim
Tietz, un beim Lahnstein die Hiet."[63] Die aufgeführten Mainzer Geschäfte wurden alle von Juden geführt, Schäfer rief damit seine Mitfastnachter zum Boykott
jüdischer Geschäfte auf.

Nonkonformität

Es gab auch Fastnachter, die sich in ihren Reden nicht konform zur NS-Ideologie
verhielten. Aber was bedeutet „nonkonformes Handeln" unter den Bedingungen einer totalitären Diktatur? Problematisch ist die Vielschichtigkeit nonkon-
formen Handelns, der fließende Übergang zwischen verschiedenen Formen, der
Kontext sozialer Bedingungsfaktoren sowie die notwendigen Anpassungsleis-
tungen gegenüber dem Regime, um Repressionen vorzubeugen. Michael Kißener plädiert dafür,

Elemente der Anpassung an die propagierte Volksgemeinschaft, die gewiss auch mit der Akzeptanz eines neuen Wertekanons einhergingen, von jenen der Anpassungsunwilligkeit zu unterscheiden und vor diesem Hintergrund das Maß von Inklusion und Exklusion zu bestimmen.[64]

Wichtig ist hierbei auch der Blick auf Kontinuitäten und Diskontinuitäten in den Reden der Mainzer Fastnachter. Anfang der 1930er Jahre war offene Kritik an Hitler und dem aufkommenden Nationalsozialismus in den Mainzer Fastnachtsvereinen noch häufig Thema der Büttenreden. Im Wahlbericht von 1930 verkündete Karl Kneib: „Im Karneval gibt es wohl Krittler, doch keine Hugenberge und kein Hittler (sic)!"[65] Und 1932 stellte er in Abgrenzung zu den Nationalsozialisten klar, dass die gewählten Abgeordneten des MCV „keine Heilrufer, aber Heilbringer sei[e]n".[66] Mit dem Jahr 1933 änderten sich die rechtlichen Rahmenbedingungen für die Büttenredner. Kritik am neuen Regime und ihren Führern war nun nur noch verdeckt möglich, wie etwa von Martin Mundo 1934: „Soll ich singe ein Tedeum der Freiheit, die jetzt im Museum? Die Freiheit, die jetzt ausgespielt, hot sich selbst an de Kopp gefühlt!"[67] Auf Nachfrage von Nationalsozialisten hätte Mundo sicherlich behauptet, das Befreiungsdenkmal in Mainz zu meinen. Diese Statue einer Frau, auch „Freiheit" genannt, war vom NS-Regime abgerissen und in ein Museum gestellt worden, da ihnen der entblößte Oberkörper der Statue in der Öffentlichkeit zu anstößig war (Abb. 21). Wahrscheinlich aber spielte Mundo bewusst vor allem auf die Einschränkung der persönlichen Freiheit seit der nationalsozialistischen „Machtübernahme" an.

Auch MCV Präsident Bender ließ sich eine Bemerkung zur ideologisch gleichgeschalteten Gesellschaft nicht nehmen:

Alles ist heut umgestaltet, alles ist heut gleichgeschaltet: Zweckverbände, große, kleine, Turn-, Gesang- und Skatvereine, Ziegenzucht und Bullenhaltung, Polizei und Stadtverwaltung. Alles ist heut solidarisch, bis zur Urgroßmutter arisch und seit zweiundfünfzig Wochen uni-braun bis auf die Knochen.[68]

Neben Martin Mundo tat sich außerdem Seppel Glückert mit versteckter Kritik hervor. 1934 dichtete er: „Was jahrelang wohl Tag für Tag der Führer seinem Volk versprach er hielt sein Wort, auf jeden Fall, *da er gesagt: ‚Ich krieh se all'.*"[69] Seinen kritischen Zeilen folgten dann aber sofort Lobpassagen und Treuebekundungen:

Auf ihn drum fest vertrauen wir! Wie überall, so sei auch hier zu seinen Füßen ihm gelegt das Banner, das vier Farben trägt. So laßt zu Narrenmond's Beginn bezeugen uns mit Herz und Sinn ihm unsre Treu' für alle Zeit: Sieg-Heil der Narrheit Einigkeit![70]

Glückerts Rede von 1934 lässt auf eine starke Bedrohung der Büttenredner durch
das NS-Regime schließen:

> Jetzt mach' ich schun, mir zum Pläsier, im neunten Jahr' mein Vers'cher hier doch hat
> mein Herz vor Ängstlichkeit noch nie gebobbert so wie heut'. Zu reden hier heut' braucht
> man Mut, weil, eh' mer sich vergucke tut, als Opfer seiner närr'schen Kunst, kann aus-
> quartiert wer'n ganz umsunst. Drum hab' vorhin ich aach ganz nah verabschied' mich
> vun meiner Fraa, und rief beim Auseinandergeh'n: Wer weiß ob wir uns wiederseh'n.
> Wann ich bis morje früh um vier im Bett nit lei', brav newe dir, die Nachsitzung find', sei
> nit platt, dann in de Wormser Gegend statt.[71]

Mit der „Wormser Gegend", in der die „Nachsitzung" hätte stattfinden können,
war das im Frühjahr 1933 errichtete Konzentrationslager im rheinhessischen
Osthofen gemeint.[72] Auch eine Spitze gegen die kritikunfähigen „Kämpfer"[73] ließ
sich Glückert nicht nehmen. Das Angebot, einen Vortrag bei diesen zu halten,
lehnte er demnach ab. Er hätte sich mit Kritik gegen diese nicht zurückhalten
können und wäre von den Parteimitgliedern womöglich sogleich abgeführt worden. Er endete seinen Vortrag mit den Worten: „Wann ich weiter so mich mühe,
kann mir deß aach heut' noch blühe, drum hör' uff ich jetzt zu schwätze."[74]

Glückert schien zu ahnen, dass seine kritischen Worte nicht ewig ungestraft
bleiben würden. Tatsächlich folgte einem kritischen Vortrag am 6. März 1935 die
„Verhaftung" des gesamten MCV-Komitees. Offenbar war die Kritik der Büttenredner dem Gauleiter in Hessen-Nassau, Jakob Sprenger, zu weit gegangen. Die
Fastnachter wurden von Polizisten in Zivil früh morgens verhaftet und in einem
Zimmer des Central-Hotels unter „Schutzhaft" genommen. Erst um 11.11 Uhr
löste Sprenger den „Scherz" auf. Im Nachhinein wurde dies von Zeitungen und
auch einigen Büttenrednern als harmloser Scherz dargestellt. Zeitzeugenbe-
richte von Horst Mundo, Enkel Martin Mundos, und Philipp Kepplinger jun.
hingegen betonen eine Ernsthaftigkeit der Drohung und schildern eine radikale
Vorgehensweise der Polizisten.[75] Diese auch in der einschlägigen Literatur verbreitete Version wird in der aktuellen Forschung allerdings kritisch betrachtet.
Die Berichte von direkten Verwandten der Betroffen als alleinige Quellengrundlage sind dürftig und es ist möglich, dass die „Verhaftung" mit den Fastnachtern
abgesprochen war.[76] Auffällig ist, dass sowohl die „Verhafteten" als auch andere
kritische Redner in Mainz zu keiner Zeit ernsthaften Konsequenzen ausgesetzt
waren.

In der darauffolgenden Kampagne reimte Glückert über die vorjährige „Verhaftung":

> Als im März Herr Jakob Sprenger nahm in Haft uns närr'sche Sänger, habe manche
> brave Leut' sich in Määnz zu früh gefreut. (…) Diese sah'n uns närr'sche Spitzen schon
> im Geist in Dachau sitzen, ohne Mitleid, ohn' Bedauern, lebenslang als Erbhofbauern.[77]

Über seine kritischen Reden in der Bütt resümierte er: „Hier Kritik zu üben
frei – so an Dachau knapp vorbei – Freude auslöst, immer wieder auch bei
euch – ich kenn euch Brüder!"[78] Seine sehr deutliche, zweimalige Anspielung auf
das KZ Dachau unterstreicht das Risiko, welches kritische Redner zu dieser Zeit
augenscheinlich eingingen. Glückert betonte aber auch, dass seine regimekriti-
schen Vorträge bei den Narrhallesen wohl gut ankamen. Nicht umsonst waren
Mundo und Glückert zwei der beliebtesten Büttenredner in Mainz und beklei-
deten hohe Ämter in ihren Vereinen. Beide waren bereits vor 1933 angesehene
Redner, ihnen wurde daher mehr gestattet. Zudem waren die Fastnachter die
traditionelle Kritik an der Obrigkeit gewohnt. Nationalsozialisten, die auch Fastnachter waren, konnten vermutlich eher über Kritik an der Partei oder der NS-
Ideologie lachen. Diese Glosse über die „Verhaftung" war in der „Narrhalla" von
1936 allerdings nicht zu finden. Unklar ist, ob dies aus Angst vor Repressionen
nicht abgedruckt wurde oder weil die Führung in Berlin mit dem „Scherz" nicht
einverstanden war.

Es ist auffällig, dass vor 1933 die Anzahl der in der „Narrhalla" abgedruckten
kritischen Büttenreden merklich höher war als danach. Auch gab es deutlich
mehr mutige Redner. Nach 1933 waren es, bis auf wenige Ausnahmen, vor allem
Glückert und Mundo, die es noch wagten, Kritik am Nationalsozialismus zu
üben. Weiterhin lässt sich festhalten, dass in den Ausgaben der Jahre 1933–1934
mehr regimekritische Reden veröffentlicht wurden als in den Jahren 1935–1937.
Dies hängt womöglich auch mit der Eintragung des MCV in das Vereinsregister
am 10. November 1934 zusammen. Dadurch war der Verein offiziell der NS-Gemeinschaft „Kraft durch Freude" (KdF) unterstellt. Diese Organisation, unter
dem Dach der „Deutschen Arbeitsfront", lenkte die Freizeitbeschäftigung der
Arbeiter und Angestellten mit dem Ziel, die Arbeitskraft und gleichzeitig die
ideologische „Gleichschaltung" der „Volksgemeinschaft" zu stärken.[79] Bezüglich
der Fastnachtsvereine sollten vor allem verbale Angriffe auf das Regime und
seine Führer in Presse und Öffentlichkeit unterbunden werden. Damit sollte die
traditionelle Kritik an der Obrigkeit verhindert werden.[80]

Fazit

Bereits vor 1933 gab es ideologische Übereinstimmungen von Teilen der Fastnachter mit den Nationalsozialisten. Es lässt sich beobachten, dass die NSDAP
und Hitler Ende der 1920er Jahre kaum ein Thema in der Fastnacht waren. Allerdings wurde der Wunsch nach einem politischen Systemwechsel weg vom Parlamentarismus und Parteienpluralismus bereits deutlich. Außenpolitisch wurde
der Völkerbund abgelehnt, eine militärische Bedrohung durch die anderen

Nationen proklamiert und eine Aufrüstung Deutschlands gefordert. Damit spielten die Fastnachter der nationalsozialistischen Propaganda in die Hände. Gleichzeitig war dies aber auch die Periode, in der es die meisten kritischen Reden gegenüber der NSDAP und Hitler gab. Nach der „Machtübernahme" gab es auf einmal zahlreiche nationalsozialistische und rassistische, vereinzelt antisemitische Büttenreden. Hitler und die NSDAP wurden von vielen Rednern bejubelt und die Verwendung von NS-Vokabular und -Rhetorik nahm zu. Dies waren wohl nicht nur opportunistische Redner. Der sprunghafte Anstieg lässt auch darauf schließen, dass einige von der Ideologie überzeugt worden waren oder bereits vor 1933 eine nationalsozialistische Anschauung hatten und diese durch die veränderten politischen Umstände nun offen zeigten.

Gleichzeitig lassen sich nun deutlich weniger kritische Reden in der „Narrhalla" finden. Der Kreis derjenigen, die solche Reden hielten, war ebenfalls erheblich kleiner geworden. Dies hing wohl auch mit den neuen Gesetzen zusammen, die die Meinungs- und Pressefreiheit erheblich einschränkten. Wer Kritik übte, konnte aus der „Volksgemeinschaft" exkludiert werden. Willkür und Unrecht trafen fast nur die Ausgeschlossenen, Mitglieder der „Volksgemeinschaft" genossen weiterhin „Rechtssicherheit" und staatliche Fürsorge.[81] „Wer sich ruhig verhielt, dem geschah nichts. Man schaute weg und freute sich wieder des Lebens."[82] Zudem deuten Vorträge auf Repressionen hin, denen kritische Redner ausgesetzt waren. Nonkonform handelten nur die wenigsten. Zumindest bis 1935 gab es in den Mainzer Büttenreden jedoch noch versteckte Nonkonformität. Danach konnten und wollten dies allerdings nur noch Seppel Glückert und Martin Mundo leisten. Von einem „Widerstand" aus der Bütt, wie er oft in der einschlägigen Literatur geschrieben wurde, kann nicht die Rede sein. Der Wertewandel im nationalsozialistischen Deutschland, der eine fortschreitende Normalisierung von Nationalismus, Rassismus, Antisemitismus und Ausgrenzung beinhaltete, machte auch vor der Mainzer Fastnacht keinen Halt.

Anmerkungen

1. Heinrich Bender: Ansprache des Präsidenten Heinrich Bender im Mainzer Stadttheater Fastnacht 1934, in: Mainzer Carneval-Zeitung Narrhalla 23.1 (1935), S. 6.
2. Carl Dietmar/ Marcus Leifeld: Alaaf und Heil Hitler. Karneval im Dritten Reich, München 2010, S. 54.
3. Peter Reichel: Die „Volksgemeinschaft". Nationaler Sozialismus als bildliches Versprechen, in: Das Jahrhundert der Bilder, Band 1: 1900 bis 1949, hg. von Gerhard Paul, Göttingen 2009, S. 444–453, hier S. 449.
4. Josef Glückert: Protokoll des närrischen Reichskanzlers Joseph Glückert, in der Herrensitzung des MCV, in: Mainzer Carneval-Zeitung Narrhalla 22.2 (1934), S. 6–7, hier S. 7 f.

5. Von 1927–31 offizielles Organ des MCV und des MCC; von 1932–33 offizielles Organ des MCV und der Carneval-Gesellschaft „Ukra"; 1934 offizielles Organ des MCV, des MCC und sämtlicher Garden; von 1935–37 offizielles Organ des Mainzer Carnevals.
6. Vgl. Friedrich Schütz: 150 Jahre MCV – 150 Jahre Stadtgeschichte, in: Bürgerfest und Zeitkritik. 150 Jahre Mainzer Fastnacht, 150 Jahre Mainzer Carneval-Verein 1838–1988, hg. vom Mainzer Carneval-Verein, Mainz 1987, S. 11–130, hier S. 48; Peter Krawietz: Fastnacht am Rhein. Kult, Kultur, Geschichte, Mainz 2016, S. 112.
7. Vgl. Schütz (Anm. 6), S. 48–51; Krawietz (Anm. 6), S. 112.
8. Betriebsgemeinschaft des städtischen Umformerwerks und des Kraftwerks.
9. Vgl. Bernd Mühl: Mainzer Carneval Club. Historie, in: Mainzer Carneval Club 1899 e.V., Mainz 2005. Online verfügbar unter https://www.mainzercarneval.club/historie/ (Aufruf am 27.02.2019).
10. Vgl. John Andreas Fuchs: Rezension von: Dieter Deiseroth (Hg.): Der Reichstagsbrand und der Prozess vor dem Reichsgericht, in: sehepunkte 7 (2007). Online verfügbar unter http://www.sehepunkte.de/2007/07/12812.html (Aufruf am 26.02.2019).
11. Vgl. Michael Wildt: Machteroberung 1933, in: Informationen zur politischen Bildung 314.1 (2012), 28–45, hier S. 31–33.
12. Gesetz gegen heimtückische Angriffe auf Staat und Partei und zum Schutz der Partei-uniformen, in: Reichsministerium des Innern 1934. Fundstelle: Reichsgesetzblatt 1934 I, S. 1269–1271. Online verfügbar unter http://www.documentArchiv.de/ns/heimtue-cke.html (Aufruf am 27.02.2019).
13. Vgl. Dietmar/ Leifeld (Anm. 2), S. 101 f., 169 f.
14. Zit. nach Dietmar/ Leifeld (Anm. 2), S. 105 f.: Anton Maria Keim: 11mal politischer Karneval. Weltgeschichte aus der Bütt, Frankfurt a. M. u.a. 1969, S. 190 f.
15. Vgl. Dietmar/ Leifeld (Anm. 2), S. 105 f.; Keim (Anm. 14), S. 190 f.
16. Vgl. Schütz (Anm. 6), S. 59.
17. Paragraph 3 des Gesetzes zur Wiederherstellung des Berufsbeamtentums. Reichs-tag 07.04.1933. Fundstelle: Deutsches Reichsgesetzblatt Teil I, S. 175–177. Online verfügbar unter http://www.documentArchiv.de/ns/beamtenges.html (Aufruf am 27.02.2019); Kerstin Thieler: Gemeinschaft, Erfahrung und NS-Gesellschaft. Eine Einführung, in: Gemeinschaft als Erfahrung. Kulturelle Inszenierungen und soziale Praxis 1930–1960, hg. von David Reinicke (u.a.), Paderborn 2014, S. 7–20, hier S. 267 (Nationalsozialistische Volksgemeinschaft, Band 5).
18. Dietmar/ Leifeld (Anm. 2), S. 104 f.
19. Karl Kneib: Was ist des Deutschen Vaterland? Vortrag von Karl Kneib, in: Mainzer Carneval-Zeitung Narrhalla 16.1 (1928), S. 14–15, hier S. 15.
20. Franz Reinhart: Götz von Berlichingen spricht, in: Mainzer Carneval-Zeitung Narr-halla 20.4 (1932), S. 4–5, hier S. 5.
21. So etwa Josef Glückert in seiner Rede von 1930: Josef Glückert: Vortrag gehalten in der Stadthalle, anläßlich der Huldigungsfahrt 1929 des A.D.A.C. verfaßt von Josef Glückert, in: Mainzer Carneval-Zeitung Narrhalla 18.1 (1930), S. 12–13, hier S. 12.
22. Josef Helm: Närrische Glossen. Vortrag von Josef Helm, gehalten in der Herrensitzung der R.-G. „Ultra" am 23. Januar 1932, in: Mainzer Carneval-Zeitung Narrhalla 20.3 (1932), S. 4.

23. Vgl. Dietmar/ Leifeld (Anm. 2), S. 113; Die Nationalsozialisten verwendeten vor allem den Terminus „Machtübernahme", um damit eine Legalität und Legitimität ihrer Herrschaft zu unterstreichen. Zahlreiche Verstöße gegen die Weimarer Verfassung widerlegen aber eine Legalität der Geschehnisse. Der Begriff „Machtergreifung" wiederum verbreitete sich erst in den 1950er Jahren im Zuge der Totalitarismustheorie, um die politisch-moralische Illegitimität und eine Abgrenzung zu anderen Formen politischer Machtwechsel herauszustellen. Der Terminus suggeriert allerdings auch einen gesamtgesellschaftlichen Widerstand gegen die Nationalsozialisten, der so nicht bestand. Konservativ-nationalistische Kreise unterstützten die aktivistischen Elemente der opportunistischen Hitlerbewegung durch die Anbietung der Machtübernahme. Vgl. Michael Kißener: Der Weg in den Nationalsozialismus – eine „Revolution". Zur Einführung, in: Der Weg in den Nationalsozialismus 1933/34, hg. von Michael Kißener, Darmstadt 2009, S. 7–13, hier S. 8 (Neue Wege der Forschung); Norbert Frei: „Machtergreifung". Anmerkungen zu einem historischen Begriff, in: Der Weg in den Nationalsozialismus 1933/34, hg. von Michael Kißener, Darmstadt 2009, S. 38–49, hier S. 42–45 (Neue Wege der Forschung); Horst Möller: Die nationalsozialistische Machtergreifung – eine Revolution?, in: Der Weg in den Nationalsozialismus 1933/34, hg. von Michael Kißener, Darmstadt 2009, S. 14–37, hier S. 28 (Neue Wege der Forschung).
24. Adolf Gottron: Allerhand Sophismen! Vortrag von Adolf Gottron, in: Mainzer Carneval-Zeitung Narrhalla 22.3 (1934), S. 2.
25. Josef Glückert: Protokoll des närr. Sekretärs Jos. Glückert in der 1. Herrensitzung des MCV e. V. am 9. Januar 1937, in: Mainzer Carneval-Zeitung Narrhalla 25.2 (1937), S. 2–3, hier S. 2.
26. Dietmar/ Leifeld (Anm. 2), S. 54.
27. Kneib (Anm. 19), S. 14 f.
28. Vgl. Dietmar/ Leifeld (Anm. 2), S. 103 f.; Keim (Anm. 14), S. 173, 177, 179.
29. Max Sahlberg: Närrische Rundschau. Vortrag von Max Sahlberg, gehalten in der Damensitzung der Mainzer Ranzengarde am 19.1.1930, in: Mainzer Carneval-Zeitung Narrhalla 18.3 (1930), S. 24.
30. Es ist unklar, ob die Hervorhebungen den Manuskripten der Redner entnommen, durch die Herausgeber der Zeitschrift aufgrund der Betonung der Redner eingefügt oder von den Herausgebern nach eigenem Ermessen vorgenommen wurden. Eugen Becker: Kosmopolitischer Stoßseufzer eines rechtsrheinischen Mainzers, in: Mainzer Carneval-Zeitung Narrhalla 21.3 (1933), S. 12.
31. Vgl. Keim (Anm. 14), S. 183; Dietmar/ Leifeld (Anm. 2), S. 104.
32. Heinrich Bender: Ansprache des Präsidenten Heinrich Bender in der 1. Herrensitzung am 6. Januar 1934, in: Mainzer Carneval-Zeitung Narrhalla 22.1 (1934), S. 5.
33. Hans Gundrum: Es braust ein Ruf! In: Mainzer Carneval-Zeitung Narrhalla 22.3 (1934), S. 3–4.
34. Josef Glückert: Ansprache des närrischen Reichskanzlers Seppl Glückert in der Generalversammlung des M.C.V. am 18. Nebelung 1933, in: Mainzer Carneval-Zeitung Narrhalla 22.1 (1934), S. 7–8, hier S. 7.
35. Karl Kneib: Mainzer Carneval-Verein. Konstituierende General-Versammlung am Elften im Elften im Jahre der Narrheit 1932. Bericht des Wahlvorstandes erstattet vom

Senior des M.C.V. Karl Kneib, in: Mainzer Carneval-Zeitung Narrhalla 21.1 (1933), S. 12–13.

36. Vgl. Schütz (Anm. 6), S. 59.
37. Gottron (Anm. 24), S. 2.
38. Alfred Gottlieb: Närrische Ein- und Ausfälle. Vortrag zur Generalversammlung des M.C.V. am 18. Nebelung 1933 von Alfred Gottlieb, in: Mainzer Carneval-Zeitung Narrhalla 22.1 (1934), S. 12–13, hier S. 13.
39. Glückert (Anm. 34), S. 8.
40. Martin Mundo: Soll ich? Odder soll ich nit! Vortrag von Martin Mundo, in: Mainzer Carneval-Zeitung Narrhalla 22.3 (1934), S. 5–6, hier S. 5.
41. Vgl. Schütz (Anm. 6), S. 66.
42. Joseph Lambinet: Vortrag von Joseph Lambinet in der 2. Herrensitzung des MCV e. V. am 22. Januar 1937, in: Mainzer Carneval-Zeitung Narrhalla 25.3 (1937), S. 5–6, hier S. 6.
43. Vgl. Dietmar/ Leifeld (Anm. 2), S. 107.
44. Gottron (Anm. 24), S. 2.
45. Vgl. Michael Wildt: „Volksgemeinschaft". In: Informationen zur politischen Bildung 314.1 (2012), S. 46–63, hier S. 51.
46. Eugen Becker: Empor zum Licht!, in: Mainzer Carneval-Zeitung Narrhalla 22.1 (1934), S. 3.
47. Auf Plakaten der NSDAP war ein Sozialdemokrat zu sehen, der einen deutschen Soldaten von hinten mit einem Dolch in den Rücken stach. Dies war ein Bezug auf die Nibelungensage, in der Siegfried auf der Jagd von Hagen mit einem Speer durch den Rücken, seine einzig verwundbare Stelle, getötet wurde. Vor allem die rechtsextremen Parteien, die NSDAP und die DNVP, nutzen die Dolchstoßlegende zur Agitation gegen die politischen Vertreter der Weimarer Republik, später auch gegen die Juden. Vgl. Arnulf Scriba: Die Dolchstoßlegende, in: Deutsches Historisches Museum. Berlin 2014. Online verfügbar unter https://www.dhm.de/lemo/kapitel/weimarer-republik/innen-politik/dolchstosslegende.html (Aufruf am 26.02.2019).
48. Vgl. Keim (Anm. 14), S. 197 f.
49. Vgl. Dietmar/ Leifeld (Anm. 2), S. 107.
50. Gundrum (Anm. 33), S. 3 f.
51. Glückert (Anm. 4), S. 6.
52. Becker (Anm. 46), S. 3.
53. Einer auf Exklusivität basierenden Gemeinschaft.
54. Vgl. Cornelia Schmitz-Berning: Vokabular des Nationalsozialismus. Berlin 2010, S. 259 f.
55. Eugen Becker: Protokoll des Sekretärs Eugen Becker, in: Mainzer Carneval-Zeitung Narrhalla 22.2 (1934), S. 10.
56. Josef Glückert: Protokoll der Fremdensitzung des M.C.V. am 8. Februar 1931 von Josef Glückert, in: Mainzer Carneval-Zeitung Narrhalla 20.1 (1932), S. 6–7, hier S. 6.
57. Adolf Gottron: Rück- und Ausblick. Vortrag zur Fremdensitzung des M.C.V. am 8.2.31 von Adolf Gottron, in: Mainzer Carneval-Zeitung Narrhalla 20.2 (1932), S. 9.
58. Gottron (Anm. 24), S. 2.

59. Bender (Anm. 1), S. 6.
60. Eugen Becker: Kläänigkeite'! Vortrag von Eugen Becker, gehalten in der 1. Herrensitzung des MCV e. V. am 9. Januar 1937, in: Mainzer Carneval-Zeitung Narrhalla 25.2 (1937), S. 9; Folgezitat: Adolf Gottron: Acht Wünsche. Vortrag zu den Fremdensitzungen des MCV am 24. Februar und 3. März 1935, von Adolf Gottron, in: Mainzer Carneval-Zeitung Narrhalla 23.3 (1935), S. 9–10, hier: S. 9.
61. Vgl. Dietmar/ Leifeld (Anm. 2), S. 108; Keim (Anm. 14), S. 198.
62. Rüdiger Hachtmann: Allerorten Mobilisierung? Vorschläge, wie mit Schlagworten in der Sozial- und Gesellschaftsgeschichte der NS-Diktatur umzugehen ist, in: Mobilisierung im Nationalsozialismus. Institutionen und Regionen in der Kriegswirtschaft und der Verwaltung des „Dritten Reiches" 1936 bis 1945, hg. von Oliver Werner, Paderborn 2013, S. 69–83, hier S. 74 (Nationalsozialistische „Volksgemeinschaft", Band 3).
63. Otto Schäfer: Die Mombacher Marktfrau. Vortrag von Otto Schäfer, gehalten in den Damensitzungen am 8., 9. und 10. Februar 1935, in: Mainzer Carneval-Zeitung Narrhalla 23.3 (1935), S. 8–9. hier S. 9.
64. Michael Kißener: Von punktuellen Dissonanzen, Schwarzschlächtern und aktivem Umsturz. Der Widerstandsbegriff im Wandel der Zeit, in: „Das Vermächtnis ist noch in Wirksamkeit, die Verpflichtung noch nicht eingelöst". Der Widerstand gegen das „Dritte Reich" in Öffentlichkeit und Forschung seit 1945, hg. von Nils Kleine und Christoph Studt, Augsburg 2016, S. 29–40, hier S. 40.
65. Karl Kneib: Konstituierende General-Versammlung am Elften im Elften im Jahre der Narrheit 1929. Bericht des Wahlvorstandes, erstattet von Karl Kneib, in: Mainzer Carneval-Zeitung Narrhalla 18.1 (1930), 6–7, hier S. 6.
66. Karl Kneib: Mainzer Carneval-Verein. Konstituierende General-Versammlung am Samstag, den 28. November 1931. Bericht des Wahlvorstandes, erstattet von Karl Kneib, in: Mainzer Carneval-Zeitung Narrhalla 20.20 (1932), S. 12–13, hier S. 13.
67. Mundo (Anm. 40), S. 5.
68. Bender (Anm. 1), S. 6.
69. Glückert (Anm. 34), S. 8.
70. Ebd.
71. Glückert (Anm. 34), S. 7.
72. Vgl. Schütz (Anm. 6), S. 66.
73. Die älteren Parteimitglieder der NSDAP, die bereits vor 1933 beigetreten waren, bezeichneten sich selbst als „Kämpfer" der Partei. Vgl. Schütz (Anm. 6), S. 66.
74. Josef Glückert: Protokoll des närr. Sekretärs Jos. Glückert bei der 1. Herrensitzung des MCV e. V. am 19. Jan. 1935, in: Mainzer Carneval-Zeitung Narrhalla 24.1 (1936), S. 8–9, hier S. 9.
75. Vgl. Philipp Kepplinger: Määnzer Fassenacht zur Nazizeit. Erinnerung an Ereignisse aus der Kampagne vor 50 Jahren: „Die Verhaftung", in: Mainz: Vierteljahreshefte für Kultur, Politik, Wirtschaft, Geschichte 5.1 (1985), S. 42–44, hier S. 44; Dietmar/ Leifeld (Anm. 2), S. 62; Schütz (Anm. 6), S. 69 f.; Keim (Anm. 14), S. 205.
76. Vgl. den Beitrag von Michael Kißener in diesem Band.
77. Josef Glückert: Das war Seppel Glückert. Protokolle, Vorträge, Anekdoten. Mainz ²1962, S. 40 f.
78. Ebd.

79. Vgl. Schütz (Anm. 6), S. 60.
80. Vgl. Dietmar/ Leifeld (Anm. 2), S. 103 f.
81. Vgl. Harald Welzer: Die Deutschen und ihr „Drittes Reich", in: Aus Politik und Zeit-geschichte 14/15 (2007), S. 21–28, hier S. 23.
82. Schütz (Anm. 6), S. 57 f.

Maylin Amann

Mainzer Rosenmontagszüge in der NS-Zeit

Der Mainzer Rosenmontagszug: ein politisches Spektakel

„Alles steht Kopf!" Unter diesem Motto stand 1837 das Geburtsjahr der organisierten Mainzer Fastnacht. Seit dem Vormärz hatte die politisch-literarische
Tradition Einzug in die Fastnacht unserer Region gehalten. Närrisch-frech
kritisierten Fastnachter die Obrigkeit und seit diesen ersten politischen Einmischungen übernahm die rheinische Fastnacht die Aufgabe, die sie bis heute
erfüllt: Haltet der Zeit den Spiegel vor![1] Doch war dies auch in der Zeit des
Nationalsozialismus der Fall?

Auf der Basis überlieferter Bildquellen zahlreicher Rosenmontagszugwagen
und mit Hilfe der noch verfügbaren Zugprogramme soll im Folgenden versucht
werden, beispielhaft anhand der Rosenmontagsumzüge von 1934 und 1938 die
politische Ausrichtung der Umzüge zu erfassen. Im Jahr 1934 fand der erste
Umzug nach der nationalsozialistischen Machtergreifung am 30. Januar 1933
statt, der unter dem Einfluss des NS-Regimes geplant und ausgeführt wurde.
Vier Jahre später erreichte das Fastnachtsgeschehen in Mainz mit dem Jubilä-
umsumzug zum 100-jährigen Bestehen des MCV einen Höhepunkt. In einem
Vergleich der beiden Umzüge lassen sich mögliche Entwicklungen und Schwer-
punktsetzungen an zwei markanten Daten erfassen.

Darüber hinaus wird die Zeitungsberichterstattung über beide Rosenmontagszüge in zwei zentral wichtigen Mainzer Blättern berücksichtigt. Ausgewählt
wurden dazu das „Mainzer Journal", eine ehemals zentrumsnahe, katholische
Tageszeitung, und der „Mainzer Anzeiger", ein dezidiert nationalsozialistisches
Blatt.[2] Zwar war die deutsche Presse 1934 bereits weitgehend gleichgeschaltet,
doch gab es in der damals sehr vielfältigen Presselandschaft immer noch ten-
denzielle Unterschiede in der Berichterstattung, die durch die weltanschauliche
Grundhaltung der Redaktionen bestimmt waren und sich durch eine mehr oder
minder große Anpassung an den NS-Jargon sowie die politischen Vorgaben
bemerkbar machten.[3]

Mithilfe dieser Presseberichterstattung lässt sich auch ein methodisches
Problem zumindest teilweise lösen, das die Interpretation von politischen Zugwagen in der Mainzer Straßenfastnacht mit sich bringt: In aller Regel sind die
Wagen bis heute nicht eindeutig zu interpretieren, es bleibt absichtlich ein
durch geschickt formulierte Betitelung und Darstellung bedingter Rest an

Interpretationsspielraum, der gleichsam augenzwinkernd den Betrachter zum Nachdenken anregt. Die Presseberichterstattung jedoch bietet in der Regel eindeutige Aussagen über das Verständnis der vorgeführten humoristischen Umzugswagen, sodass zum einen die Aufnahme des Dargebotenen durch den Verfasser klar wird, zum anderen im Rahmen einer gelenkten Presse die nach außen getragene gewünschte Interpretation des Umzugsgeschehens festgestellt werden kann. Sie beeinflusste am Ende sicherlich auch die Mehrheitsmeinung und das Verständnis der gezeigten Wagen, wenngleich auch dies wohl nie exakt zu erfassen sein wird.

Der Rosenmontagszug 1934

Am 12. Februar 1934 fand in Mainz der Rosenmontagszug unter dem Motto „Mir könne wieder lache" statt. Bereits dieser Slogan lässt Rückschlüsse auf den politischen Systemwechsel von 1933 und die damit verbundene Stimmungslage in der Bevölkerung zu, denn sogar im „Mainzer Journal" wurde betont, dieses Motto verleihe „der neuen Zeit beredten Ausdruck. Eine schönere Zeit ist angebrochen, so daß man wieder herzlich lachen kann."[4]

Das Zugprogramm von 1934 verzeichnet insgesamt 111 Zug-Positionen[5], 29 davon sind Motivwagen. Nahezu alle diese Wagen könnten allein aufgrund ihrer Betitelung als politisch gedeutet werden. Die Kommentare, Beschreibungen und Interpretationen der einzelnen Wagen durch die Zeitungen bestätigen diese Annahmen. Sieben Wagen beschäftigten sich eindeutig mit außenpolitischen Themen, neun mit der NS-Regierungspolitik. Neben den Rosenmontags-Zugwagen können auch die zahlreichen direkt davor und dahinter platzierten Fuß- und Musikgruppen, die in thematischer Verbindung zu den Wagen standen, als Ergänzung der beabsichtigen Aussagen verstanden werden. Sie dienten der unmittelbaren Verstärkung der jeweiligen Themen durch die Vertreter der einzelnen Vereine und Stadtteile.

Das „Mainzer Journal" betonte darüber hinaus in der Einleitung seiner Berichterstattung, was bis heute typisch für den Mainzer Rosenmontagszug ist, aber der klassenübergreifenden Volksgemeinschaftsideologie des Nationalsozialismus in der angebrochenen „neuen Zeit" damals entgegenkam: „Gemeinsam gingen sie an die Arbeit, die Maler, Schreiner und Bildhauer, vereint mit Innungen und Vereinen"[6], um nun gemeinsam einen solch schönen Zug ins Leben zu rufen.

Dezidiert wird diese Volksgemeinschaftsideologie im Zugwagen „Alle in einem Topf" (32)[7] aufgegriffen. Das „Mainzer Journal" berichtete:

Eintopf-Bläser …. erinnern an das Eintopfgericht. Zuerst bewundert man die ‚Eintopf-Spezialitäten' in verschiedenen Variationen. Da kommt der Groß-Agrarier mit Austern und Kaviar, der Bayer mit Knödeln und Sauerkraut, der Meenzer mit Weck, Worscht und Woi usw. Aber plötzlich sind ‚Alle in einem Topf' ohne Unterschied von Stand und Klasse und erfreuen sich der Volksgemeinschaft.

Für den „Mainzer Anzeiger" war klar, dass der Wagen eindeutig die „vom nationalsozialistischen Geist gedeutete Gemeinschaft" positiv ansprechen wollte.

Der Wagen „Radio einst und jetzt" (16), der auf den von Joseph Goebbels neu ausgerichteten Rundfunk und sein Propagandainstrument, den seit 1933 vertriebenen „Volksempfänger" anspielte,[8] wurde vom „Mainzer Journal" als Beweis dafür gesehen, dass „wir heute einen neuen deutschen Volksempfänger ohne Judenschmus" haben. Der Wagen „Die Sonne bringt es an den Tag" (57) bezog sich auf Anschuldigungen der Auslandspresse und der deutschen Emigranten gegen das nach einem Jahr in Deutschland etablierte Unrechtssystem. Gezeigt wurde nach dem Wortlaut des „Mainzer Journals" ein auf dem Boden liegender „feiger lügnerischer Imigrant", den ein Braunbuch, aus dem lügenhaft-böse Schlangen sich winden, erdrückt. „Liehebeitel" bereiteten „das Publikum auf die große Lüge vor". Angesprochen wurde damit insbesondere die sog. Braunbuchkampagne der Exil-KPD gegen die NSDAP, der vor allem auch die Selbstverursachung des Reichstagsbrandes 1933 vorgeworfen wurde.[9]

Im Mainzer Fastnachtszug des Jahres 1934 warf die laut Versailler Vertrag im Folgejahr anstehende Saarabstimmung ihre Schatten bereits voraus. Ein von „Franzosen" gezogenes „Trojanisches Pferd" (39) sollte die Gefahr französischer Interventionen und der von ihnen unterstützten Gegner des Anschlusses an das Reich, die gemeinhin als Separatisten bezeichnet wurden, verdeutlichen. Doch eine aktive Gruppe deutscher Jugendlicher, die ebenso gezeigt wurde, werde den Feinden zuvorkommen, ließ man erkennen. Verstärkt wurde diese antifranzösische Propaganda durch den Wagen „Sie wolle stehle wie die Dohle, die Saar mitsamt de Kohle" (Abb. 24), bei dem die Dohlen wie Franzosen aussahen und im Hintergrund ein von den Mainzern schon während der Besatzungszeit als „Utschebebbes" bezeichneter Kolonialsoldat stand.[10]

Die von der nationalsozialistischen Propaganda seit Jahren geschürte Vorstellung, Deutschland lebe in einer Welt voller Feinde, die das Land knechten, unterdrücken und es nicht zu alter Größe kommen lassen wollten, wurde durch einen Wagen „Friede und Abrüstung so siehste aus" (80) unterstützt (Abb. 19, 20). Mit diesem Gefährt wurde die Vorstellung popularisiert, dass die europäischen Nachbarn heimlich aufrüsteten, zugleich aber Deutschland mit ihrer vorgeblichen Friedensgesinnung täuschen wollten. Im Hintergrund warteten schon „Mulatten" darauf, endlich losschlagen und Deutschland weiter schwächen zu können. Damit entsprach man voll und ganz der außenpolitischen Propaganda der Regierung seit deren Machtübernahme.[11]

Der nationalsozialistisch gesinnte „Mainzer Anzeiger" wertete solche Darbietungen als „treffende Anspielung" [Kaltgestellt (93)], „gute Charakterisierung des lügenhaften Braunbuchs" [Die Sonne bringt es an den Tag (57)], „gelungene Darstellung" [Radio einst und jetzt (16)], „glänzende Charakteristik des Separatistengesindels" [Das trojanische Pferd an der Saar mit Gefolge (39)], und „hübsche Anlehnung an Hofmanns Struwwelpeter" [brauner Nikolas (52)]. Es mag daher auch nicht verwundern, dass sich der Gauleiter als Zuschauer des Zuges laut dem „Mainzer Anzeiger", „später außerordentlich befriedigt über das Geschaute aussprach". Die „frohe[n] Jubelrufe", die ihm entgegenschallten, wurden als „stärkste Sympathiebeweise der Mainzer" gedeutet.[12]

Ganz gleich welche Zugnummern man näher betrachtet, ganz gleich welcher Presseberichterstattung man mehr Glauben schenken möchte: Bereits der Rosenmontagszug 1934 gab sich eindeutig politisch-konformistisch, er griff politische Themen auf und behandelte sie im Sinne des neuen Regimes, leistete weitgehend Unterstützung für die nationalsozialistische Propaganda. Kritisch im Sinne von regimekritisch, gegen die Politik der Obrigkeit gerichtet, Missstände anklagend oder Unrecht decouvrierend, war schon ein Jahr nach der nationalsozialistischen „Machtergreifung" kein einziger der Mainzer Motivwagen mehr.

Der Rosenmontagszug 1938

Insofern ist kaum mehr eine Steigerung in der Systemkonformität zu erwarten, wenn man auf den Rosenmontagszug im Jahre 1938 blickt. Dennoch zeigt der große Jubiläums-Rosenmontagszug (100 Jahre MCV), der am 28. Februar 1938 stattfand, immerhin einige bemerkenswerte Unterschiede zu dem des Jahres 1934.

Zunächst war dieser Zug mit 190 Zugnummern[13] deutlich umfangreicher als 1934. Mit 42 Wagennummern gab es fast doppelt so viele Wagen wie vier Jahre zuvor. Allerdings lassen sich von diesen 42 Wagen lediglich 22 aufgrund ihres Titels als eindeutig politisch einordnen, denn bei circa der Hälfte der Wagen handelte es sich um sogenannte Gratulationswagen. Diverse Mainzer Stadtteile und Ortschaften der näheren Umgebung wie Budenheim, Friedberg, Heidesheim, Flörsheim, Nieder-Ingelheim, aber auch Vereine wie die Mainzer Hausbesitzer, der Mainzer Hockey Club, die Reichspost und das Mainzer Handwerk stifteten solche Motivwagen anlässlich des Jubiläums.

Bei den als eindeutig politisch ausgemachten Wagen ist eine ähnlich regime-konforme Schwerpunktsetzung wie bereits 1934 zu erkennen. Bezüglich der deutschen Innenpolitik wird zum Beispiel das NS-Ehestandsdarlehen [„Du tanzt jetzt mit mir in den Himmel hinein" (63; Abb. 34), „Auch eine Arbeits-beschaffung" (101)], thematisiert, während sich über außenpolitische Themen [Vollsitzung des Völkerbundes (56), „Der zufriedene Engländer" (110), „Der fäl-lige Wechsel" (129), etc.] ganz im Sinne der NS-Propaganda lustig gemacht wird. Auch die Fastnachter wurden im „Mainzer Anzeiger" und im Pressespiegel überaus positiv dargestellt und die metaphorische Ausdeutung des Fastnachts-treibens überschwänglich positiv beschrieben.

Die Elemente der Wagengestaltung, die eindeutige Auffassungsgemeinsam-keiten zwischen den ausführenden Fastnachtern und dem NS-Regime aufwei-sen, wurden auch in der Presseberichterstattung 1938 sehr deutlich betont und herausgearbeitet. Das feiernd gelebte Gemeinschaftsgefühl der Fastnachter, das von jeher durch Jubel, Fanfaren, Fahnen und Marschmusik zelebriert und unter-stützt wurde, erfuhr wiederholt eine Vereinnahmung im Sinne des NS-Volks-gemeinschaftsdenkens.

Einige Wagen seien beispielhaft hervorgehoben:

„Vollsitzung des Völkerbundes. Mehr Stühl' wie Leit! Mehr Worte wie Taten!" (56)

Unter dem Titel „Vollsitzung des Völkerbundes. Mehr Stühl' wie Leit! Mehr Worte wie Taten!" (56) fuhr ein Rosenmontagswagen, von dem leider keine Abbildung vorliegt, der aber im „Mainzer Anzeiger" im Hinblick auf die politi-sche Lage Deutschlands folgendermaßen kommentiert wurde:

> Wie heute eine Vollversammlung des Völkerbundes aussieht, ward klar und eindeu-tig dargestellt, wie gesagt, den Narrhallesen entgeht nichts, die Narretei kommt selbst hinter diplomatische Kniffe, sie offenbart alle Schwächen, die unter dem Narrenspiegel erkennbar werden.[14]

Der Wagen bezog sich eindeutig auf die außenpolitische Situation. Deutschland, das 1919 im Versailler Frieden vom Völkerbund ausgeschlossen war, gelang die Aufnahme, verbunden mit einem ständigen Sitz im Völkerbundsrat, nach langen Verhandlungen erst 1926 unter Außenminister Gustav Stresemann.[15] Die USA, die Initiatoren des Völkerbundes, gehörten ihm dagegen von Anfang an nicht an. Nach der „Machtergreifung" Hitlers 1933 verließ Deutschland die Organisation unter großem Beifall der Bevölkerung. Durchschlagende Erfolge erreichte der Völkerbund nie, sodass einige Mitglieder, unter anderem Japan, mehrere mit-telamerikanische und südamerikanische Staaten sowie das faschistische Italien bereits in den 1930er Jahren austraten.[16] Kein Wunder, dass es sich 1938 anbot, dieses Thema unter dem Titel „Mehr Stühl' wie Leit!" aufzugreifen, um sich darüber lustig zu machen. Der Wagentitel „Vollsitzung des Völkerbunds" ist somit zynisch zu verstehen.

„Der zufriedene Engländer. Raum für Alle – keine Enge! – Rohstoffüberfluß in Menge. Nord und Süd und Ost ihm bieten. Ja – da ist man leicht zufrieden." (110)

Abb. 1: Mainz, Rosenmontagszug 1938, „Zufriedener Engländer".

Dieser Wagen wurde in den eingesehenen Presseartikeln nicht interpretativ erwähnt, war aber als Foto im „Mainzer Journal" vom 1. März abgebildet. Der Motivwagen, der im Zugprogramm als „Der zufriedene Engländer" betitelt war, behandelte ein die NS-Außenpolitik bzw. die britische Kolonialpolitik betreffendes Thema. Eine große stehende Person, die durch Kappe, Pfeife und Kleidung eindeutig als „Engländer" zu identifizieren war, trug rings um den Körper an Schnüren hängende Pakete mit sich, die sie wie eine Art Rettungsring umgaben. Ein weiteres großes Paket, auf dem „Vorderindien" zu lesen war, trug die Person mit beiden Händen an sich gepresst vor dem Bauch. Auf den hängenden Paketen stand unter anderem „Kapland", „Deutsch-Ostafrika", etc. Der Wagen nahm Bezug auf die britische Kolonialpolitik und die Stellung Großbritanniens in der Welt. Nach dem Friedensvertrag von Versailles wurden Großbritannien neben seinen bereits vorhandenen eigenen Kolonien zusätzlich weitere Fremd-kolonien zugesprochen, die die besiegten Nationen nach dem Ersten Welt-krieg abtreten mussten. Durch die Menge der Paket-Anhängsel wurde deutlich, dass Großbritannien allein durch den Besitz der Kolonien überall auf der Welt Zugang zu wichtigen Rohstoffquellen hatte und quasi als „fliegender Händler" zufrieden, weil wirtschaftlich potent, auftreten konnte. Großbritannien wurde hier als „Krämer" dargestellt, der im Gegensatz zum Deutschen Reich keinerlei Einbußen durch die Friedensverträge nach dem Ersten Weltkrieg erlitt, sondern politisch und wirtschaftlich als saturierter Gewinner aus dem Krieg hervorging. Obwohl man auf dem Foto des Wagens nur die Aufschriften der Pakete auf einer Seite erkennen kann, ist anzunehmen, dass auf der anderen Seite ebenfalls Kolo-nien aufgelistet wurden.

Im Gegensatz zu Deutschland konnte Großbritannien, übervoll behängt und saturiert, ohne Sorgen zufrieden in die Zukunft blicken. Viel auf der Welt konnte der „Engländer" nämlich „sein Eigen" nennen und trug es auf seinen „Handelsreisen" sichtlich mit Stolz. Auf einem schmalen Paket an seiner linken Hand kann man „gute Reise" lesen. Vermutlich spielte der Wagen damit auf die weltweiten Wirtschaftsverbindungen, die Großbritannien aufgebaut hatte, an. Der „Engländer" lebte, so die Botschaft des Wagens, zufrieden im Überfluss. Er war im wahrsten Sinne der Darstellung rundherum abgesichert und trug seine Angebote zur Schau. Die Pakete hingen wie Bojen an ihm herunter und würden ihn selbst bei einem Sturz oder ähnlichem Missgeschick vermutlich abfedern bzw. schützen. Kein Wunder, dass der Gesichtsausdruck des „Engländers" ent-spannt und zufrieden, ja nahezu selbstgefällig war.

„Eintopf hinter den Kulissen" (46)

Das Thema „Eintopfessen" wurde als eine Art öffentliche Ermahnung vom „Mainzer Anzeiger" folgendermaßen kommentiert:

> Den scharf beobachtenden Mainzer Narhallesen entgeht nichts, sie betrachten sich die Welt unter dem Narrenspiegel genau, alles was nach Heuchelei aussieht, wird von ihnen rücksichtslos gebrandmarkt. Die Saboteure des Winterhilfswerkes, besonders des Ein-topfes, werden bei dem Wagen „Eintopf hinter den Kulissen" ein unangenehmes Gefühl verspürt haben. Vor der verschlossenen Tür stehen die Sammler und hinter ihr sitzt die Familie beim frugalen Mahl, dem „Eintopf", wie ihn diese Art Auch-Volksgenossen auf-setzt. Gerade dieser Wagen findet großen Beifall.

Abb. 2: Mainz, Rosenmontagszug 1938, „Eintopf hinter den Kulissen." Vergeblicher Besuch der Kontrolleure VOR der Tür.

Der Wagen „Eintopf hinter den Kulissen" stellte zwei alltägliche Situationen, die zur gleichen Zeit in unmittelbarer Nähe zueinander stattfanden, durch eine „Hauswand" getrennt dar. Während vor dem Haus die Geldsammler für das Winterhilfswerk (WHW) vor verschlossener Tür standen, auf der in großen Lettern „Nicht zu Hause" stand, wurde im Haus eine Familie gezeigt, die hinter verschlossenen Türen im Esszimmer üppig speiste. Durch die feudale Innenausstattung des Raums wurde deutlich, dass es sich um eine gut situierte Familie handeln musste, die die Sammlung bewusst boykottierte. Der Wagen bezog sich auf die NS-Innenpolitik, genauer auf den sogenannten „Eintopfsonntag", den die Regierung bereits 1933 verordnet hatte, um zur Solidarisierung jedes Einzelnen mit der Volksgemeinschaft aufzurufen. Mindestens einmal im Monat sollte in allen deutschen Haushalten Eintopf gegessen werden, damit die Differenz

Abb. 3: Mainz, Rosenmontagszug 1938, „Eintopf hinter den Kulissen". HINTER der Tür: Die Familie beim festlichen Essen mit Sekt.

der Kosten zu einem normalen Mahl von NS-Funktionären, die von Tür zu Tür gingen, eingesammelt werden konnte, um damit das WHW zu unterstützen. Der Motivwagen legte somit offen, dass einige der Volksgenossen sich nicht an die allgemeinen Vorgaben hielten, ja sogar absichtlich täuschten. Diese Bürger entzogen sich der Solidarität der Volksgemeinschaft und sabotierten mutwillig das NS-Winterhilfswerk. Der Wagen enttarnte also Pseudo-Volksgenossen, die bei Betrachtung dieses Wagens sicherlich „ein unangenehmes Gefühl" verspürten. Es wurde gleichzeitig gezeigt, dass man Saboteuren auf der Spur war. Diese sollten wissen, was man von ihnen hielt. Der Wagen unterstützte eindeutig die eingeschlagene und verordnete NS-Innenpolitik und wurde im „Mainzer Journal", das sich mit der schriftlichen Interpretation der einzelnen Wagen 1938 eher zurückhielt, mit zwei Bildern unter der Überschrift des Rosenmontags-Artikels dokumentiert.

Zwei weitere politische Motivwagen bezogen sich noch einmal rückblickend auf den Versailler Vertrag und dessen von den Nationalsozialisten betriebene Revision, die 1937 von Hitler feierlich verkündet, abgeschlossen war:

„Der fällige Wechsel". „Ganz Deutschland ist sich klar, einhellig, Der Wechsel ist schon lange fällig." (129)

Im „Mainzer Journal" wurde „Der fällige Wechsel" als erste Abbildung unmittelbar unter der Titelzeile veröffentlicht. Dabei handelte sich um einen Wagen, auf dem eine emporgestreckte große Hand zu sehen war, die einen weißen Zettel mit

Abb. 4: Mainz, Rosenmontagszug 1938, „Der fällige Wechsel".

der Aufschrift „1000000 qkm Kolonien" hielt. „Der fällige Wechsel" war hier dop-
peldeutig zu verstehen: einmal finanzpolitisch als lange überfällige Rückerstattung
der Unkosten und andererseits als Ablösung bzw. Veränderung in der Politik. In
der inzwischen durch die NS-Herrschaft veränderten politischen Lage verlangte
Deutschland selbstbewusst ein Recht auf Kolonien und Mitsprache auf internationaler Ebene zurück. Der fällige Wechsel wurde, auch wenn die Person, die ihn
hielt, abgetaucht und nicht zu sehen war, energisch hochgehalten und präsentiert.

**„Deutschlands Wunschtraum. Deutschlands Kolonien sind Deutschlands
Recht. Wenn man sich störrisch auch in Schweigen hüllt, es kommt der Tag,
der diesen Wunsch erfüllt"** (130).

Abb. 5: Mainz, Rosenmontagszug 1938, „Deutschlands Wunschtraum".

Auf dem darauffolgenden Motivwagen mit dem Titel „Deutschlands Wunschtraum" (130) sah man, von deutschen Kolonialsoldaten flankiert, feierlich erhöht
eine deutsche Frau (Germania?) und einen Mann mit Hitlerbart (Hitler?) vor
einer Umrisskarte des Deutschen Reichs stehend. Vor ihnen saß ein zum Abflug
bereiter großer, böse dreinblickender Adler, der ein gerolltes Blatt Papier auf
einem Lorbeerzweig in den Krallen hielt. Auf der Dokumentenrolle stand fron-
tal sichtbar „Deutschlands Kolonien sind Deutschlands Recht." Über dem Paar
war der Schriftzug „Volk ohne Raum" angebracht.

Dieser Wagen konnte als eindeutige politische Propaganda angesehen und
gedeutet werden. Die Urkundenrolle in den Adlerklauen bezog sich auf den von
Deutschland 1919 unterzeichneten Vertrag von Versailles, in dem sich Deutschland verpflichtete, alle eigenen Kolonien abzutreten.[17] 1938, fast 20 Jahre später,
wurde die nationalsozialistische Expansionspolitik unter dem Schlagwort „Volk
ohne Raum" thematisiert und durch den aggressiv-entschlossenen Blick des sich
im Abflug befindlichen (Reichs-)Adlers mit der Kolonialforderung verdeutlicht: Die Bestimmungen des Versailler Vertrags wurden von Deutschland nicht
länger hingenommen und dessen Beschlüsse durch das NS-Regime selbstgefällig revidiert. Bei den Verantwortlichen für Idee, Planung und Durchführung des
Wagenbaus zeigte sich eine allgemeine Zustimmung zur NS-Politik, die offenbar
auch in der Öffentlichkeit breite Unterstützung fand. Die trotzige Prophezeiung
„Wenn man sich störrisch auch in Schweigen hüllt, es kommt der Tag, der diesen
Wunsch erfüllt" gab dem dringenden Wunsch nach Weltgeltung beredten Ausdruck.

Mainzer Fastnacht 1934 und 1938 – ein Vergleich

Die Zugwagenprogramme belegen, dass der Rosenmontagszug im Jahr 1938
im Vergleich zu 1934 deutlich umfangreicher war, was sich allerdings eindeutig
auf das Jubiläumsjahr zurückführen lässt und keinerlei Hinweise auf NS-Propa-
gandaeinflüsse zulässt. Die Anzahl politischer Wagen nahm 1938 im Verhältnis
sogar eher ab. Die absolute Anzahl politischer Wagen ist in beiden Zügen aber
nahezu gleich. Themen, die schon 1934 angesprochen wurden, kehrten 1938
nahezu identisch, zumindest aber ähnlich wieder: Der Austritt Deutschlands aus
dem Völkerbund (80), die Abgabe sämtlicher Kolonien (82), die französische
Besetzung des Saargebietes (39/40), der deutsche Luftschutz (65) und das deutsche Ehestandsdarlehen (71) aus dem Jahr 1934 finden 1938 in Wagen über den
Völkerbund (56), Großbritannien (110), oder die Ehe (63) ihre Entsprechung.
Aktuelle innenpolitische Themen wie „neue Arbeitsbeschaffungsmaßnahmen"

(101) oder „die Beamtenlaufbahn" (141) kamen 1938 neu hinzu, ebenso wie eine kritische Sichtweise und Darstellung der Sowjetunion unter Stalin (120).

Sowohl das katholisch-konservative „Mainzer Journal" als auch der national-sozialistische „Mainzer Anzeiger" berichteten deckungsgleich, geradezu euphorisch und stolz, über den Massenandrang zur Straßenfastnacht als „Event" im Allgemeinen. Sie interpretierten die gezeigten Motivwagen in ähnlicher Weise. Fast alle politischen Wagen wurden erwähnt und kurz beschrieben, ausgewählte politische Wagen wurden sogar als Fotografien großformatig abgebildet. Diese Vorgehensweise bei der Berichterstattung blieb in beiden Jahren in beiden Zeitungen nahezu gleich. Es lassen sich allenfalls minimale Unterschiede in Sprache, Wortwahl, Ausdruck und Fokussierung nachweisen.

Insgesamt lässt sich bei beiden Rosenmontagszügen in den Motivwagen und in der Berichterstattung darüber in beiden Zeitungen ein außerordentlich hohes Maß an Systemkonformität feststellen. Alle Wagen zeigten durchgängig eine prinzipiell pro-nationalsozialistische Ausrichtung, augenzwinkernde Doppeldeutigkeit zielte, wenn überhaupt beabsichtigt, auf marginale Aspekte. Der Boden der grundsätzlichen Zustimmung zur volksgemeinschaftlichen Regierungspolitik wurde jedenfalls nie wirklich verlassen. Eine deutliche Abrechnung mit dem Unrechtssystem, ein Anprangern von Missständen bzw. zumindest ein kritisches Hinterfragen, was ja eigentlich zur Tradition der Mainzer Fastnacht gehört, sucht man vergebens. Das Verständnis oder gar das Eintreten für die Volksgemeinschaftsfremden, vom Regime Verfolgten oder Ausgegrenzten, fehlt bei den Motivwagen – selbst bei einer angenommenen Doppeldeutigkeit mancher Aussagen.

Anmerkungen

1. Günter Schenk: Fassenacht in Mainz. Kulturgeschichte eines Volksfestes, Stuttgart 1986, S. 83; Anton Maria Keim: 150 Jahre politisch-literarische Fastnacht. Von der Freiheit der Narren und wechselnden Zensoren, in: Bürgerfest und Zeitkritik. 150 Jahre Mainzer Carneval-Verein 1838–1988, hg. vom Mainzer Carneval-Verein, Mainz 1987, S. 144; Volker Schreiber: Die Bedeutung der Motivwagen für die Mainzer Straßenfastnacht, in: Rollende Satire. Motivwagen im Mainzer Rosenmontagszug, hg. vom MCV Mainz, Hachenburg 2006, S. 130.
2. Friedrich Heyer: Die katholische Kirche vom Westfälischen Frieden bis zum ersten Vatikanischen Konzil. Die katholische Kirche von 1648 bis 1870, Göttingen 1963, S. 130 Frank Teske: Nationalsozialistische Machtübernahme und „Gleichschaltung" in Mainz, in: Der Nationalsozialismus in Mainz 1933–1945. Terror und Alltag, bearb. von Wolfgang Dobras, Mainz 2008, S. 14.
3. Peter Hoeres: Zeitung für Deutschland. Die Geschichte der FAZ. München/ Salzburg 2019; Norbert Frei/ Johannes Schmitz: Journalismus im Dritten Reich. München

[3]1999; Hagemann, Jürgen: Die Presselenkung im Dritten Reich. Bonn 1970; Joseph Wulf: Presse und Funk im Dritten Reich, Berlin 1983, S. 167.

4. Mainzer Anzeiger vom 13.02.1934, Nr. 37, S. 5 f.; Stadtarchiv Mainz.
5. Vgl. Zugwagenprogramm 1934, Fastnachtsarchiv Mainz.
6. Mainzer Journal vom 13.02.1934, o. Nr., o. S., Fastnachtsarchiv Mainz.
7. Die hier und im Folgenden nach den Zugwagentiteln in Klammern aufgeführten Zahlen bezeichnen die Wagenpositionen laut Zugprogramm der jeweiligen Rosenmontagszüge 1934 und 1938.
8. Wolfgang König: Volkswagen, Volksempfänger, Volksgemeinschaft. „Volksprodukte" im Dritten Reich, Paderborn 2004, S. 29 f.
9. Schenk (Anm. 1), S. 83; Marcus Giebeler: Die Kontroverse um den Reichstagsbrand. Quellenprobleme und historiographische Paradigmen, München 2010, S. 34–42; für den historischen Hintergrund der Braunbuchkampagne vgl. Ulrich von Hehl: Die Kontroverse um den Reichstagsbrand, in: Der Weg in den Nationalsozialismus 1933/34, hg. von Michael Kißener, Darmstadt 2009, S. 93.
10. Für die NS-Propaganda zur Saarabstimmung, vgl. Klaus-Michael Mallmann/ Gerhard Paul: Herrschaft und Alltag. Ein Industrierevier im Dritten Reich, Bonn 1991, S. 23 f. Als „Utschebebbes" wurden französische Soldaten marokkanischer Herkunft während der französischen Besatzung nach dem Ersten Weltkrieg in Rheinhessen und der Pfalz abwertend bezeichnet.
11. Für den zeitgenössischen außenpolitischen Revisionismus, vgl. Marie-Luise Recker: Die Außenpolitik des Dritten Reiches, München [2]2010, S. 7 (Enzyklopädie deutscher Geschichte, Band 8).
12. Mainzer Anzeiger (Anm. 4).
13. Zugprogramm 1938, Fastnachtsarchiv Mainz.
14. Mainzer Anzeiger vom 01.03.1938, Nr. 50, S. 4, Stadtarchiv Mainz; Mainzer Journal vom 01.03.1938, Nr. 50, o. S., Fastnachtsarchiv Mainz.
15. Für den deutschen Beitrittsprozess siehe Joachim Wintzer: Deutschland und der Völkerbund 1918-1926, Paderborn 2006, S. 531.
16. Vgl. z.B. für die einzelnen Austritte Frederick S. Northedge: The League of Nations. Its Life and Times (1920–1946), Leicester 1988, S. 133 (für Deutschland), S. 160 (für Japan), S. 255 f. (für Chile), S. 268 (für Italien), S. 274 (für Venezuela) sowie S. 275 (für Peru); siehe auch Susan Pedersen: The Guardians. The League of Nations and the Crisis of Empire, Oxford 2015, S. 404.
17. Eckart Conze: Die große Illusion. Versailles 1919 und die Neuordnung der Welt, München 2018, S. 266 f.; Hans-Christof Kraus: Versailles und die Folgen. Außenpolitik zwischen Revisionismus und Verständigung 1919–1933, Berlin 2013, S. 29; Margaret MacMillan: Paris 1919. Six Months That Changed the World, New York 2003, S. 105.

Anna Katharina Lill

Die Frau in der Volksgemeinschaft
Weiblichkeitskonzepte in der Mainzer Fastnacht im Nationalsozialismus

„Bist du verheirat't lieber Mann, dann denk' an Dein Vierjahresplan!", so lautete
der Untertitel einer Fußgruppe des Rosenmontagszugs 1938.

Abb. 6: Mainz, Rosenmontagszug 1938, Fußgruppe mit dem Motto: „Auf zum
deutschen Leistungskampf".

Unter dem Titel „Auch ein Leistungskampf" zeigte die Nummer vier hinter-
einander aufgereihte Kinderwagen, aus denen Säuglingsköpfe aus Pappmaché
ragten. Begleitet wurden sie von Männern in weißen Kitteln, von denen einer
voranging und ein Schild mit der Aufschrift „Auf zum deutschen Leistungskampf!" trug.[1] Diese Nummer griff in paradigmatischer Weise die Bevölke-
rungs- und Familienpolitik der Nationalsozialisten auf und machte sie zum

Objekt fastnachtlichen Witzes. Die Aufforderung, zum Wohle von „Volksgemeinschaft" und „Rasse" möglichst viele – in der Nomenklatur der Nationalsozialisten „rassisch reine" und „erbgesunde" – Kinder zu zeugen, wurde hier mit ökonomischen Plänen der Regierung verbunden. Einerseits wurde das propagierte Ideal ins Extreme gesteigert – vier Kinder in vier Jahren – und dadurch lächerlich gemacht, andererseits seine Erfüllung als ökonomische, unterschwellig aber auch sexuelle Belastung dargestellt. Auf diese Weise fanden die Sorgen des „Normalbürgers" Ausdruck, für den die Zeugung vieler Kinder sehr konkret eine Anstrengung bedeutete. Dabei erfolgte auf der Sachebene keine Infragestellung des Ideals, sondern vielmehr eine Annahme dieser volksgemeinschaftlichen Pflicht. Durch die Ironie allerdings erschien die sklavische Erfüllung der Zeugungspflicht lächerlich: Es wurde deutlich, dass die Umsetzung der Ideologie in der Realität nicht ohne Belastungen vonstattengehen konnte. Dennoch transportierte und verharmloste die Nummer das bevölkerungs- und rassepolitische Programm des Nationalsozialismus. Seine negativste Seite war scheinbar die ökonomische Belastung des „Volksgenossen", sein exkludierendes Potential wurde ausgespart. Außerdem steht das Beispiel ebenso paradigmatisch dafür, dass eine männliche Perspektive typisch und maßgeblich für die Thematisierung weiblich konnotierter Themen in der Mainzer Fastnacht dieser Zeit war. Ehe und Familie wiederum waren – wie noch deutlich werden wird – die vorherrschenden „weiblichen" Themen in der Mainzer Fastnacht.[2] Gleichzeitig war Mutterschaft *der* zentrale Aspekt des nationalsozialistischen Frauenbildes.[3]

Die Analyse von Weiblichkeitskonzepten vermag – vor allem in der von einer männlichen Perspektive geprägten Fastnacht – dann besonders fruchtbar zu werden, wenn sie – wie es im Zuge der neueren Volksgemeinschaftsforschung bereits geschehen ist – die Wechselwirkungen zwischen den Geschlechtern in den Blick nimmt und anhand derselben aufzeigt, wie in der „Volksgemeinschaft"[4] (Macht-)Beziehungen ausgehandelt wurden.[5] Dies ging unauflöslich einher mit In- und Exklusionsprozessen, über die die Beantwortung der Frage Aufschluss geben kann, ob und wenn ja, wie die Fastnacht dieser Zeit ein distinkt nationalsozialistisches Bild der Frau widerspiegelte bzw. sich zu diesem positionierte. Diese Arbeit wird daher ein Schlaglicht auf die Frau in der Mainzer Fastnacht dieser Zeit werfen. Zu diesem Zweck wird ein kurzer Überblick über die aktive Beteiligung von Frauen an der Gestaltung der Fastnacht gegeben. Der Schwerpunkt liegt jedoch auf der Analyse der Darstellung von Weiblichkeit in der Fastnacht. In diesem Kontext soll zunächst das nationalsozialistische Frauenideal skizziert werden, um beurteilen zu können, inwiefern dieses umgesetzt, thematisiert oder gar unterlaufen wurde. Die Auswahl der Quellen spiegelt den Versuch wider, mit der Saal- und der Straßenfastnacht die beiden wichtigsten öffentlichen Räume, in denen Fastnacht stattfand, abzudecken. Erstere wird repräsentiert durch eine Analyse der „Narrhalla", der jährlich erscheinenden Zeitschrift des Mainzer Carneval-Vereins (MCV), die zahlreiche Büttenreden, aber auch Liedtexte und szenische Gespräche abdruckte. Die Straßenfastnacht wird anhand der Zugprogramme 1927 bis 1939 beleuchtet, die unter anderem Aufschluss über die Titel der Zugnummern geben. Ab 1936 wurden diese ergänzt durch kurze Verse, die das Thema präzisierten, sowie kleine Zeichnungen, die einige der Nummern abbildeten. Zusätzlich sind im Mainzer Fastnachtsarchiv häufig Fotos überliefert, die Informationen über die konkrete Ausgestaltung der Wagen oder Fußgruppen boten. Die historische Forschung hat sich bisher kaum dem Thema „Frauen und Fastnacht" gewidmet. Zu nennen wäre hier einzig der 2017 erschienene Band von Elisabeth Skrzypek, der einen Überblick über die Rolle der Frau in der deutschen Fastnacht bietet.[6] Tiefergehende Detailstudien stehen bisher noch aus. Gerade eine Perspektive, die über die Beschreibung der Situation von Frauen im Karneval hinausgeht, den Bezug zu gesellschaftlichen Geschlechternormen, Strukturen und Veränderungen herstellt und sie damit in größere weltanschauliche Deutungsmuster einbindet, ist bisher zu vermissen. An diesem Punkt möchte der vorliegende Beitrag ansetzen und auf diesem weitgehend unbearbeiteten Feld eine über sich selbst hinausdeutende Frauengeschichte schreiben.

Die Frau als „Aktive" – Partizipation von Frauen an der Gestaltung der Mainzer Fastnacht

Inwiefern wurde nun die Mainzer Fastnacht während der späten 1920er und 1930er Jahre von Frauen mitgestaltet? Dabei ist zunächst festzustellen, dass die Fastnacht von Beginn an eindeutig männlich dominiert war, nur in Ausnahmefällen waren Frauen offiziell an ihrer Gestaltung beteiligt. Bei der Saalfastnacht wurden ihnen mit den Damensitzungen bestimmte Räume zugewiesen, in denen sie die Fastnacht getrennt von den Männern feierten. Die Büttenrede blieb Frauen aber in der Regel verwehrt, da auch hier Männer das Programm gestalteten. Zwischen 1931 und 1938 ist der Narrhalla genau eine Büttenrede zu entnehmen, die von einer Frau verfasst und vorgetragen wurde.[7] Drei Mal waren weibliche Personen an Programmnummern beteiligt, wobei zwei von ihnen unverheiratet waren und in einem Fall davon auszugehen ist, dass sich die Vortragende im Kindes- oder frühen Jugendalter befand, da sie im Rahmen einer Kindersitzung auftrat und der Text ein solches Alter nahelegt.[8] In Garden konnten sie das Amt der Marketenderin bekleiden; diese Positionen waren aber nur wenigen Frauen vorbehalten und müssen daher als Ausnahmeerscheinungen eingeordnet werden. Eine solche stellte Irmgard von Opel dar, die 1938 bis zu ihrem Tod 1986 Kommandeuse der Prinzengarde war, mit dieser auftrat und zu einer festen Größe der Mainzer Fastnacht wurde.[9] Üblich war es hingegen, dass Männer weibliche Rollen annahmen. Besonders prominente Beispiele sind hier das „Bäwwelche" von den „Knorzel's", verkörpert von Josef Mauer, sowie Otto Schäfers „Mumbacher Treidche", auch als „Mumbacher Gemiesfraa" oder „Marktfrau" bekannt. Auch auf dem Rosenmontagszug traten häufig als Frauen verkleidete Männer etwa als „Marktweiber" in Erscheinung, und das Prinzenpaar wurde bis 1938 von zwei Männern gestellt, von denen einer sich als Prinzessin kostümierte.[10] Mit Hildegard Kühne wurde diese Position im Jubiläumsjahr 1938 erstmals mit einer Frau besetzt.[11] Allerdings wirkte sie rein repräsentierend, es sind keine Reden überliefert. Der Hofstaat des Prinzenpaares stellte eine weitere Möglichkeit für Frauen dar, in der Fastnacht ein Amt zu bekleiden. Bei der Gestaltung des Rosenmontagszuges spielten sie kaum eine Rolle. In den untersuchten zwölf Jahren wurden in den Zugprogrammen zwei Frauen als Ideengeberinnen für Wagen genannt, wobei eine von ihnen gemeinsam mit ihrem Ehemann aufgeführt wurde.[12] An der Ideenumsetzung waren sie offiziell nicht beteiligt. Wie groß allerdings das Engagement von Frauen „hinter den Kulissen" war, kann anhand der vorliegenden Quellen nicht umfassend erwogen werden. Einen Hinweis geben lediglich Fotos aus der „Narrhalla" unter dem Titel „Vorbereitungen zum 100jährigen Jubiläum des M.C.V. e.V.". Sie zeigen Frauen bei der Herstellung von Orden und Kappen, Männer bei der Anfertigung von Kulissen.[13] Frauen wirkten also durch im weitesten Sinne handwerkliche Tätigkeiten an der Realisierung von Fastnacht mit. Sie übernahmen wohl einen durchaus signifikanten Anteil an Arbeiten, insbesondere solche in weiblich konnotierten Bereichen wie Kostümierung, Verköstigung, Dekoration, Service und Reinigung. Es ist auch davon auszugehen, dass sie indirekt durch ihre Männer oder Söhne ein gewisses Maß an Einfluss auf andere Bereiche des Vereinslebens ausüben konnten.

Es wird also deutlich, dass die Mainzer Fastnacht von Männern gemacht wurde und Frauen in der Regel nur als passive Rezipientinnen oder im Hintergrund eine Rolle spielten, nicht aber offiziell Inhalte gestalteten. Daher ist es nicht verwunderlich, dass auch „Frauenthemen" wie Ehe und Familie hauptsächlich aus männlicher Perspektive beleuchtet wurden. Es ist zu betonen, dass eine männliche Dominanz seit dem Beginn der modernen Fastnachtstradition im frühen 19. Jahrhundert bestand und daher kein Spezifikum der 1930er Jahre darstellt.

Das nationalsozialistische Frauenideal – Eine Skizze

Das nationalsozialistische Frauenbild war keineswegs einheitlich. Vielmehr existierten verschiedene, sich teils widersprechende Entwürfe. Dies ist unter anderem darauf zurückzuführen, dass die Frau eine Nebenrolle im Denken der Nationalsozialisten einnahm.[14] Die Grundlage aller Konzepte von Männlichkeit und Weiblichkeit bildete die Annahme eines streng binären Geschlechtersystems, in dem sich Mann und Frau als konträre Pole gegenüberstanden. Eine solche Ordnung entspreche der „natürlichen" Geschlechterbeziehung. Dabei wurden beide zwar als „gleichwertig" gedacht, doch wurde daraus keine Gleichberechtigung abgeleitet.[15] Frau und Mann wurden als gleichwertig anerkannt in dem Sinne, dass sie gleich wichtig für das „Wohl des Volkes" und das „Überleben der Rasse" waren. Beide waren also wichtige Bestandteile der NS-„Volksgemeinschaft", innerhalb derer die Sphären von Frau und Mann aber getrennt sein sollten. Die lebensweltliche Trennung sowie die Wertung von Mutterschaft als Kern von Weiblichkeit überschnitten sich mit einem schlicht konservativen Frauenbild, das von der Polarität der Geschlechter ausging, verschiedene Aufgabenbereiche definierte und der Mutterschaft eine zentrale Rolle zuschrieb.[16] Durchaus ähnlich war das bürgerlich-konservative Familienbild, in dem der Vater als Ernährer seiner (häufig jüngeren) Ehefrau und einer (überschaubaren) Zahl an Kindern fungierte. Dabei war die Familie als eminent privater Raum konzipiert, in der der Mann die höchste Entscheidungsgewalt besaß. Die Gestaltung dieses Raumes allerdings oblag der Hausfrau, die den Haushalt führte und die Kinder erzog. Aufgrund des Einkommens ihres Mannes hatte sie es „nicht nötig", selbst erwerbstätig zu sein. Die Nationalsozialisten griffen dieses Modell auf und modifizierten es durch das Element der „Volksgemeinschaft".[17] Wie alle Menschen definierte die nationalsozialistische Ideologie auch die Frau ausschließlich über ihre Funktion in dieser. Ihre Existenz und auch die ihrer Familie war nur dann legitim, wenn sie der „Volksgemeinschaft" nutzte. Ihre Pflicht als Frau erfüllte sie, indem sie möglichst viele „arische", gesunde Kinder gebar und großzog. In diesem Punkt widersprach das nationalsozialistische Familienbild einem konservativen, das eine eher geringe Zahl an Kindern vorsah (Zwei-Kind-Familie). Die Frau war verantwortlich für das „Überleben der Rasse" sowohl in quantitativer als auch in qualitativer Hinsicht und stand daher im Zentrum der nationalsozialistischen Bevölkerungspolitik. Gleichzeitig wurde die Mutterschaft entindividualisiert:[18] Die Mutter war nicht in erster Linie verantwortlich für ihre Familie, sondern für das „Überleben des Volkes". Auf diese Weise verstärkte sich der staatliche Zugriff auf die Frau, während der der Familie sank. Mit finanziellen Anreizen, etwa dem Ehestandsdarlehen, und symbolpolitischen Maßnahmen, die das Prestige der

kinderreichen Hausfrau steigern sollten, wie dem Muttertag oder dem Mutter-
kreuz, versuchte der Staat, die Frau mit Beginn der Ehe aus dem Berufsleben
zu verdrängen und Kinderreichtum zu fördern. Auch die Geburtenkontrolle
wurde erschwert.[19] Den Trend zur Zwei-Kind-Ehe konnte diese Politik dennoch
nicht aufhalten.[20] Ute Frevert hat zudem deutlich gemacht, dass sich die Situation der Frau, solange sie den rassischen Anforderungen der Nationalsozialisten
entsprach, im Vergleich mit früheren politischen Systemen nicht maßgeblich
verschlechterte. Dass Frauen nicht in hohe politische Ämter aufstiegen und die
Lebenswelten der Geschlechter als getrennte Sphären betrachtet wurden, stellte
kein Spezifikum des Nationalsozialismus dar.[21] Vielmehr ist darauf hinzuweisen,
dass das Konzept der „Volksgemeinschaft" Frauen auch neue Möglichkeiten und
Aufstiegschancen eröffnete sowie ihre Bedeutung als „Kampfgenossin" nicht nur
im Krieg, sondern auch im „Kampf der Rassen" hervorhob. Sie erhielt durch die
Politisierung des Privaten ein neues politisches Gewicht[22] und wurde vermehrt
Gegenstand öffentlichen Interesses, aber auch Zugriffs. Auf diese Weise konnten
Frauen teilweise großes Selbstbewusstsein entwickeln.[23] Es muss betont werden,
dass hier dennoch nicht von einem emanzipatorischen Fortschritt gesprochen
werden kann, da es keineswegs zu einer individualrechtlichen Verbesserung
kam. Vielmehr ist eine Vergrößerung weiblichen Handlungsvermögens auf die
Flexibilität der Volksgemeinschaftsideologie in der Praxis zurückzuführen.[24] Die
Ausrichtung an der Idee einer rassisch definierten, exklusiven „Volksgemeinschaft" führte auch zu zahlreichen diskriminierenden Verboten und auch Ste-
rilisationen, die vor allem die Verhütung „erbkranken" Nachwuchses sowie von
„Mischehen" zum Ziel hatten. Zu nennen sind hier in erster Linie die Einführung
des „Abstammungsnachweises" und des amtsärztlichen „Ehetauglichkeitszeug-
nisses" mit den Nürnberger Gesetzen. Das Familien- und Eherecht wurde vollständig der Prämisse einer Förderung der Fortpflanzung der „arischen Rasse"
unterstellt. Dies führte auch zur Umgestaltung des Scheidungsrechts, das vor
allem Männern ermöglichen sollte, möglichst viele „arische", gesunde Kinder zu
zeugen, wobei zweitrangig war, mit welcher Frau dies geschah.[25]
    Zusammenfassend lässt sich daher festhalten, dass das nationalsozialistische
Frauenbild in seinen Grundzügen auf konservatives Gedankengut zurückgriff.
Als spezifisch betrachtet werden kann die Entprivatisierung der Mutterrolle
durch das Konstrukt einer rassisch definierten „Volksgemeinschaft". Im Vordergrund stand die Aufladung der Mutterrolle mit rassischen Aspekten. Ehe und
Familie wurden der Prämisse der Produktion „arischen" Nachwuchses unterstellt. Die Situation von Frauen im Nationalsozialismus unterschied sich zutiefst
nach rassehygienischen Kriterien, die darüber entschieden, ob sie an sexuellen

Beziehungen gehindert oder ob diese gefördert wurden und ob sie in der Gesellschaft Handlungsspielräume und damit Macht besaßen oder um ihr Leben fürchten mussten.

Die Darstellung der Frau in Wort und Bild

a. Die Büttenreden in der „Narrhalla"

Die Jahrgänge 1931 bis 1939 der „Narrhalla" enthalten 51 einschlägige Büttenreden, szenische Gespräche und Lieder, die Aufschluss über das Frauenbild der Vortragenden geben. Dabei fällt zunächst auf, dass bestimmte Stereotype in fast jedem Text auftauchen. Dies war einerseits der „Drache"– die Frau, die mit ihrem Ehemann schimpft, nachdem dieser spät nachts betrunken heimgekehrt ist – sowie andererseits die finanzielle Belastung der Ehemänner durch ihre Frauen bzw. deren Wunsch nach neuer Kleidung. Dessen ungeachtet ist festzustellen, dass in den Reden nicht *ein* Frauenbild vorherrschte, sondern zwei, die, obwohl sie miteinander konkurrierten, gewisse Gemeinsamkeiten aufwiesen. Auf der einen Seite stand das junge, schöne, fleißige Mädchen, in das sich der Mann verliebt hat. Es wurde sprachlich häufig zum Objekt gemacht[26] und zeigte wenig Eigeninitiative. Sein Gegenbild stellte die alternde, aktive Ehefrau dar, die dem Mann das Leben durch allerlei Anliegen und Streit schwer machte. Die Grenze zwischen diesen beiden Figuren bildete die Heirat, was auch häufig explizit benannt wurde. Es gab also gleichsam Frauen vor und nach der Hochzeit, die einander entgegengestellt wurden. Gründe für diese Unterscheidung bildeten vor allem die Existenz bzw. der Mangel des beschönigenden Blickes als Ausdruck des Verliebtseins, die sexuelle Anziehungskraft sowie der Komfort der Beziehung für den Mann, d. h. die Frage, ob die Frau ihren Mann richtig „pflegte" oder ihrerseits Forderungen stellte. Konstant blieb jedoch die Darstellung der Frau als lästiger Kostenfaktor und ihre Zuständigkeit für Haushalt und Kinder. Die Berufstätigkeit von Frauen kam in der Fastnacht nicht vor, obwohl sie in den 1920er und 1930er Jahren vor der Eheschließung, in den einkommensschwachen Schichten aber auch danach, eine Lebensrealität darstellte. Allenfalls trat die „Mumbacher Gemiesfraa" als Marktverkäuferin auf, diese Tätigkeit muss jedoch in einem traditionellen Feld weiblicher Arbeit verortet werden. Die große Menge der untersuchten Texte schilderte also stereotype Konfliktfelder von Männern und Frauen, die dem Alltag der (klein-)bürgerlichen Familie entnommen waren und eine gewisse Tradition besaßen. Sie sind daher in keiner Weise spezifisch für die Zeit der nationalsozialistischen Herrschaft, sondern Ausdruck eines tendenziell konservativen, auf den ersten Blick unpolitischen, stark am

Alltag der bürgerlichen Mittelschicht orientierten, aus einer männlichen Perspektive konzipierten Frauenbildes.

Daneben wurden für diese Untersuchung auch zeitspezifische Veränderungen in den Blick genommen. So zog zu Beginn der 1930er Jahre vor allem eine „Vermännlichung" der Frau Kritik auf sich. Dies bezog sich in erster Linie auf die neuen Moden dieser Zeit, schloss aber auch neue Verhaltensweisen und emanzipatorische Ziele mit ein:

> Die Frau soll nach dem Mann sich richten
> So tut die Bibel schon berichten
> Zu eierm Lob sei es gesagt
> Daß Ihr des werklich glänzend macht!
>
> Ja, folgsam seid ihr, Weiberleit
> Daß Petrus hätt' sei'n größte Freid
> Ihr, richt't eich so heit nach dem Mann
> Daß man eich fast verwechs'le kann![27]

Insbesondere die Vernachlässigung der häuslichen Pflichten stand im Zentrum der Befürchtungen, aber auch die Frauenbewegung insgesamt war Gegenstand von Kritik:

> Die Dame, spielt 'ne große Rolle
> Im Schach, sowohl wie in der Welt
> Doch wird sie bei der Frau'nbewegung
> oft auf den falschen Platz gestellt. (…)
>
> Bei der modernen Frau'nbewegung
> Ist es von ganz besond'rem Wert,
> Daß auch die Damen nicht vergessen
> An die Familie, Küch' und Herd.[28]

Diese Klagen nahmen in den folgenden Jahren ab und wichen Anspielungen auf das von den Nationalsozialisten bereits 1933 eingeführte Ehestandsdarlehen[29] und das Ideal des Kinderreichtums. Deutlich wurde dies in einer Ansprache des MCV-Präsidenten Heinrich Bender zur 1. Herrensitzung 1934, die den Andrang an den Standesämtern mit der allgemeinen „Arbeitskraft" der neuen Zeit in Verbindung setzte und der „Volksvermehrung" insbesondere die positive Seite abgewann, dass dies für den Nachwuchs des MCV sorge.[30] Auch Franz Göllner lobte, dass das Geld nun vom Staat statt von der Schwiegermutter komme und fügte hinzu:

> Ihr Kinderlein kommet,
> Kommt schleunigst herbei,
> Wer viele Kinder sich bestellt,
> wird wegen Tapferkeit noch steuerfrei.[31]

Hier trat die oben bereits angesprochene finanzielle Belastung hinzu, die der Kinderreichtum für die Eltern, insbesondere für den Vater darstellte.[32] Es wird deutlich, dass die bevölkerungspolitischen Ideale des Nationalsozialismus in der Lebensrealität der Menschen auch auf Widerstände trafen. Während rassistische Exklusion nicht thematisiert oder gar kritisiert wurde, befürwortet man für sich selbst doch nicht unbedingt eine hohe Kinderzahl. Eine durchweg positive Bewertung der Maßnahmen hingegen finden sich bei der „Mumbacher Gemiesfraa" schon 1934[33] und als sie anlässlich ihrer Goldenen Hochzeit vom Standesbeamten nach der Zahl ihrer Kinder gefragt wird, kann sie derer stolz 14 vorweisen.[34] Allerdings wird der Beamte anschließend dem Lächerlichen preisgegeben, da er nicht erkennen kann, dass sie aufgrund ihres Alters keine weiteren Kinder mehr bekommen wird.

Dass eine lebensweltliche Trennung der Geschlechter als Selbstverständlichkeit aufgefasst wurde, macht auch die Schilderung der „Mumbacher Gemiesfraa" deutlich: Während sich ihre Töchter für die Winterhilfe engagierten, waren die Söhne in der SS oder bei der HJ tätig, oder traten für Deutschland bei den Olympischen Spielen an.[35] Einen Olympiabezug besaß auch Heinrich Benders Begrüßungsansprache zur Damensitzung des MCV 1936, in der er vermittelte, dass Frauen nur noch Sport trieben und ihren Körper formten, während der Haushalt zur Nebensache werde.[36] Die beiden Beispiele machen deutlich, dass Frauen ebenso wie Männer in NS-Verbänden organisiert wurden, den häuslichen Raum verließen und auch außerhalb desselben für bzw. als Teil der „Volksgemeinschaft" aktiv waren.

Die Lebenswelt jener Frauen, die aus der „Volksgemeinschaft" ausgeschlossen wurden und von Eherestriktionen sowie anderen diskriminierenden Maßnahmen im Zuge der nationalsozialistischen Rassenideologie betroffen waren, wurde indes kaum thematisiert. Lediglich Joseph Lambinet befürwortete sie im Februar 1935, also noch vor den Nürnberger Gesetzen, explizit, ebenso wie das Ehestandsdarlehen und ein staatliches Vorgehen gegen Unfruchtbare.[37] Ohne menschenfeindliche Äußerungen kam Karl Kneib aus, der 1936 davon ausging, dass Liebe nach Land und Rasse verschieden sei.[38] Das Nicht-Thematisieren von Eheverboten, Ehetauglichkeitsprüfungen usw. verweist auf die Akzeptanz dieser Maßnahmen. Indem Exklusionsprozesse verschwiegen wurden, wurden sie als normal hingenommen oder gar unterstützt. Nur Maßnahmen, die die „Volksgenossin" betrafen, waren von Interesse, während Diskriminierung, Exklusion und Entrechtung buchstäblich nicht der Rede wert schienen.

Grundsätzliche Akzeptanz der gegebenen Ordnung bestimmte sogar die einzige aus den 1930er Jahren überlieferte Büttenrede einer Frau. In der Damensitzung des MCV 1937 kritisierte Alberta Kaufmann-Lauer zwar das Liebeswerben der Männer, das nach der Hochzeit in Missachtung der Frau übergehe, die dabei unersetzlich für das Leben der Männer sei, da diese sich ja nicht einmal selbst ernähren könnten. Wenn es um Fastnachtssitzungen gehe, so werde sie auf einmal nicht mehr gebraucht. Kaufmann-Lauer gab sich froh darüber, ledig zu sein, entwarf aber doch sogleich das Bild eines idealen Ehemannes, der gut aussehe und weder rauche noch trinke, eben so einen wie den Präsidenten des MCV.[39] Dabei übte sie keine Kritik an der Geschlechterordnung, sondern forderte nur Achtung und Respekt für die Leistungen der Frauen in ihrer Sphäre. Dem entsprach auch eine positive Rezeption der Presse, die ihre Leistung anerkannte.[40] Auch hier wird deutlich, dass eine Wertschätzung der Frau in der ihr zugeordneten Sphäre durchaus unproblematisch und mit nationalsozialistischen Vorstellungen absolut vereinbar war. Auch verharrte Kaufmann-Lauer auf der Ebene privater zwischenmenschlicher Interaktion und forderte keineswegs politische Veränderungen.

Es wurde deutlich, dass die in der „Narrhalla" abgedruckten Büttenreden in erster Linie ein konservatives Frauenbild propagierten und Emanzipationsbestrebungen kritisch betrachteten. Einige Stereotype aus der Mottenkiste „Geschlechterkampf" tauchen immer wieder auf. Ein grundlegender Wandel des gesellschaftlichen Klimas durch den Nationalsozialismus lässt sich unter anderem daran ablesen, dass die zu Beginn der 1930er Jahre noch virulente Kritik an der „Vermännlichung" der Frau stark abnahm. Dies ist wohl darauf zurückzuführen, dass die „moderne Frau" in der Öffentlichkeit ihren Vorbildcharakter verlor und viele Frauen ein konservativeres Erscheinungsbild wählten. Von den für den Nationalsozialismus spezifischen Ideen und politischen Maßnahmen wurden mit der Förderung von Verheiratung und Kinderreichtum vor allem solche thematisiert, die den Alltag von „Volksgenossen" betrafen. Exklusion und Entrechtung wurden verschwiegen, was eine weitere Dimension von Exklusion darstellte. Die Belange der Betroffenen waren nicht die Belange der „Volksgemeinschaft", die sich zusammenfand, um Fastnacht zu feiern. Verfolgte und Diskriminierte blieben außen vor. Gleichzeitig verharmlosten die Darbietungen die nationalsozialistische Rassenideologie, indem sie deren radikalen Exklusions- und Entrechtungscharakter ausblendeten. Dass das Konzept des „Rassenkampfes" hinter der Förderung der Fortpflanzung von „Volksgenossen" stand, muss den Fastnachtern vor dem Hintergrund der NS-Propaganda und der zunehmenden Diskriminierung und Entrechtung diffamierter Gruppen bewusst gewesen sein.

b. Die Zugprogramme

Die Themen „Liebe" und „Kinder" sind in den Zugprogrammen von 1927 bis 1939 konstant vertreten, wobei ab 1934 ein deutlicher Anstieg der Zahl der Nummern zum Thema Nachwuchs festzustellen ist.

Auch beim Rosenmontagszug waren beide schon für die „Narrhalla" gezeigten Frauentypen vertreten: So gab es sowohl die „Mainzer Süßigkeiten"[41], als auch den „Hausfrauennachmittag"[42]. Allerdings kam es ab 1937 zu einer starken Häufung von Nummern, die den Typus „Drache" karikierten, wobei die folgenden beispielhaft sind: Aus dem Jahr 1938 stammt der Wagen „Du tanzt jetzt mit mir in den Himmel hinein…"[43] mit dem Untertitel „Ja, Ja! Merk dir, o Junggeselle, aus manchem Himmel wurd' 'ne Hölle!" (Abb. 34). Der Wagen zeigte ein Brautpaar beim Tanz zum Standesamt – der Mann geht hier voran – und spielte auf den Kontrast vor und nach der Hochzeit an. Im Jahr 1939 vermittelte ein Wagen: „Ich koch' so gut ich kann, frißt's die Sau nit, frißt's mein Mann" (Abb. 35)[44]. Auch hier trat die Frau also in der Hauptsache in ihrer Beziehung zum Mann in Erscheinung, die Wagen stellten seine Perspektive dar.

Am aktuellen politisch-kulturellen Zeitgeschehen orientierte sich im Jahr 1935 ein Wagen, der explizit das neue Frauenideal der Nationalsozialisten porträtierte und mit jenem der Weimarer Republik kontrastierte. Der Wagen „Mir lossen widder wachse"[45] (Abb. 25) zeigte zwei Frauen, die aus Töpfen wachsende Zöpfe gießen. Das Wachsen-Lassen der Haare stand hier für den Abschied vom Bubikopf der 1920er Jahre, den das Wort „wieder" als Rückkehr zu früheren Sitten interpretierte. Auch hier wurde durch das Gießen ein komisches Element hinzugefügt, ob dieses aber einen subversiven Charakter besaß, ist unklar. Bereits 1933 kündigte sich mit dem Wagen „Wie se komme, so komme se am laufenden Band"[46] die Thematik des Kinderreichtums an. Der Wagen zeigte einen Storch, unter dessen Nest ein Laufband erschien, auf dem Säuglinge lagen (Abb. 16). Ab 1934 wurde die nationalsozialistische Bevölkerungspolitik deutlich häufiger thematisiert. Dies zeigen z.B. die Wagen „Vier mal Zwillinge"[47] von 1934 (Abb. 22), „So endete eine Liebe"[48] von 1935 (Abb. 23), das „Sofa für Kinderreiche"[49] (Abb. 28) und „Liebe bleibt kein Geheimnis"[50] von 1936 sowie die eingangs erwähnte Nummer „Auch ein Leistungskampf" von 1938. In all diesen Nummern wurde das Ideal der Großfamilie aufs Korn genommen, indem die (Über-)Betonung negativer Aspekte oder Übertreibung Lächerlichkeit erzeugten. So interpretierte „So endete eine Liebe" die Geburt dreier Kinder als Ende der romantischen Zuneigung zwischen den Eltern. Kinder bedeuteten Ernüchterung und Belastung für die Zweierbeziehung.

Das „Sofa für Kinderreiche" mit dem Untertitel „Mainzer Reichspatent Nr. 1111, kann je nach Bedarf ausgezogen werden!" zeigte eine Erfindung, die das NS-Ideal auf der Sachebene unterstützte, indem es eine Antwort auf ein Problem aus dem Alltagsleben kinderreicher Familien gab, gleichzeitig aber absurd erschien. Gerade der Kontrast zwischen ideologischer Überhöhung und Einfachheit alltäglicher Probleme erzeugte Lächerlichkeit.

Die Rosenmontagszüge bildeten also, ähnlich wie die Büttenreden, grundsätzlich ein konservatives Frauenbild ab. Daneben fand vor allem das nationalsozialistische Ideal des Kinderreichtums ein breites Echo. Hier drückte sich – verpackt in Ironie – durchaus eine gewisse Skepsis aus. Diese war allerdings nicht grundsätzlicher Natur, sondern bezog sich nur auf die Belastung, die dieses Ideal für „Volksgenossen" darstellen konnte. Auf diese Weise wurde mittels der Wagen eine Gemeinschaft mit jenen konstruiert, die diese Probleme teilten, und jene ausgeschlossen, deren Alltag von Diskriminierung geprägt war. Gleichzeitig muss hier auch auf den Charakter der Fastnacht als „Freiheitsraum" hingewiesen werden. Spannungen und Belastungen konnten unter dem Deckmantel der Narrenfreiheit bis zu einem gewissen Grad thematisiert werden, solange sie nicht die nationalsozialistische Doktrin an sich angriffen. Als Fest besaß die Fastnacht einen exzeptionellen Charakter, d. h. sie war als Gegenentwurf zum Alltag konzipiert. Dies bedeutete, dass selbst die gelinde Kritik, die hier vor allem an der praktischen Umsetzbarkeit von NS-Ideologemen geäußert wurde, als Ausnahme konzipiert war und nicht wirklich destabilisierend wirken konnte.

Wie in der Saalfastnacht kamen rassehygienische Aspekte nicht zur Sprache, was auch hier als stillschweigendes Einverständnis, Desinteresse oder teilnahmsloses Beiseitesehen der Fastnachter interpretiert werden kann. Auf den ersten Blick scheint Elternschaft aus einer privaten Perspektive dargestellt und kritisiert worden zu sein. Die Darstellung beim Rosenmontagszug 1938 „Auch ein Leistungskampf" sticht hier heraus, indem sie Fortpflanzung explizit in einen staatlichen Kontext rückte. Auf den zweiten Blick jedoch wird deutlich, wie die nationalsozialistische Familienpolitik in den privaten Raum eindrang und ihn transformierte. So wurde das eigentlich private Thema „Liebe" nun in erster Linie mit Blick auf die „Volksgemeinschaft" als Fortpflanzungsfaktor begriffen und somit als etwas, das eine eminent öffentliche Dimension besaß. Die nationalsozialistische Bevölkerungspolitik stand dabei insbesondere in unauflösbarem Zusammenhang mit ihrer Rassenideologie. Die Thematisierung der Förderung „arischer" Fortpflanzung konnte, wie oben bereits angedeutet, nur im Zusammenhang mit den Konzepten des „Rassenkampfes" und der „Volksgemeinschaft" gedacht werden. Insofern zeigten die Wagen nur eine Perspektive und trugen so selbst dazu bei, eine rassisch homogene „Volksgemeinschaft" zu konstruieren und die Exklusion von Bevölkerungsgruppen stillschweigend zu akzeptieren oder sogar zu verharmlosen.

Fazit – Das nationalsozialistische Weiblichkeitskonzept in der Mainzer Fastnacht

Insgesamt zeigt sich deutlich, dass die Mainzer Fastnacht eine zutiefst von Männern dominierte Sphäre darstellte. Frauen besaßen als Einzelpersonen kaum Möglichkeiten, öffentlich in Erscheinung zu treten und Inhalte zu gestalten. Manche Frauen, wie Irmgard von Opel, erreichten eine gewisse öffentliche Bekanntheit; sie müssen aber als Ausnahmeerscheinung gedeutet werden. Inwiefern Frauen „hinter den Kulissen" Entscheidendes zur Organisation der Fastnacht beitrugen, kann anhand des Quellenmaterials nicht eruiert werden und muss einer weiteren Untersuchung überlassen bleiben. Eine Ausweitung weiblicher Handlungsspielräume durch die Ideologie der „Volksgemeinschaft" lässt sich in diesem Kontext nicht feststellen. Dies mag sowohl auf die männliche Perspektive als auch auf das traditionell konservative Frauenbild der Fastnachter zurückzuführen sein.

Die Präsentation von Frauen und „Frauenthemen" erfolgte durch den Mann und war von einer männlichen Perspektive geprägt. Er hatte die Macht den Diskurs zu gestalten. Die Analyse gibt wieder, wie Männer die Rolle *ihrer* Frauen in der „Volksgemeinschaft" wahrnahmen und bewerteten. Insgesamt zeigte sich, dass in der Fastnacht traditionell vorhandene konservative Geschlechternormen mit Ideologemen des Nationalsozialismus aufgeladen wurden. Insbesondere thematisierte die Mainzer Fastnacht familien- und bevölkerungspolitische Maßnahmen wie das Ehestandsdarlehen, welches durchgehend positiv gewertet wurde. Entscheidend war hier die Perspektive der „Volksgenossen": Es wurden nur solche Maßnahmen angesprochen, die deren Alltag betrafen. Auf diese Weise wurden gleichzeitig all jene ausgeschlossen, deren Erfahrungen gänzlich ausgeklammert wurden. Menschen, die unter den Eherestriktionen der Nationalsozialisten litten oder gar Zwangssterilisationen unterzogen wurden, kamen nicht vor, sie betrafen die Öffentlichkeit nicht, waren nicht Teil der hier konstruierten „Volksgemeinschaft". Natürlich muss auch auf behördliche Zensur oder die Furcht vor Repressionen verwiesen werden. Dessen unbeschadet bleibt aber der Befund, dass die Mainzer Fastnacht im Nationalsozialismus In- und Exklusionsschemata reproduzierte. Auch die Fastnachter verstanden die Institution Ehe nun vor allem unter der Prämisse der Fortpflanzung. Obgleich die NS-Rassenideologie nicht explizit thematisiert wurde, blieb sie doch der weltanschauliche Hintergrund der dargestellten Phänomene. Insofern ist festzustellen, dass auch in der Mainzer Fastnacht während des Nationalsozialismus das vermeintlich private Zusammenleben von Mann und Frau als wichtiges Element der „Volksgemeinschaft" verstanden und staatliche Eingriffe in dieses zulasten grundlegender individueller Freiheiten nicht problematisiert wurden. Das Bild, das der fastnachtliche Weiblichkeitsdiskurs zeichnete, war das einer „arischen" Mutter oder attraktiven jungen Frau, die auf den Mann hin orientiert und in die „Volksgemeinschaft" integriert war. Obgleich Skepsis gegenüber einigen Elementen des NS-Familienideals geäußert wurde oder diese verwendet wurden, um im Abgleich mit der Realität Lächerlichkeit zu erzeugen, wurde die dahinterstehende Ideologie nicht in Frage gestellt.

Anmerkungen

1. Fotografien sind im Mainzer Fastnachtsarchiv erhalten und digitalisiert. Ist der Fotograf bekannt, so ist er in Klammern hinter der Signatur angegeben: Foto 1938_0145 (Hans-Peter Fischer), 1938_0146 (Rudolf Walldorf), 1938_0147 (Walter Davids). 100 Jahre Mainzer Carneval-Verein. Jubiläumsfestprogramm und Programm des Rosenmontagszuges 1938, hg. vom Mainzer Carneval-Verein, Mainz 1938, Nr. 65.
2. Wenn hier und im Folgenden von „Frauen-" oder „weiblich konnotierten" Themen gesprochen wird, so geschieht dies nicht aus einer normativen Perspektive heraus, sondern indem zeitgenössische Zuordnungen übernommen werden, um eine fundierte Analyse zu ermöglichen.
3. Wenn eine weitere Spezifizierung fehlt, beziehen sich die Begriffe „Frau", „Frauenbild" etc. auf solche Frauen, die nach der Nomenklatur des Nationalsozialismus als „volksdeutsch" oder „arisch" betrachtet wurden.
4. Zu einem kurzen Überblick über den Begriff der „Volksgemeinschaft" und seiner (Forschungs-) Geschichte vgl. Michael Wildt: „Volksgemeinschaft", in: Docupedia-Zeitgeschichte. Version 1.0, 03.06.2014. URL: http://docupedia.de/zg/wildt_volksgemeinschaft_v1_de_2014 (Aufruf am 18.11.2019). Im Anschluss daran wird er hier verstanden als analytischer Begriff, der es ermöglicht, das „Herstellen von ‚Volksgemeinschaft'" in der sozialen Praxis in den Blick zu nehmen. Vgl. insb. Kap. „Deutungskontroverse".
5. Vgl. hierzu Klaus Latzel/ Elissa Mailänder/ Franka Maubach: Geschlechterbeziehungen und „Volksgemeinschaft". Zur Einführung, in: Geschlechterbeziehungen und „Volksgemeinschaft", hg. von Klaus Latzel, Elissa Mailänder und Franka Maubach, Göttingen 2018, S. 9–25, hier S. 11–13 (Beiträge zur Geschichte des Nationalsozialismus, Band 34).
6. Vgl. Elisabeth Skrzypek: „Toll treiben es die Weiberschaften…" Frauen feiern die fünfte Jahreszeit, Reutlingen 2017.
7. Vgl. Alberta Kaufmann-Lauer: Närrische Happen, in: Mainzer Carneval-Zeitung Narrhalla 1937/3, S. 12.
8. Vgl. Beteiligung von Thea Fluch-Hemmerle an Karl Moerlé: Für diesen Zweck dient jedes Mittel. Werbeszene für den Karneval 33, in: Mainzer Carneval-Zeitung Narrhalla

1933/1, S. 9–11; Fräulein Rappinger in Franz Göllner: Moguntia auf einem Spaziergang mit zwä Meenzer Buwe, in: Mainzer Carneval-Zeitung Narrhalla 1931/2, S. 16 f.; Martin Mundo: E' Määnzer Meedche!, in: Mainzer Carneval-Zeitung Narrhalla 1935/3, S. 12 gesungen von Fräulein Käthi Weyl.

9. Vgl. Homepage der Prinzengarde: Geschichte. 1928–1938. Beispiellose Ära und die Kommandeuse. URL: https://www.mainzer-prinzengarde.de/mainzerprinzengarde/diegarde-ueberuns/geschichte/ (Aufruf 29.03.2019).

10. In Anbetracht der bis in die Antike zurückreichenden Tradition, dass Frauenrollen mit verkleideten Männern besetzt wurden, überrascht dies nicht. Auch beeinträchtigte die Übernahme einer solchen Rolle aufgrund der Normativität einer solchen Besetzung nicht die Männlichkeit des Betreffenden. Vielmehr verweist das Phänomen auf eine gesellschaftliche Nicht-Akzeptanz von Frauen auf Bühnen und damit im Fokus der Öffentlichkeit bzw. kann in der Fastnacht auch karikierenden Charakter gehabt haben. Inwiefern die Fastnacht hier vormoderne Bühnentraditionen konservierte, wäre Gegenstand weiterer Forschung.

11. Vgl. Peter Krawietz: Fastnacht am Rhein. Kult, Kultur, Geschichte, Mainz 2016, S. 109.

12. Vgl. Zugprogramm für den Rosenmontags-Zug 1935, hg. vom Mainzer Carneval-Verein, Mainz 1935, Zugnr. 74; Zugnr. 96.

13. Die drei Fotos: Vorbereitungen zum 100jährigen Jubiläum des M.C.V e.V. Herstellung von Orden. Klischeeherstellung Margraf u. Fischer. Foto: Armster, in: Mainzer Carneval-Zeitung Narrhalla 1938/1, S. 9; Vorbereitungen zum 100jährigen Jubiläum des M.C.V e.V. Anfertigung von Kappen. Klischeeherstellung Margraf u. Fischer. Foto: Petri, in: Mainzer Carneval-Zeitung Narrhalla 1938/1, S. 10; Vorbereitungen zum 100jährigen Jubiläum des M.C.V e.V. Klischeeherstellung Margraf u. Fischer. Foto: Archiv MCV, in: Mainzer Carneval-Zeitung Narrhalla 1938/1, S. 12.

14. Vgl. Uta Cornelia Schmatzler: Verstrickung, Mitverantwortung und Täterschaft im Nationalsozialismus. Eine Untersuchung zum Verhältnis von weiblichem Alltag und faschistischem Staat, Kiel 1994, S. 38.

15. Vgl. Leonie Wagner: Nationalsozialistische Frauenansichten. Vorstellungen von Weiblichkeit und Politik führender Frauen im Nationalsozialismus, Frankfurt a. M. 1996, S. 44, 46.

16. Ebd., S. 48 f.; Schmatzler (Anm. 14), S. 41, 48–50.

17. Vgl. Wagner (Anm. 15), S. 75.

18. Ebd., S. 77–81.

19. Vgl. Matthew Stibbe: Women in the Third Reich, London 2003, S. 40–43. Für einen ausführlicheren Überblick s. Ute Frevert: Frauen, in: Enzyklopädie des Nationalsozialismus, hg. von Wolfgang Benz, Hermann Graml und Hermann Weiß, Stuttgart 1997, S. 220–234, hier S. 224–229.

20. Vgl. ebd., S. 226.

21. Vgl. ebd., S. 233.

22. Vgl. Sibylle Steinbacher: Differenz der Geschlechter? Chancen und Schranken für „Volksgenossinnen", in: Volksgemeinschaft. Neue Forschungen zur Gesellschaft des Nationalsozialismus, hg. von Frank Bajohr und Michael Wildt, Frankfurt a. M. ²2012, S. 94–104, hier S. 96 f.

23. Hier sei hingewiesen auf den Aufsatz von Gudrun Brockhaus, die zeigt, wie Frauen aufgrund der Bedeutung ihrer Mutterrolle ein spezifisches Überlegenheitsgefühl ausbilden konnten. Vgl. Gudrun Brockhaus: Die deutsche Mutter als Siegerin im Geschlechterkampf. Subtexte von Johanna Haares Ratgebern, in: Geschlechterbeziehungen und „Volksgemeinschaft", hg. von Klaus Latzel, Elissa Mailänder und Franka Maubach, Göttingen 2018, S. 45–63 (Beiträge zur Geschichte des Nationalsozialismus, Band 34).

24. Vgl. Steinbacher (Anm. 22), S. 99–101. Dies zeigt am deutlichsten die Ausweitung des weiblichen Tätigkeitsfeldes im Krieg, die durch die „Not des Volkes" legitimiert war.

25. Vgl. Gabriele Czarnowski: „Der Wert der Ehe für die Volksgemeinschaft". Frauen und Männer in der nationalsozialistischen Ehepolitik, in: Zwischen Karriere und Verfolgung. Handlungsräume von Frauen im nationalsozialistischen Deutschland, hg. von Kirsten Heinsohn, Barbara Vogel und Ulrike Weckel, Frankfurt a. M. 1997, S. 78–95, hier S. 81 f., 85–89 (Reihe Geschichte und Geschlechter, Band 20).

26. Vgl. bspw. Josef Racke: Senfkörner, in: Mainzer Carneval-Zeitung Narrhalla 1931/1, S. 15 f., hier S. 15.

27. Ebd., S. 15 f.

28. Karl Kneib: Schachprobleme Nr. 11, in: Mainzer Carneval-Zeitung Narrhalla 1931/3, S. 18 f., hier S. 18; vgl. hierzu auch Joseph Lambinet: Vortrag, in: Mainzer Carneval-Zeitung Narrhalla 1933/3, S. 4 f., hier S. 5.

29. Vgl. Frevert (Anm. 19), S. 225 f.

30. Vgl. Heinrich Bender: Ansprache, in: Mainzer Carneval-Zeitung Narrhalla 1934/1, S. 5.

31. Franz Göllner: Lieblingslieder aus der guten alten Zeit. Melodram von Franz Göllner, in: Mainzer Carneval-Zeitung Narrhalla 1934/2, S. 7 f., hier S. 8.

32. Vgl. auch Martin Mundo/ Josef Mauer: Prosit Neijahr!, in: Mainzer Carneval-Zeitung Narrhalla 1936/2, S. 4 f., hier S. 4.

33. Vgl. Otto Schäfer: Zeitglossen für die Volksgenossen vom Mumbacher Treidche, in: Mainzer Carneval-Zeitung Narrhalla 1934/3, S. 7 f., hier S. 8.

34. Vgl. Otto Schäfer: Ei kann dann du ebbes heit noch bassäär'n!, in: Mainzer Carneval-Zeitung Narrhalla 1937/1, S. 11 f., hier S. 12.

35. Vgl. Otto Schäfer: Die Mombacher Marktfrau, in: Mainzer Carneval-Zeitung Narrhalla 1935/3, S. 8 f., hier S. 9.

36. Vgl. Heinrich Bender: Begrüßungsansprache, in: Mainzer Carneval-Zeitung Narrhalla 1936/4, S. 1.

37. Vgl. Joseph Lambinet: Vortrag, in: Mainzer Carneval-Zeitung Narrhalla 1935/2, S. 5 f.

38. Vgl. Karl Kneib: Von der Liebe, in: Mainzer Carneval-Zeitung Narrhalla 1936/4, S. 4.

39. Vgl. Kaufmann-Lauer (Anm. 7), S. 12.

40. Vgl. [O.A.]: Auch das „schwache" Geschlecht steigt in die Bütt., in: Mainzer Anzeiger. Gauamtliche Tageszeitung für Mainz und Rheinhessen 87/20 (25.01.1937), S. 5.

41. Vgl. Carneval in Mainz 1927. Fastnachtszug und Festlichkeiten. Gedenkbuch an fröhliche Tage, hg. vom Mainzer Carneval-Verein, Mainz 1927, Zugnr. 37. Zu sehen waren Frauen in einem von Schäferidyllen des Rokokos inspirierten Kostüm. Vgl. Mainzer Fastnachtsarchiv Foto 1927_0021 (Jassé).

42. Vgl. Zugprogram[m]. Mainzer Carneval Verein. Fassenachtsmontag. 27.2.1933, hg. vom Mainzer Carneval-Verein, Mainz 1933, Zugnr. 26. Wahrscheinlich Mainzer Fastnachtsarchiv Foto 1933_0029 (Johann Dürrwächter).
43. Vgl. Zugprogramm 1938 (Anm. 1), Zugnr. 63. Mainzer Fastnachtsarchiv Foto 1938_0143 (Walter Davids), 1938_0144.
44. Vgl. Offizielles Fest- u[nd] Zugprogramm 1939 des Mainzer Carneval-Vereins e.V. Rosenmontagszug unter dem Motto: Das Sprichwort im Narrenspiegel, hg. vom Mainzer Carneval-Verein, Mainz 1939, Zugnr. 87.
45. Vgl. Zugprogramm für den Rosenmontags-Zug 1935, hg. vom Mainzer Carneval-Verein, Mainz 1935, Zugnr. 36. Mainzer Fastnachtsarchiv Foto 1935_0043, 1935_0044.
46. Vgl. Zugprogramm 1933 (Anm. 42), Zugnr. 11. Mainzer Fastnachtsarchiv Foto 1933_0023 (Johann Dürrwächter), 1933_0024, 1922_0025, 1933_0026, 1933_0027 (Associated Press).
47. Vgl. Off[izielles] Zug- u[nd] Festprogramm. M.C.V. 11. 12. 13. Feb. 1934. Rosenmontagzug: „Wir können wieder lache!". Drei Fastnachtstage in Mainz, hg. vom Mainzer Carneval-Verein, Mainz 1934, Zugnr. 96. Mainzer Fastnachtsarchiv Foto 1934_0074.
48. Vgl. Zugprogramm 1935 (Anm. 45), Zugnr. 17. Mainzer Fastnachtsarchiv Foto 1935_0040.
49. Vgl. Rosenmontagzugprogramm. 24. Febr[uar], hg. vom Mainzer Carneval-Verein, Mainz 1936, Zugnr. 73. Mainzer Fastnachtsarchiv Foto 1936_0085.
50. Ebd., Zugnr. 102.

II. Nachwirkungen und Folgen

Joachim Scholtyseck

„Eine gewisse Stille"? Die Aufarbeitung der NS-Vergangenheit der Mainzer Fastnacht

Der erste deutsche Bundespräsident Theodor Heuss hat einmal treffend das Gefühl der Deutschen am Ende des Zweiten Weltkrieges beschrieben – sie seien „erlöst und vernichtet in einem" gewesen.[1] Dieser Eindruck war auch in Mainz vorherrschend: Erleichterung über das Ende des Krieges und der Diktatur einerseits, tiefe Niedergeschlagenheit und Entsetzen über das Ausmaß der Zerstörungen und der Verbrechen andererseits. Die Zukunft war in vielerlei Hinsicht ungewiss. Vor dem Hintergrund der strengen politischen Vorgaben, die von den westlichen Alliierten und den französischen Besatzungsinstitutionen gemacht wurden,[2] war auch in Mainz, der Hauptstadt des aus ganz heterogenen Landstrichen zusammengesetzten Gebildes Rheinland-Pfalz, die „bundesdeutsche Ideologie" wirkungsmächtig, die der schweizerische Publizist und Historiker Jean Rudolph von Salis einmal treffend beschrieben hat. Jene Jahre der Nachkriegszeit seien bestimmt gewesen durch ihren „scharfe(n) Antikommunismus, ihr(en) katholische(n) Konservatismus; ihr abendländisches Europäertum, ihr Bekenntnis zum Rechtsstaat, ihre kapitalistische Bürgerlichkeit, ihr tiefes Misstrauen gegen alles, was im Osten liegt, aber auch ihre Furcht vor der nationalistischen Hybris, die Hitlers Diktatur gekennzeichnet hatte".[3]

Trotzdem kam es nach 1945 erstaunlich rasch zu einer Neuauflage der Mainzer Fastnacht, allerdings zunächst unter französischer Besatzungsaufsicht und hinsichtlich der Formen im Vergleich zur Vorkriegszeit mit stark verändertem Gesicht.[4] Bereits 1946 regte der französische Stadtkommandant Louis Théodore Kleinmann die Wiedergründung der Fastnachtstradition an, um der „Trostlosigkeit" in der Mainzer „Trümmergesellschaft" positivere Identifikationspunkte und einfach etwas Lebensfreude gegenüberzustellen.[5] Nicht alle Mainzer waren anfangs von dieser Anknüpfung an das überkommene Brauchtum überzeugt, auch wenn das städtische Vereinsleben rasch wieder auflebte.[6] Es gab eben Menschen, die der Meinung waren, es handele sich um gerade in schwierigen Zeiten wichtige und bewährte Traditionspflege. Andere hingegen empfanden es angesichts der Lage der vor allem noch in russischer Gefangenschaft befindlichen Soldaten als unpassend. Auf einem Plakat jener Zeit, in der noch Millionen deutscher Wehrmachtssoldaten im Gewahrsam der Allliierten waren, zum Teil unter unmenschlichen Bedingungen, war zum Zeichen des Protests ein

Kriegsgefangener hinter Stacheldraht abgebildet. Die Aufschrift lautete: „Und Du feierst Karneval?"[7]

Trotz der kritischen Stimmen zu einer Wiederbelebung der Mainzer Fastnacht wurde ein vorbereitender Fastnachts-Ausschuss gebildet, der sich intern auch mit der Vergangenheit der Vereinsmitglieder in der NS-Zeit auseinandersetzen sollte. Der „Neue Mainzer Anzeiger" vom 1. Februar 1946 berichtete ausgesprochen selbstsicher, dass beim Mainzer Carneval-Verein (MCV) nicht viel in dieser Richtung zu tun sei: „Eine große Säuberungsaktion war im MCV nicht notwendig, über 70 % der Aktiven haben der NSDAP nicht angehört, darunter nahezu alle bekannten Mitwirkenden der großen Veranstaltungen von einst."[8] Im Februar und März 1946 fanden mehrere Abende statt, in der die Tradition der Fastnachtssitzungen wiederaufgenommen wurde, allerdings waren sie mit einem ernsten Unterton versehen und man verzichtete vorerst auf Bälle, Maskeraden und Umzüge.

Denjenigen, die sich in der „Volksgemeinschaft" des NS-Regimes zu sehr exponiert hatten, stand nach 1945 eine Zukunft an der Spitze der Fastnachtsvereine in der Regel nicht mehr offen. In dem vorbereitenden Ausschuss und auch im später neugegründeten Verein wurden bevorzugt diejenigen eingesetzt, die nicht als „belastet" galten oder während der NS-Zeit ihre Ämter hatten aufgeben müssen.

Es gab auch vereinsinterne Versuche, begangenes Unrecht – um einen recht unglücklichen und doch weitverbreiteten Ausdruck zu verwenden – „wiedergutzumachen", soweit das überhaupt möglich war. Beispielsweise gehörte Oskar Bär, der bereits 1934 aus dem MCV ausgeschlossen worden war, dem erwähnten vorbereitenden Ausschuss an. In diesem Gremium und auch im neugegründeten Verein setzten diejenigen den Ton, die nicht „belastet" waren. Josef (Seppel) Glückert, einer der standhaft gebliebenen Fastnachts-Akteure, auf den in anderen Beiträgen dieses Bandes bereits eingegangen worden ist, hielt als Präsident des MCV 1946 im provisorischen Theatersaal im „Pulverturm" eine bemerkenswert nachdenkliche Rede. In ihr setzte er sich nicht nur die „Schellekapp" wieder auf. Er thematisierte auch das nun vergangene „Tausendjährige Reich". Dabei ging es in erster Linie um die Schrecken des Zweiten Weltkrieges, der Mainz aus „tausend Wunden" hatte bluten lassen. Aber dann folgte ein deutlicher Hinweis auf die Mitschuld und Mitverantwortung der Mainzer Fastnachter an der „deutschen Katastrophe" (Friedrich Meinecke):

> „Und vor dem Kriege? – Wollt ihrs wissen? –
> Wir an die Brust uns schlagen müssen,
> Die alle wir, von Knechtschaftsbanden,
> Zu lösen uns den Mut nicht fanden.

Wir riefen Heil, Heil ohne Ruh'!
Das eine sei gesagt hierzu:
Bei vielen unsrer Brüder, Schwestern,
Hat jenes ewige Heil von gestern,
War es gesprochen, war's gesungen,
Im Herzen niemals mitgeklungen.
Wo ist das Heil denn heute, sagt,
Das stets zu rufen wir gewagt? –
In allen unsren deutschen Landen
Ist Unheil nur daraus entstanden. –
Von ihm sich nunmehr zu befrei'n
Heißt Saaten in die Zukunft streu'n.“[9]

Glückert zitierte sich damit gleichsam selbst, denn eine ähnliche Entwicklung hatte er bekanntlich pessimistisch schon im Jahr 1931 prognostiziert. Nun mussten auch die Mainzer Fastnachter erkennen, wie sehr sie sich, ob sie gewollt hatten oder nicht, von der Idee der „Volksgemeinschaft“ hatten begeistern lassen. Die Idee der „Volksgemeinschaft“ hatte zwar zunächst noch nicht einmal genuin nationalsozialistische oder „völkische“ Wurzeln gehabt. Aber in ihrer NS-Variante hatte sie im „Dritten Reich“ eine geradezu unheimliche Suggestivkraft entwickelt und, so brüchig und mythenbehaftet sie gewesen sein mochte,[10] eine utopische soziale Ordnung entwickelt, die mit ihrem Appell zur Überwindung der Klassengegensätze auch auf viele Fastnachter anziehend gewirkt hatte, weil sie einem angeblichen „Volkswohl“ Tribut zu zollen versprochen hatte.

Wie stark diese Ideologisierung noch nachwirkte, zeigte sich gerade in den ersten Nachkriegsjahren anhand von manchen Kontinuitätslinien und Ambivalenzen. Auf den Sitzungen tauchte beispielsweise die Pianistin Elly Ney auf, die sich vom Regime hatte instrumentalisieren lassen. Auch die Fliegerin Hanna Reitsch wurde in Mainz als Fastnachts-Ehrengast begrüßt. Erst in den 1970er Jahren, als man offener mit der NS-Vergangenheit umzugehen begann, wurde kritisiert, mit solchen Prominenten hätten die Sitzungen „manchmal einer Geisterparade aus alter Zeit“ geglichen.[11]

Die Mainzer Fastnacht distanzierte sich gewöhnlich von dem „woanders üblichen Klamauk des Faschings.“[12] Die Art und Weise, wie im rheinischen Karneval der Humor gelegentlich als gezielte Subversion gegen das NS-Regime eingesetzt worden war, am besten eingefangen in der klassischen Studie des Kunsthistorikers Heinrich Lützeler,[13] war der Mainzer Fastnacht durchaus vergleichbar. Als jedoch der Kabarettist Hanns Dieter Hüsch 1946 aus seiner niederrheinischen Heimat zum Studium nach Mainz kam, verstand er, mit der regionalen Mundart nicht vertraut, zunächst so gut wie kein Wort, wie er später in einem Beitrag für eine Studentenzeitschrift einmal bekannte. Aber der Mainzer Fastnacht und seiner frech-witzigen Volkstümlichkeit konnte er ebenso etwas abgewinnen wie den anarchischen Elementen des pfälzischen Narrentums: „Wer so viel Geschichte durchmacht, muss sich streckenweise leid werden, muss auch das Kriegspielen ab und zu für überflüssig halten. Wie oft ist das Goldene Mainz von fremden Besatzungstruppen gegen fremde Eindringlinge verteidigt oder durch fremde Befreier von fremden Besatzern entsetzt worden! Ich kann mir auch nun mal, man möge mir verzeihen, einen richtigen Mainzer nicht als richtigen Soldaten vorstellen, ich kann mir nicht vorstellen, daß er die ganze Sache ernst nimmt. Er wird den Helm auf dem Kopf, aber den Schelm im Nacken haben und jede Gelegenheit ausnutzen, den Clown zu spielen."[14]

Zur Fastnacht 1948 berichtete sogar der „Spiegel" über die wieder auflebenden Mainzer Fastnachtstraditionen. Der bereits erwähnte Seppel Glückert setzte den Grundton, als er das Thema „Mit Anstand feiern" in Verse umsetzte:

> „Bei allem Frohsinn,
> niemals sich vom Anstand zu entfernen,
> dies kann man wohl – behaupt' ich –,
> noch von uns Mainzern lernen."[15]

Insgesamt stand in diesen ersten Jahren nach dem Ende des Zweiten Weltkriegs das aus dem Jahr 1885 stammende Motto im Vordergrund: „Allem wohl und niemand weh".[16] Weder Demutsgesten angesichts der Verbrechen des NS-Regimes noch Entschuldigungsrituale waren von den Mainzer Fastnachtern jener Jahre zu erwarten. Aspekte der Kritik, der Satire und der Persiflage dominierten.[17] Es ging um Humor und Witz und das, was „den Menschen Spaß, Begeisterung, Amüsement, Unterhaltung und ein Abschalten vom Alltag" ermöglichen sollte.[18] In einem besonders bekannt gewordenen Vortrag führte Seppel Glückert 1949 aus:

> „Wir wollen allem Weltgescheh'n
> Heut mit Humor zu Leibe geh'n –
> Denn der hat, so in Mainz er herrscht,
> sich nicht vorm zweite Reich gefercht,
> Du, drittes Reich, vor ihm versankst,
> vom Vierte hat er aach kää Angst!"[19]

Die Büttenreden klammerten das „Tausendjährige Reich" nicht durchgehend aus. Sie waren erstaunlich politisch, wie ein Blick in den ersten Jahrgängen der – seit 1950 wieder erscheinenden – Mainzer Fastnachtszeitschrift „Narrhalla" zeigt. Ernst Mosner, neben Glückert ein weiterer Star der Mainzer Fastnacht, der dem MCV bereits seit 1928 angehörte, zielte recht genau in die Weltsicht der

Nachkriegszeit. Es ging in den Reden um Adenauer, um die Aufrüstung, um die Suezkrise, um den sowjetischen Sputnik-Satelliten. Aber Mosner spielte häufig ziemlich direkt auch auf die NS-Zeit an. 1952 erwähnte er die Gauleiter und Ortsgruppenleiter und erinnerte auf diese Weise daran, dass auch in Mainz die NSDAP und diverse „Goldfasane" noch wenige Jahre zuvor den Alltag bestimmt hatten: „Also, meiner Leiter ihr Vorbild war die Jakobsleiter. Die is gange bis in de Himmel. Später habe mir uns dann Gau-Leiter angeschafft, die sind sogar gange bis ans End!"[20] Zwei Jahre später war der „Bund Deutscher Mädel" (BDM) dran, der allerdings als Importartikel interpretiert wurde: „Der BDM ging von Bayern aus und dort auch wieder ein."[21] Am 11. November 1954 erinnerte er mit Bezug auf die gewonnene Fußballweltmeisterschaft an die „Achse Rom–Berlin" und die nationalsozialistische Außenpolitik: „Wir gehören jetzt zum Atlantikpakt für den Fall, daß uns mal wieder die Lust zum Atlantik packt."[22] Als 1956 bei den Olympischen Winterspielen in Cortina d'Ampezzo die deutschen und italienischem Eishockeymannschaften aufeinanderstießen, variierte er dieses Thema: „Die alten Kriegskameraden haben bei einer Eishockeyschlägerei im olympischen Geiste die Achsenfreundschaft wieder aufgefrischt! (…) Die Achse Rom–Berlin ist wieder intakt!"[23] Aus der Warte eines römischen Legionärs mit dem bezeichnenden Namen „Brutus Demokratius" blickte er 1955 auf das Nachkriegsdeutschland: „Da sehe ich Eure alten Veteranen mit viel Narben und ein paar Mark Rente als Kriegsandenken. Außerdem noch einer Schublade voller Papieren und den Bauch voll Wut und ein paar Orden, die sie nicht tragen dürfen. Nur weil man die Tugend der Tapferkeit von der Verworfenheit eines Systems nicht trennen kann."[24] Auch das weitverbreitete und ritualisierte Schweigen über die NS-Zeit wurde aufgespießt: „Die traurige Tugend des Vergessens macht aus 10 Jahren Stacheldraht 2 Minuten Funkstille, Halbmast bei den Behörden."[25]

Von der Tendenz her gab es viele Klagen über alles Mögliche, was die Besatzer und die Alliierten falsch machten. Lamentiert wurde auch darüber, dass die Leistungen der Wehrmacht nicht mehr angemessen gewürdigt würden. Eine kritische Selbstreflexion blieb hingegen aus. Bereits in den ersten Nachkriegsjahren lässt sich auch eine gewisse Verklärung der Vorkriegsfastnacht nachweisen. Dabei beriefen sich die Fastnachts-Akteure etwas zu schnell auf die übliche Erklärung, die Nationalsozialisten hätten es in der katholischen Bischofsstadt mit ihrer starken Zentrumspartei am Anfang nicht leicht gehabt. Der Oberbürgermeister Dr. Emil Kraus, der in der NS-Zeit aus seinem Amt als Bürgermeister gedrängt worden war, stieg 1947 in die Bütt, lobte das „schwarze Mainz" und seine „alten Karnevalisten" als „Widerstandszentrum" in der NS-Zeit.[26] Kraus, der ein standhafter Gegner des NS-Regimes gewesen und geblieben war, hatte ein gewisses Recht, seine Sichtweise zu artikulieren. Bei anderen überwogen

Selbstgefälligkeiten und die Tendenz, einfach auszuklammern, dass Mainz keineswegs ein Hort der Resistenz gewesen war. Der SPD-Bürgermeister Anton
Maria Keim bescheinigte den Büttenreden des „Dritten Reiches" mehr Widerstand als Anpassung. Er kritisierte zwar überzeugend die „Gesinnungs-Ly-
rik" mancher Mainzer Fastnachtsreimer,[27] verwies aber doch auf den Mut des
legendären Seppel Glückert, der in seinen Reden geschickt-verschleiernd auf
das Schutzhaftlager Osthofen angespielt hatte, von dem jeder in Mainz gewusst
hatte.[28] Die Unbotmäßigkeiten eines Martin Mundo gegen die Gauleitung in
Frankfurt wurden reichlich zitiert.[29] 1963 lautete die Meistererzählung, beispielsweise bei Karl Moerlé und Hanns Halama, zwei der Heroen der damaligen Fastnacht, dass die „Braunen" in Mainz gescheitert seien.[30] Auch in der erstmals 1955
vom SWF Baden-Baden ausgestrahlten Fernsehsendung „Mainz wie es singt
und lacht" sowie in der vom ZDF seit 1965 übertragenen Sitzung „Mainz bleibt
Mainz"[31] blieben vergangenheitspolitische Aspekte ausgespart.[32] Jakob Wucher,
von 1938 bis 1973 Präsident des MCC, ging eher beiläufig auf die Anpassungs-
prozesse ein, denen man sich unterworfen hatte. Ein kurzer Seitenblick auf die
Fastnacht in Mainz in einer Erinnerungssammlung des Jahres 1968 schilderte
zwar den schwierigen Neubeginn jener „Mainzer Schicksalsjahre" nach 1945,
ließ allerdings jeden Bezug auf die NS-Zeit vermissen.[33]

Noch bis in die 1960er Jahren ging es bei den Fastnachtern in erster Linie
um „Selbsthistorisierung", allerdings haperte es bei vielen mit der Schreibkunst.
Angesichts des Fehlens des „Handwerkszeugs des Historikers" (Ahasver von
Brandt) mangelte es auch an der seriös-wissenschaftlichen Erforschung. Hier
mag ein Beispiel aus dem Kölner Karneval als Vergleich dienen: In den dortigen
Vereinen war man oft Schriftführer, Gardesprecher und Chronist in Personalunion und dies führte nicht immer zu angemessenen Resultaten („Dat mät der
Jupp, der kann am beste schrieve"). Durfte man Wissenschaftlern überhaupt die
eigene Geschichte überlassen? In dieser Zeit konnte von einem distanzierten
Außenblick, der „manches Muffige ans Licht" befördert hätte, jedenfalls noch
keine Rede sein.[34]

1966 attestierte der eben erwähnte Anton Maria Keim den Mainzer Narren
bisweilen „weinerliche Selbstbescheidung" und „Mitleid mit sich selbst",[35] ließ
aber zugleich keinen Zweifel, dass der „Spielraum karnevalistischer Bewegungsfreiheit" im „Dritten Reich" immer kleiner geworden war. Dies führte ihn zur
grundsätzlichen Frage, ob sich „Hofnarren zum Martyrium" eignen.[36] Klug wie
Keim war, ließ er den Leser diese Frage selbst beantworten.[37]

In den 1970er Jahren deutete sich ein Perspektivwechsel an, der allerdings
weniger mit den Akteuren der Mainzer Fastnacht als mit dem Generationswech-
sel und dem Wertewandel in der Bundesrepublik zu tun hatte. Für den Kölner

Karneval machte Utz Jeggle 1972 auf ein „Versagen der Narren" aufmerksam, obwohl er individuelle Ansätze von Opposition und „respektable Ausnahmen" nicht kleinreden wollte. Insgesamt jedoch habe es eine Selbstgleichschaltung gegeben. Das „Einverständnis der Narren" sei nicht durch „speziellen Druck erreicht" worden, sondern habe sich „quasi selbstverständlich" entwickelt.[38] In Mainz war eine ähnliche Entwicklung zu verzeichnen. Die Fragwürdigkeit und der Opportunismus, der sich in die offiziellen Festivitäten eingeschlichen hatte, wurden schärfer betrachtet. Erich Müller hielt sich in seinem Büttenvortrag mit dem Titel „Ein Dabbes" im Jahr 1976 selbst den Spiegel vor (ein „Dabbes" ist im regionalen Sprachgebrauch ein Trottel, der kein Fettnäpfchen auslässt, sich dann aber selbst bemitleidet):

> „Blöd war ich als Bub schon – ich will's nicht bestreiten
> So konnt' ich zum Beispiel besonders gut leiden
> Die Farbe, die braune, am Rock und am Hemd.
> Ihr wisst das ja nicht mehr, die Zeit ist Euch fremd.
> Braun war moi Gesinnung, was war ich naiv
> Den Kampf um den Endsieg fand ich lukrativ
> Braun war ich durch und durch – wie Schokolade
> Doch als sie dann fielen, die Bomben, Granate,
> Da kam mir ganz langsam und sicher das Grausen
> Das Braune verblasste allmählich von außen
> Und zog sich von innen – vor Angst – in die Hose
> Da wusst' ich – ich bin doch en Dabbes – en große."[39]

Seit den 1970er Jahren wurden die Fastnachtsrituale, die manchen Nicht-Rheinländern kaum zu vermitteln sind, geradezu ethnographisch untersucht.[40] In diesem Zusammenhang stellten Volkskundler an der Universität Mainz kritische Fragen. Sie konstatierten für die Jahre von 1933 bis 1945 mehr Anpassung als Widerstand und stellten die Meistererzählung der Mainzer „Volksopposition aus der Bütt"[41] in Frage. Sie sahen den Aufschwung, den die Mainzer Fastnacht in der NS-Zeit erlebt hatte, stärker im Zusammenhang mit der „allgemeinen Förderung und Aufwertung von Brauchtum im Rahmen der Volkstumsarbeit im Dritten Reich"[42] bzw. eines durch die „Kraft durch Freude"-Organisation propagierten „Gemeinschaftserlebnisses."[43] Trotz allem Respekt vor Seppel Glückert, so lautete eine dieser ehrfurchtslosen Analysen, hätten dessen Büttenreden nur die Funktion einer „systemstabilisierenden Scheinkritik" gehabt.[44] Die Studien der rebellischen Volkskundler stellten auch die bei Zeitgenossen und bei manchen zeitgeschichtlich orientierten Landeshistorikern vorherrschende Ansicht in Frage, im katholischen Rheinland sei in der NS-Zeit Vieles moderater und erträglicher als in den übrigen Teilen des Reiches gewesen.[45]

Nach 1945, so lautete eine strenge Feststellung aus dem Jahr 1977, sei die
Zeit des Nationalsozialismus in Mainz „entweder nur gestreift, oft sogar völlig
ausgeklammert" worden.[46] Auch für die Dörfer vor den Toren von Mainz wie
Nackenheim gelte, dass die Jahre von 1933 bis 1945 „in den Vereinschroniken
und Festschriften nur selten oder überhaupt nicht erwähnt" würden.[47] Den
Grund für die fehlende kritische Analyse sahen die Autoren im geschichtspoli-
tischen Horizont der 1950er Jahre. In jener Zeit sei erfolgreich argumentiert
worden, dass die „Gleichschaltung der Mainzer Fastnacht nicht gelungen" sei.
Hierfür habe man immer wieder zum Bespiel eine Anekdote vom Aschermittwoch 1935 angeführt. Laut dieser häufig erwähnten Erzählung war das gesamte
MCV-Komitee frühmorgens von der Polizei im Mainzer Central-Hotel vorgeführt und eine Verhaftung angedroht worden. Erst der Gauleiter Jakob Sprenger
aus Frankfurt habe persönlich um 11.11 Uhr den Spuk mit dem Hinweis auf ein
Katerfrühstück aufgelöst. Der Wahrheitsgehalt dieser Kolportage wird an anderer Stelle in diesem Band genauer untersucht. Für die vorliegende Betrachtung
ist in erster Linie relevant, dass die Kritiker in den 1970er Jahren offenließen,
ob es sich nur um einen schlechten Scherz oder um eine ernsthafte Bedrohung
gehandelt habe – als Entlastung für die Fastnachter könne sie jedoch keinesfalls
dienen. Die Büttenreden und Vorträge der MCV-Narren in der NS-Zeit seien
jedenfalls „oft derart harmlos" gewesen, dass sie „als ‚närrische Kritik' noch
geduldet" worden seien.[48]

Die Volkskundler betonten zwar, dass in einer totalitären Diktatur andere
Bedingungen für Regimekritik herrschten als in der Demokratie, aber ihr Urteil
blieb unerbittlich: „Bei allen Überlegungen, Zweifeln, dem Wunsch, dem Phänomen ‚närrischer Widerstand' gerecht zu werden, muss man im Auge behalten,
daß die kritischen Stimmen aus der Bütt den ‚braunen' Rednern personell bei
weitem unterlegen" gewesen seien.[49] Die Kritiker regten daher für die Zukunft
„genauere Forschung" an.[50] In mancher Hinsicht korrespondierte die Forderung mit anderen Initiativen. Zum 80. Geburtstag von Jakob Wucher hob die
Stadt Mainz 1977 die gleichnamige Stiftung aus der Taufe, die sich, allerdings im
finanziell bescheidenen Rahmen, der Erforschung des närrischen Treibens widmen sollte,[51] aber keinen Ersatz für eine umfassende wissenschaftliche Bearbei-
tung des Themas sein konnte.

Seit den 1980er Jahren überwogen kritische und selbstkritische Veröffentli-
chungen zur Mainzer Fastnacht. Dies entsprach einer gewissen bundesrepubli-
kanischen Tendenz, Vereine, ob es nun Schützenvereine oder Karnevalsvereine
waren, als Boten rückwärtsgewandter Ideen zu identifizieren. Karnevals- bzw.
Fastnachtsvereine waren in dieser Sicht traditionelle Einrichtungen, bisweilen
gar ein Ausdruck des „konservativen Milieus"; sie hätten, so lautete der Vorwurf,

nach 1933 „zugleich als konservative Nischen und als wesentliche Träger des Nationalsozialismus" gedient.[52] Unter diesen Auspizien wurde intensiver untersucht, ob, ab wann und auf welche Weise bei den Karnevals- bzw. Fastnachtsvereinen die Überformung, Gleichschaltung und Selbst-Gleichschaltung eingesetzt und wie lange der Anpassungsprozess gedauert hatte, ob jüdische Mitglieder kujoniert und ausgeschlossen worden waren, schließlich, wie man überhaupt Unbotmäßigkeit, Nonkonformismus, Opposition, Resistenz, Widerstand gegen den Nationalsozialismus definieren sollte.

Aber Widerstand hatte im „Dritten Reich" häufig Elemente des Situativen, Ungeplanten und Reaktiven gehabt, und dies konnte mit „passivem Geschehenlassen, partieller Affirmation oder gar aktiver Beteiligung an den Zwecken des Regimes" einhergehen.[53] Mit anderen Worten: Wer einen „Flüsterwitz" erzählt hatte, musste noch nicht unbedingt ein Gegner des Regimes gewesen sein.[54]

Karneval bzw. Fastnacht war kalkulierter Kontrollverlust, Unbotmäßigkeit der Rheinländer gegen die borniereten und unlustigen preußischen Autoritäten – und ihren Militarismus, den man mit eigenen Uniformen und Rangabzeichen konterte – und das gilt auch für die in der Festungsstadt Mainz gelegenen preußischen und österreichischen Garnisonen.

Gerade dieser karnevalistische Humor hat nach 1945 nicht selten zu der Feststellung geführt, die Regionen am Rhein seien – in dezidierter Abgrenzung zu Preußentum und Nationalsozialismus – ein Hort der Nichtangepasstheit gewesen. Wenn das Rheinland während der nationalsozialistischen Jahre manchem Zeitgenossen als weniger fanatisch erschien, so lag dies jedoch in erster Linie an dem zivilcouragierten, resistenten Verhalten Einzelner und dem auch hier eher selten anzutreffenden Widerstand im engeren Sinne. Heute weiß man, wie viel Folklore oder Verklärung bei dem Versuch vorhanden war, die Fastnacht zum Widerstand zu deklarieren. Manche vermeintlich kritische sprachliche Eskapade in der Büttenrede wurde überbetont, Redner wie Seppel Glückert als einer von vielen gezeichnet. Dabei wurde geflissentlich ignoriert, dass vieles einfach nur Klamauk und klischeehaft-kitschige Heimattümelei ohne tiefere politische Bedeutung gewesen war.

Der MCV-Vizepräsident Karl-Heinz Steeg bedauerte in der närrischen Generalversammlung im Jahr 1985, dass sein Mainzer Verein zwar immer stolz die „kritisch-gefährlichen Aussagen" der Jahre nach 1933 präsentiert, „die Jubelverse aber im sicheren Archiv" belassen habe.[55] Der ehemalige Mainzer Stadtarchivar Friedrich Schütz referierte in seiner 1987 vorgelegten Gesamtgeschichte des MCV auf immerhin über 30 Seiten über die nationalsozialistische Zeit.[56] Schütz forderte jedoch, als in einem Artikel von Hans Wullenweber in der Mainzer „Allgemeinen Zeitung" im Februar 1987 den Fastnachtern mangelnder

Widerstand vorgeworfen wurde,[57] mehr Verständnis für die Zwangslagen. Man unterschätze die „Zeitverhältnisse": „Offen geäußerter Widerstand in einem totalitären System bedeutete den Tod."[58] Philipp Kepplinger jun. war zur gleichen Zeit kritischer. Es habe zwischen Karnevals- und Fastnachtsvereinen und dem Regime ein „beiderseitiges Wohlverhalten" gegeben, garniert mit gelegentlichen „peinliche(n) Anbiederungen. (…) Es war halt nicht jeder ein Seppel Glückert (…) oder ein Martin Mundo."[59] Rolf Braun berichtete 1997 von seinen früheren Schwierigkeiten, adäquat über das „Dritte Reich" und den Opportunismus mancher „Märzgefallener" und anderer Mitläufer zu spotten: „Nur wenige wagten sich an dieses Thema heran, da es viele sogenannte Mitläufer gab, die in allen Schichten des Publikums zu finden waren."[60]

1999 war hinsichtlich der Aufarbeitung der NS-Zeit der Mainzer Fastnacht noch von „Desiderata" die Rede. Herbert Schwedt monierte, dass für manche lokale Fastnachtschronisten die Zeit des Nationalsozialismus „so gut wie gar nicht stattgefunden zu haben" schien. Es habe eben auch „Ergebenheitsadressen aus der Bütt und Judenspott von Umzugswagen" gegeben, und die Narren hätten sich insgesamt nicht anders verhalten „als ihre deutschen Zeitgenossen."[61] Heute werden die dunklen Seiten der Fastnacht nicht länger ignoriert oder kleingeredet. Herbert Bonewitz, selbst einer der maßgeblichen Mitgestalter der Mainzer Fastnacht der Nachkriegszeit, bemerkte, den neuen Konsens zusammenfassend, dass man wohl nur von „wenigen mutigen Narren im Dritten Reich" sprechen könne.[62] Friedrich Schütz wiederum erinnerte daran, dass mit verschiedenen antisemitischen Vorträgen im Jahr 1939, wenige Monate nach den antijüdischen Pogromen, der Tiefpunkt der Mainzer Fastnacht erreicht gewesen sei.[63] In aktuelleren Darstellungen wird die NS-Zeit eher beiläufig und nüchtern behandelt, ohne ihr einen zu großen Stellenwert beizumessen.[64]

Nachgeborenen fällt es schwer zu verstehen, dass es in der Nachkriegszeit eine Stimmung der Befangenheit gab. Vielen, ob Fastnachter oder nicht, war damals nur zu bewusst, wie sehr sie sich auf Kompromisse mit dem Regime eingelassen hatten. Dass sich dabei viele wohl auch schuldig gemacht hatten, war eine Grundannahme, die dann aber nicht weiter vertieft wurde. Wer sich kompromittiert hatte, mochte vielleicht für sich selbst ein Unrechtsbewusstsein haben, aber es war noch immer etwas anderes, damit an die Öffentlichkeit zu gehen. In den fünfziger und sechziger Jahren des 20. Jahrhunderts herrschte noch eine stille Übereinkunft, Themen der NS-Vergangenheit möglichst auszusparen. Dies erklärt, warum nach 1945 zunächst auch in der Fastnacht wenig an die dunklen Flecken in der eigenen Geschichte erinnert wurde. In der damaligen Situation fiel es den meisten Deutschen schwer, das „kommunikative Beschweigen" zu durchbrechen, von dem der Philosoph Hermann Lübbe einmal in einem

wegweisenden Aufsatz gesprochen hat. Die Verdrängung der nationalsozialistischen Vergangenheit sei, so Lübbe, ein „sozialpsychologisch und politisch nöti-
ges Medium der Verwandlung [der] Nachkriegsbevölkerung in die Bürgerschaft
der Bundesrepublik Deutschland" gewesen. Durch die „gewisse Stille" sei es der
Mehrheit der Deutschen, die Hitler gefolgt waren, gelungen, sich gleichermaßen
selbst zu reformieren und auf den Weg des Rechts und der Moral zurückzu-
kehren.[65]

Ist dieses – heute nur schwer zu vermittelnde – Schweigen aber ein Indiz für
ein uneingestandenes oder unbewusstes Nachwirken des „Volksgemeinschaftsdenkens" auch in der Nachkriegszeit? War der Hinweis Ernst Mosners auf die
Orden, die von den Kriegsveteranen nicht gezeigt und getragen werden durften,
eventuell ein Fingerzeig für die Residuen eines alten Kameradschaftsgeistes aus
„brauner" Vergangenheit, in der auch die Wehrmacht vom Volksgemeinschafts-
empfinden tief geprägt gewesen war? Die ungewohnt heftige Kritik an der Politik der Besatzungsmächte, die in manchen Fastnachtsreden nach 1945 geäußert
wurde, zeugte von einem aus der NS-Zeit bekannten Denken, in dem das „Wir"
gegen „die Anderen" zum Ausdruck kam; ein Denken in den Kategorien von
Freund-Feind, das für die „Volksgemeinschaft" so wirkungsmächtig gewesen war
und das subkutan nach wie vor fortlebte. Man sollte zwar die Kontinuitätslinien
nicht überstrapazieren, aber es ist plausibel, dass das Denken in den Kategorien der „Volksgemeinschaft", für das so viele Deutsche anfällig gewesen waren,[66]
nicht über Nacht verschwand, sondern noch eine Zeitlang fortlebte, zumal es
auch keine „Stunde Null" gab und auch nicht geben konnte. Diese gleichsam
naturgegebenen Kontinuitäten erklären auch, warum sich nach Kriegsende in
einigen Fastnachtsreden manche Formulierungen aus dem Vokabular der NS-
Zeit fanden und warum manche Wochenschauberichte im Tonfall und Diktion
noch an die Berichterstattung während des Zweiten Weltkriegs erinnerten. All
dies sind Hinweise darauf, dass die Volksgemeinschaftsidee – vielleicht als eine
Art von Phantomschmerz – noch geraume Zeit weiterlebte. Ihre gesellschaftlichen Ausprägungen und Ziele waren zwar diskreditiert, aber ihren wirklichen
geistigen Untergang fanden sie erst im Rahmen des langfristigen Wertewandels,
der mit der Pluralisierung und Individualisierung die Bundesrepublik seit den
1960er Jahren prägte.

Diese Beobachtungen gelten auch für die Mainzer Fastnacht. Wie sind die
erwähnten Reminiszenzen an die Vorstellungen der „Volksgemeinschaft" zu
beurteilen? Taugen sie als Beleg für tiefsitzende „braune Kontinuitäten"? In der
heutigen Gesellschaft, in der die Zahl derjenigen schwindet, die den Nationalsozialismus noch aus eigener Anschauung kennen, werden bemerkenswerterweise
„meist ‚strengere' und keineswegs homogene moralische Maßstäbe" bei der

Bewertung individuellen Handelns in den Jahren zwischen 1933 und 1945 ange-
legt.[67] Zunehmend werden heutige Werte kurzerhand auf frühere Zeitepochen
zurückprojiziert. Je länger Deutschland eine gesicherte parlamentarische Demokratie ist, desto schwieriger ist es, die Handlungsbedingungen in einer totalitären Diktatur zu verstehen und nachzuvollziehen. Hans Rothfels hat schon vor
fünfzig Jahren kritisch gefragt, „ob man das Demokratieverständnis von heute
mitsamt einem unerschütterlichen Glauben an den Segen der pluralistischen
Gesellschaft" als Maßstab zur Aburteilung über die Anschauungen einer zurück-
liegenden und nicht selbst erlebten Zeit etablieren dürfe.[68] Die Frage ist heute so
aktuell wie damals, vielleicht sogar noch aktueller. Oftmals ist in der öffentlichen
Wahrnehmung die Unfähigkeit oder die Nichtbereitschaft erkennbar, sich überhaupt noch mit den Verlockungen, Bedrängnissen und Herausforderungen des
„Dritten Reiches" zu beschäftigen. Viel einfacher ist es, sich mit schnellen und
eindeutigen Urteilen der Notwendigkeit zu entheben, das, was zwischen 1933
und 1945 geschah, zu entschlüsseln, zu verstehen und zu bewerten. Der britische
Historiker Richard J. Evans hat auf die spezifische Problematik dieser Entwicklung aufmerksam gemacht: „Seit den frühen 1990ern ist die Geschichtsschreibung über das Dritte Reich nicht wissenschaftlicher, neutraler und akademischer
geworden, sondern im Gegenteil: Historiker tendieren, weit davon entfernt, sich
dem Thema vermehrt *sine ira et studio* zu nähern, zunehmend dazu, Analyse,
Beweisführung und Deutung zugunsten moralischer Beurteilungen aufzugeben.
Die Geschichtsschreibung Nazideutschlands wurde in großem Maß durchdrungen, geradezu erobert von der Sprache der Ankläger und Moralprediger." Damit
einher gehe die alarmierende Tendenz, „historische Erklärung durch morali-
sches Richten zu ersetzen, als bedeute das Verstehen von etwas automatisch, es
zu entschuldigen".[69] Dieser Trend zur Emotionalisierung der NS-Forschung und
des „easy moralizing" hat bislang kein Ende gefunden.[70] Gegenüber dieser emo-
tionalen Betrachtungsweise darf jedoch die historische Sicht nicht zurückstehen.
Rückwirkende moralische Empörungsergüsse erklären nichts. Diese Erkenntnis
sollte auch für die Mainzer Fastnacht gelten.

Anmerkungen

1. Parlamentarischer Rat. Stenographische Berichte über die Plenarsitzungen 1948/49, Bonn 1949, S. 210.
2. Vgl. Michael Kißener: Grundzüge der historischen Entwicklung, in: Kreuz, Rad, Löwe. Rheinland-Pfalz. Ein Land und seine Geschichte, Band 2, hg. von Friedrich P. Kahlenberg und Michael Kißener, Mainz 2012, S. 57–150, bes. S. 124–128.
3. Jean R. von Salis: Geschichte und Politik, Zürich 1971, S. 214.

4. Bianka Stahl: Formen und Funktionen des Fastnachtfeierns in Geschichte und Gegenwart, dargestellt an den wichtigsten Aktivitäten der Mainzer Fastnachtsvereine und -garden, Mainz 1980.

5. Friedrich Schütz: 150 Jahre MCV – 150 Jahre Stadtgeschichte, in: Bürgerfest und Zeitkritik. 150 Jahre Mainzer Fastnacht. 150 Jahre Mainzer Carneval-Verein 1838–1988, hg. vom Mainzer Carneval-Verein, Mainz 1987, S. 11–130, hier S. 83; ders.: Louis Théodore Kleinmann (1907–1979). Französischer Stadtkommandant von Mainz 1945/46: der „Vater der Stadt", in: Ut omnes unum sint. Gründungspersönlichkeiten der Johannes-Gutenberg-Universität, Band 2, hg. von Michael Kißener und Helmut Mathy, Stuttgart 2016, S. 9–21; Stahl (Anm. 4), S. 197 f.; Karl Moerlé: Wiedererstanden aus Schutt und Trümmern, in: 125 Jahre MCV. Eine Fastnachtsbetrachtung anläßlich des 125jährigen Bestehens des Mainzer Carnevals-Vereins 1838 e. V., hg. von Karl Moerlé und Hanns Halama, Mainz 1963, S. 38 f.

6. Hanno Broo: Gesellige und Sportvereine in Mainz 1945 bis 1948, in: Leben in den Trümmern. Mainz 1945 bis 1948, hg. von Anton Maria Keim und Alexander Link, Mainz 1985, S. 141–154.

7. Christina Niem (u.a.): Alltagskultur im Wandel: Volkskundliche Perspektiven, in: Kreuz – Rad – Löwe. Ein Land und seine Geschichte, Bd. 2: Vom ausgehenden 18. Jahrhundert bis zum 21. Jahrhundert, hg. von Friedrich P. Kahlenberg und Michael Kißener, Mainz 2012, S. 481–544, hier S. 485. Eine Abbildung des Plakats auch bei Alexander Link: „Schrottelzeit". Nachkriegsalltag in Mainz. Ein Beitrag zur subjektorientierten Betrachtung lokaler Vergangenheit, Mainz 1990, Abb. 44.

8. „Neuer Mainzer Anzeiger" vom 1. Februar 1946.

9. Seppel Glückert: „Die Träne rolle aus de Aage ...", abgedruckt in Schütz (Anm. 5), S. 98.

10. Michael Grüttner: Das Dritte Reich 1933–1939, Stuttgart 2014, S. 326–335; Frank Bajohr/ Michael Wildt (Hg.): Volksgemeinschaft. Neue Forschungen zur Gesellschaft des Nationalsozialismus, Frankfurt a. M. 2009; Detlef Schmiechen-Ackermann (Hg.): „Volksgemeinschaft": Mythos, wirkungsmächtige soziale Verheißung oder soziale Realität im „Dritten Reich"? Zwischenbilanz einer kontroversen Debatte, Paderborn 2012; Michael Schneider: In der Kriegsgesellschaft. Arbeiter und Arbeiterbewegung 1939 bis 1945, Bonn 2014, bes. S. 887–889; Michael Wildt: Volksgemeinschaft als Selbstermächtigung. Gewalt gegen Juden in der deutschen Provinz 1919 bis 1939, Hamburg 2007.

11. Werner Hanfgarn: „Der Narrheit eine Gasse!" Anekdoten, Episoden und Geschichten aus der Mainzer Fastnacht, in: Bürgerfest und Zeitkritik (Anm. 5), S. 175–187, hier S. 179.

12. „Mit Anstand feiern", in: Der Spiegel vom 14. Februar 1948, S. 3.

13. Heinrich Lützeler: Philosophie des Kölner Humors, Honnef [10]1954. Vgl. Rudolph Herzog, Heil Hitler, Das Schwein ist tot! Lachen unter Hitler – Komik und Humor im Dritten Reich. Frankfurt a. M. 2006.

14. Hanns Dieter Hüsch: Narren von Anbeginn, in: Nobis 105 (1962), S. 4.

15. Ebd. („Mit Anstand feiern")

16. Der Baum der Narrheit, in: Der Spaßvogel. Carnevalistisches Beiblatt zum Mainzer Tagblatt für die Fastnacht 1885.

17. Stahl (Anm. 4), S. 205.

18. Ebd., S. 318.
19. Josef (Seppel) Glückert: Endlich Frieden un sunst nix!, in: Das war Seppel Glückert. Protokolle, Vorträge, Anekdoten, hg. von Wilhelm Glückert, Mainz ²1962, S. 70.
20. Ernst Mosner: Der Fensterbutzer. Vortrag zur Herrensitzung des MCV, in: Narrhalla 1 (1952), S. 12 f.
21. Ernst Mosner: Nach der Schonzeit, in: Narrhalla 1 (1954), S. 7 f.
22. Ernst Mosner: An die Feldpostnummer 11!, in: Narrhalla 2 (1955), S. 3 f.
23. Ernst Mosner: Ein närrischer Indien-Reisender, in: Narrhalla 2 (1957), S. 1–3
24. Ernst Mosner: Bürger hört mich an!, in: Narrhalla 1 (1956), S. 14–16.
25. Ebd.
26. Schütz (Anm. 5), S. 88.
27. Anton Maria Keim: 11mal politischer Karneval, Weltgeschichte aus der Bütt, Mainz 1966, S. 195.
28. Vgl. Wolfgang Balzer: Mainz. Persönlichkeiten der Stadtgeschichte, Band 3: Geschäftsleute, epochale Wegbereiter, Baumeister, Fastnachter, Originale, Ingelheim 1993, S. 284
29. Keim (Anm. 27), S. 214.
30. Moerlé/ Halama (Anm. 5).
31. Klaus Rost: Die programmierte Sitzung: Narren im Fernsehen, Massenmedien und Fastnacht am Beispiel Mainz, Diss. Mainz 1978, S. 67 und 78.
32. Robert Wasserburg: Lachendes Mainz, Mainz 1951. Vgl. Joseph Klersch: Die Kölner Fastnacht von ihren Anfängen bis zur Gegenwart, Köln 1961.
33. Wie es war. Mainzer Schicksalsjahre 1945–48. Berichte und Dokumente, hg. von Erich Dombrowski, Emil Kraus und Karl Schramm, Mainz 1965, bes. S. 204–209.
34. Walter Filz: Es ist noch Känguruschwanzsuppe da. Die Wahrheit über den Kölner Karneval aufgrund der Beweismittel meines Vaters, Köln 2018, S. 141 f.
35. Keim (Anm. 27), S. 215; ähnlich ders.: 150 Jahre politisch-literarische Fastnacht. Von der Freiheit der Narren und wechselnden Zensoren, in: Bürgerfest und Zeitkritik (Anm. 5), S. 131–147, hier S. 146.
36. Keim (Anm. 27), S. 214.
37. Werner Hanfgarn: Der Präsident oder 85 Jahre Jakob-Wucher-Geschichte(n), in: Fünfundachtzig Mainzer Jahre. Die Stadt. Die Fastnacht. Jakob Wucher in Geschichte und Geschichten, hg. von Werner Hanfgam, Bernd Mühl und Friedrich Schütz, Mainz 1983, S. 211–294; vgl. Balzer (Anm. 28), S. 288.
38. Utz Jeggle: Fasnacht im Dritten Reich, in: Masken und Traditionen. Symposium anläßlich der Ausstellung „Masken und Narren. Traditionen der Fasnacht", Kölnisches Stadtmuseum, Köln 1974, S. 40–51, hier S. 41. Grundsätzlich Marcus Leifeld: Der Kölner Karneval in der Zeit des Nationalsozialismus Vom regionalen Volksfest zum Propagandainstrument der NS-Volksgemeinschaft, Köln 2015.
39. Zitiert nach Stahl (Anm. 4), S. 350.
40. Etwa bei Stahl (Anm. 4).
41. Keim (Anm. 27), S. 189.
42. Rita Link/ Doris Wandel: Die Mainzer Fastnacht und ihre ökonomische und politische Ausnutzbarkeit, in: Analyse eines Stadtfestes. Die Mainzer Fastnacht, hg. von Herbert Schwedt, Wiesbaden 1977, S. 39–76, hier S. 64.

43. Ebd., S. 67.

44. Stahl (Anm. 4), S. 335.

45. Ulrich von Hehl: Nationalsozialismus und Region. Bedeutung und Probleme einer regionalen und lokalen Erforschung des Dritten Reiches, in: Zeitschrift für bayerische Landesgeschichte 56 (1993), S. 111–129, hier insbes. S. 119 f. Daneben Horst Möller/ Andreas Wirsching/ Walter Ziegler (Hg.): Nationalsozialismus in der Region. Beiträge zur regionalen und lokalen Forschung und zum internationalen Vergleich, München 1996.

46. Link/ Wandel (Anm. 42), S. 73.

47. Hildegard Frieß-Reimann: Fastnacht an der Rheinfront, in: Schwedt, Herbert (Hg.). Analyse eines Stadtfestes. Die Mainzer Fastnacht, Wiesbaden 1977, S. 275–304, hier S. 289.

48. Link/ Wandel (Anm. 42), S. 73–75 sowie das Zitat auf S. 75.

49. Ebd., S. 76.

50. Ebd.

51. Friedrich Schütz: Die moderne Mainzer Fastnacht, in: Mainz. Die Geschichte der Stadt, hg. von Franz Dumont, Ferdinand Scherf und Friedrich Schütz, Mainz 1999, S. 809–834, hier S. 831.

52. Frank Bösch: Das konservative Milieu. Vereinskultur und lokale Sammlungspolitik in ost- und westdeutschen Regionen (1900–1960), Göttingen 2002, S. 57 f.

53. Martin Broszat: Plädoyer für eine Historisierung des Nationalsozialismus, in: Nach Hitler. Der schwierige Umgang mit unserer Geschichte. Beiträge von Martin Broszat, hg. von Hermann Graml und Klaus-Dietmar Henke, München 1986, S. 159–173, hier S. 170 f.

54. Vgl. Hans-Jochen Gamm: Der Flüsterwitz im Dritten Reich, München 1964; vgl. Meike Wöhlert: Der politische Witz in der NS-Zeit am Beispiel ausgesuchter SD-Bezirke und Gestapo-Akten, Frankfurt a. M. 1997.

55. Zitiert nach Schütz (Anm. 5), S. 56 f.

56. Schütz (Anm. 5), bes. S. 54–78; ders. (Anm. 51), S. 809–834.

57. Hans Wullenweber: Narren unter dem Hakenkreuz. Mainzer NS-Widerstand aus der Bütt, in: Allgemeine Zeitung vom 14./15. Februar 1987.

58. Schütz (Anm. 5), S. 65.

59. Philipp Kepplinger jun.: Määnzer Fassenacht zur Nazizeit. Erinnerungen an Ereignisse aus der Kampagne vor 50 Jahren, in: Mainz. Vierteljahreshefte für Kultur, Politik, Wirtschaft, Geschichte 5.1 (1985), S. 42–46, hier S. 42.

60. Rolf Braun: Wolle mer'n eroilosse. 60 Jahre Mainzer Fassenacht, Mainz 1997, S. 20 f.

61. Herbert Schwedt: Der Prinz, der Rhein, der Karneval. Wege der bürgerlichen Fastnacht, in: Fastnacht/Karneval im europäischen Vergleich, hg. von Michael Matheus, Stuttgart 1999, S. 63–83, hier S. 73 f.

62. Herbert Bonewitz: „Kappen, Kult und Kokolores". Die Mainzer Fastnacht zwischen Anspruch und Widerspruch – Reflexionen eines Zeitzeugen, in: Fastnacht/Karneval im europäischen Vergleich, hg. von Michael Matheus, Stuttgart 1999, S. 91–120, hier S. 101. Vgl. Hildegard Frieß-Reimann: Fastnacht in Rheinhessen. Die Diffusion der

Mainzer Fastnacht von der Mitte des 19. Jahrhunderts bis zur Gegenwart, Diss. phil. Mainz 1978.

63. Schütz (Anm. 51), S. 826.
64. Günter Schenk: Mainz Helau! Handbuch zur Mainzer Fastnacht, Ingelheim 2004, S. 58 und S. 167 f.
65. Hermann Lübbe: Der Nationalsozialismus im deutschen Nachkriegsbewußtsein, in: Historische Zeitschrift 236 (1983), S. 579–599, hier S. 585 f.
66. Vgl. Michael Burleigh: Die Zeit des Nationalsozialismus. Eine Gesamtdarstellung, Frankfurt a. M. 2000, S. 285 sowie bereits Karl Dietrich Bracher: Die deutsche Diktatur. Entstehung, Struktur, Folgen des Nationalsozialismus, Frankfurt a. M. (u.a.) 1979, S. 367.
67. Frank Bösch/ Andreas Wirsching: Einleitung, in: Hüter der Ordnung. Die Innenministerien in Bonn und Ost-Berlin nach dem Nationalsozialismus, hrsg. von Frank Bösch und Andreas Wirsching, Göttingen 2018, S. 13–26, hier S. 20.
68. Hans Rothfels: Werden Historiker dem 20. Juli gerecht?, in: „Die Zeit" vom 18. Juli 1969.
69. Richard J. Evans: Introduction, in: Journal of Contemporary History 39.2 (2004), S. 163–167, hier S. 165. Eigene Übersetzung.
70. Mark Mazower: The Historian Who Was not Baffled by the Nazis, in: The New York Review of Books vom 22. Dezember 2016, S. 70–72, hier S. 71; Hermann Lübbe: Politischer Moralismus. Der Triumph der Gesinnung über die Urteilskraft, Berlin 2019.

Uta Zintler

Fasching und Karneval in der DDR

„Schulstunden des ‚Neuen Menschen'"

Das Feiern ist eine für den Menschen zentrale Kulturtechnik, wobei das damit
verbundene Erleben von Traditionen, Ritualen und Emotionen nicht nur für den
Einzelnen von großer Bedeutung ist: Neben individuellen oder auf kleine Grup-
pen beschränkten Feieranlässen gliedert der gemeinsame Festkalender einer
Gesellschaft deren Zeitgefüge und den Lebensrhythmus aller ihrer Mitglieder, er
trennt den Alltag vom (strukturierten) „Nicht-Alltag". Der Soziologe Winfried
Gebhardt differenziert dabei zwischen den Begriffen „Feier" und „Fest": Unter
„Feier" versteht er Formen eher ruhig-besinnlicher, kontemplativer sowie stärker stilisierter und ritualisierter Handlungen, die in erster Linie dazu dienten,
Werte zu bestätigen oder neue Werte zu setzen und dem Alltag einen spezifischen Sinn zuzuschreiben.[1] Unter dem Begriff „Fest" fasst er hingegen solche
institutionalisierten Durchbrechungen und Aufhebungen des Alltags und seiner
Ordnung, die stark emotional aufgeladen sind und sich durch Unplanbarkeit
sowie, in ihrer „idealtypischen Handlungsform", ein Moment der Ekstase auszeichneten.[2]

Sowohl Feste als auch Feiern sind dabei nicht nur „Pause" vom Alltag, sondern fungieren gleichzeitig als bedeutsame gesellschaftliche und politische
Integrationsfaktoren. Denn zum einen bestätigen sie den Feiernden ihre Zugehörigkeit zu einer Gemeinschaft, zum anderen können sie auch als eine Art Ven-
til dienen, da sie die gesellschaftlichen Macht- und Moralvorstellungen „zeitlich
begrenzt und rituell eingehegt" außer Kraft setzen und diese damit „für den Rest
des Jahres" festigen.[3] Gleichzeitig bedeutet dies auch, dass es für Gemeinschaften
möglich sein sollte, Integrationshemmnisse zu beseitigen, indem einem Inte-
grationsinteresse entgegenstehende Fest- und Feiertraditionen und die damit
verbundenen Konzepte keinen (öffentlichen) Raum mehr erhalten und damit
marginalisiert, umgedeutet oder sogar ganz ausgeschaltet werden. Insbesondere
für sich neu formierende Gemeinschaften spielt(e) daher die Frage, welche Feste
und Feiern in welcher Form begangen werden, eine große Rolle.

So ist es nicht verwunderlich, dass auch in der DDR die Etablierung eines
neuen Festkalenders und dessen Ausgestaltung im sozialistischen Sinne von
Anfang an von großer Bedeutung für die Kulturpolitik der SED war. Im Mittelpunkt standen dabei die stark politisch geprägten Feiern: der Erste Mai, der
Tag der Republik, der Internationale Frauentag – aber auch Anlässe wie die

Verleihung von Titeln oder Ehren- und Gedenktage für einzelne Berufsgruppen oder bedeutende Persönlichkeiten, wie der Tag des Lehrers, der Tag der NVA oder bis 1960 der Geburtstag des Präsidenten Wilhelm Pieck. Im Rahmen dieser Feiern konnten politisch relevante Inhalte, Symbole und Strukturen vermittelt oder verdeutlicht werden, sie dienten somit als „Schulstunden des ‚Neuen Menschen'".[4]

Daneben musste jedoch auch ein Umgang mit den traditionellen und oftmals gesellschaftlich tief verankerten Festen und Feiern gefunden werden. Zunächst behielten Neujahr, Karfreitag, der 1. und 2. Osterfeiertag, Christi Himmelfahrt, der 1. und 2. Pfingstfeiertag, der Bußtag, der 1. und 2. Weihnachtsfeiertag sowie je nach Landesgesetz der Reformationstag und Fronleichnam einen zentralen Platz im Festkalender der DDR als gesetzliche Feiertage,[5] wenngleich sie, im Gegensatz zu den „neuen", politisch geprägten Feiern, vor allem im privaten oder halböffentlichen Bereich (in Institutionen wie Schule, Kindergarten oder am Arbeitsplatz) begangen wurden. Der Umgang mit diesen Festtagen scheint dabei insgesamt als wenig problematisch empfunden worden zu sein, denn erst im Vorfeld und in Folge des VII. Parteitags der SED im April 1967 verloren Ostermontag, Christi Himmelfahrt, Fronleichnam, der Reformationstag und der Buß- und Bettag den Status als gesetzliche Feiertage,[6] über die Hälfte der christlich geprägten Feste blieb also bis zum Ende der DDR auch im offiziellen sozialistischen Festkalender erhalten. Hierbei mag insbesondere eine Rolle gespielt haben, dass der religiöse Charakter dieser Feste bzw. Feiertage bereits aufgrund einer allgemeinen Säkularisierungstendenz moderner (Industrie-) Gesellschaften in der Feierpraxis vieler Menschen in den Hintergrund getreten war. Eine Umdeutung insbesondere von Ostern und Weihnachten zu Brauchtums- und Familienfesten oder eine Neuinterpretation, wie sie beispielsweise das Pfingstfest erfuhr, an dem ab 1950 die „Pfingsttreffen der Jugend" abgehalten wurden, war daher gut möglich.

Problematischer scheint sich hingegen der Umgang mit Fasching, Fastnacht und Karneval gestaltet zu haben. Hält man sich an die Definition von Gebhardt, so entspricht die „fünfte Jahreszeit" am ehesten dem ekstatischen „Fest" – im Mittelpunkt steht das reine Vergnügen, das Ausbrechen aus den Normen und Ordnungen des Alltags, das (zeitweilige) Überschreiten von Grenzen. Daher spielten im Rahmen des Faschingsfestes politische Inhalte im Sinne der Vermittlung einer Staatsidee oder einer Steuerung durch staatliche Instanzen, die für die stark ritualisierten und politisch aufgeladenen „neuen" Feiern und Feiertage in der DDR von so großer Bedeutung waren, im Allgemeinen keine Rolle, und es boten sich auch wenig Anknüpfungspunkte zu einer entsprechenden Umdeutung von Inhalten. Zudem erschien eine Abdrängung in den privat-familiären

Bereich hier prinzipiell schwieriger, lebte doch das Faschingfeiern gerade davon, dass es in größeren Gruppen begangen wurde und dort eben die Möglichkeit zu einem temporären Infragestellen gesellschaftlicher Grenzen bot.

Wie wurde nun in der DDR mit diesem Fest umgegangen, das in seinem ganzen Charakter so weit entfernt war von den gut lenkbaren politischen Feiern, die die SED-Führung präferierte? Welche Rolle spielten die im Fasching so zentralen Elemente der Grenzüberschreitung, die – beispielsweise in Form kritischer Büttenreden – möglicherweise sogar als gefährlich wahrgenommen werden konnten? Welche Haltung nahmen Staat und Partei dazu ein und wie reagierte auf der anderen Seite die Bevölkerung?

Zu fragen ist an dieser Stelle insbesondere, ob es in der DDR zu einer Instrumentalisierung von Fasching und Karneval im Sinne einer Volksgemeinschaftsideologie kam, wie sie im NS-Staat zu beobachten ist, oder ob dies (möglicherweise auch in bewusster Abgrenzung zum Nationalsozialismus) unterblieb.

Zur Geschichte von Fasching, Fastnacht und Karneval in der DDR

Auch wenn es auf dem Gebiet der DDR keine beispielsweise dem rheinischen Karneval vergleichbaren Traditionen gab, war das Feiern der „fünften Jahreszeit" in der DDR relativ verbreitet.[7] Allerdings: „Den" Karneval oder Fasching in der DDR gab es nicht. Neben regionalen Besonderheiten wie der sorbischen Tradition des „Zapust" oder den Überschneidungen zwischen Faschings- und Karnevalstraditionen und der Jugendsubkultur der DDR in den 1970er und 1980er Jahren in Wasungen, auf die in diesem Rahmen nicht näher eingegangen werden kann,[8] gab es zum einen Unterschiede in Bezug auf Traditionen und die Intensität des Feierns.[9] Zum anderen kam es zwischen 1949 und 1990 immer wieder zu Veränderungen in der Haltung des Staates dem Karneval- und Fasching-Feiern gegenüber. Pauschalisierungen sind daher kaum möglich, es lassen sich allerdings Entwicklungslinien aufzeigen:

Vor 1945 gab es in den überwiegend protestantisch geprägten Gebieten, die zunächst die Sowjetische Besatzungszone bildeten und dann zur DDR wurden, keine ausgeprägte Karnevals- oder Faschingstradition. Lediglich in den Städten Wasungen in Südthüringen und Wittichenau in Sachsen lässt sich karnevalistisches Brauchtum bis in die Jahre 1524 beziehungsweise 1707 zurückverfolgen.[10]

Diese Ausgangslage kam der Kulturpolitik der SED zunächst sehr gelegen, denn Karneval galt ihr als „[k]leinbürgerliche und nutzlose Angelegenheit"[11] und zählte nicht zu den Traditionen, die in einem neu entstehenden sozialistischen

Staatswesen gepflegt werden sollten – die Werktätigen sollten lieber „die Höhen der Kultur" erstürmen.[12] Regionale Feste, wie Schützen-, Kirmes- oder eben Faschings- und Karnevalsfeste, entsprachen nicht den präferierten, aus der sozialistischen Festtradition des 19. Jahrhunderts stammenden politischen Massenfesten, die die Festkultur des neuen Staates prägen sollten – entsprechend wurden sie zunächst zwar geduldet, aber nicht gefördert.[13]

Nach den Erfahrungen und Entbehrungen der Kriegszeit war das Interesse der Bevölkerung an Kostüm- und Maskenfesten am Ende der 1940er Jahre jedoch groß,[14] wobei im Vordergrund weniger der Erhalt, die Pflege oder die neue Etablierung fastnachtlichen Brauchtums, sondern eher das Vergnügen stand. Bei den seit 1946 in lokalen Zeitungen regelmäßig angekündigten Kostüm- und Kappenfesten, Maskenbällen sowie Karnevalsveranstaltungen, auch „nach rheinischer Art",[15] ging es in erster Linie um „Spottlust, Spaß am Verkleiden, Überschreiten von Konventionen und ausgelassene Geselligkeit"[16]. Als Organisatoren fungierten zumeist private Gastwirte, „die mit der Wiederbelebung des kulturellen, geselligen und feuchtfröhlichen Lebens in den Orten ihr Geschäft im Auge hatten".[17]

Diese Diskrepanz zwischen dem Wunsch der Bevölkerung nach Unterhaltung und der ideologisch begründeten ablehnenden Haltung der Kulturpolitik spiegelt sich in den 1950er Jahren in einem widersprüchlichen Kurs: Allgemein war die Organisation von Karnevalsveranstaltungen dadurch erschwert, dass private Gaststätteninhaber in den Anfangsjahren der DDR aufgrund von Versorgungsengpässen und der Umwandlung der privaten in HO- und Konsum-Gaststätten generell unter Druck gerieten und damit Veranstaltungsorte rasch wieder entfielen.[18] Die Veranstaltungsorganisation konnte zudem nicht von Karnevalsvereinen aufgefangen werden, da auch diese als „bürgerlich" oder „kleinbürgerlich" galten und die Gründung von Vereinen, die unabhängig von den Massenorganisationen waren, verboten war.[19]

Nach der Erschütterung der jungen DDR durch den Volksaufstand am 17. Juni 1953 folgte jedoch eine kurze Phase der Entspannung: Faschings- und Karnevalstreiben wurde trotz der ideologischen Einwände toleriert, um die Stimmung in der Bevölkerung zu verbessern, und zwischen 1954 und 1956 kam es zur Gründung von etlichen Karnevalsgesellschaften.[20] Während in dieser Zeit als Organisatoren auf dem Land eher selbständige Handwerker, Gastwirte und Bauern auftraten, waren die Veranstaltungen in den Städten, aufgrund der immer geringer werdenden Zahl an privaten Gastwirtschaften, bereits verstärkt an Betriebe angebunden.[21] Daneben entstanden nun auch „Karnevalklubs" in anderen Bereichen, beispielsweise an der Universität Magdeburg und der Ingenieurschule Köthen. Hier spielte jedoch vermutlich nicht nur eine größere

Toleranz dem Thema Fasching gegenüber eine Rolle, sondern auch der Effekt, dass die beteiligten Studenten so besser überwacht werden konnten.[22] In dieser kurzen Phase wurde dem karnevalistischen Treiben stellenweise viel öffentlicher Raum gegeben. 1954 und 1955 wurde in Cottbus sogar angeordnet, dass der lokale Verein einen Rosenmontagsumzug abhält,[23] und auch in Magdeburg herrschte karnevalistische Stimmung: In beiden Jahren berichtete die lokale Presse von „Karnevalsfieber" und großen Feierlichkeiten, inklusive eines Rosenmontagsumzugs. Ähnliche Berichte hat der Karnevalist Harald Schulze für Halle zusammengetragen.[24]

Diese Phase einer weitgehend wohlwollenden Duldung von Karnevalsveranstaltungen bzw. sogar von Unterstützung „von oben" war allerdings nur von kurzer Dauer: Bereits 1956 wurde der Cottbusser Karnevalverein verboten,[25] in Köthen löste sich der Verein 1958 auf, nachdem Druck auf führende Persönlichkeiten ausgeübt worden und zudem im VEB Förderanlagen und Kranbau eine eigene „Kulturgruppe Karneval" gegründet worden war.[26] Im Zuge der Rücknahme des „Neuen Kurses" kam es zu weiteren Verboten von Karnevalklubs, vor allem an Hoch- und Fachschulen – da gerade Studenten den fastnachtlichen Rahmen für Spott und Kritik genutzt hatten.[27] Anhand etlicher von Schulze gesammelter Presseberichte aus den Jahren 1957 bis 1959 aus den noch kurze Zeit zuvor karnevalbegeisterten Städten Halle und Magdeburg lässt sich ebenfalls ein rasches Ende der karnevalistischen Betätigung in den dortigen Karnevalklubs erkennen.[28]

Schulze verweist dabei zwar auf die „sehr unterschiedliche Anwendung der SED-Kulturpolitik gegenüber den Karnevalsgesellschaften", denn manche seien verboten worden, andere hingegen nicht,[29] und auch Mohrmann stellt fest, dass „unauffällige[] lokale[] Feste" „unbehelligt von Kontrolle und Instruktionen geblieben" seien.[30] Insgesamt jedoch erhöhte sich ab den späten 1950er Jahren der Druck auf die nicht unter enger staatlicher Aufsicht organisierten Karnevalklubs; öffentliche Umzüge fanden nicht mehr statt und der Karneval verlagerte sich weitgehend in Betriebsklubs und Kulturhäuser.[31]

Dennoch blieb das Interesse der Bevölkerung an rein auf das Vergnügen ausgerichteten Faschingsfeierlichkeiten und „platter Unterhaltung" groß und so kam es im Zuge einer Erweiterung des Kulturbegriffs ab 1973 und der Neubelebung volkskultureller Traditionen in den 1970er und 1980er Jahren zu einer zweiten Gründungswelle von Karnevalklubs.[32] Reine Unterhaltung ohne erzieherisches Moment war nun von Seiten der SED-Kulturpolitik nicht mehr streng verpönt – und auch der Karneval wurde nicht mehr als „bürgerlich" oder „kleinbürgerlich" betrachtet, sondern als Teil des kulturellen Erbes und fand so einen neuen Platz im sozialistischen Festkalender. Als Gründer von Karnevalklubs traten in dieser

Phase vor allem örtliche Funktionäre in Erscheinung, denn die Klubs galten nun als „Volkskunstkollektive" oder „Freizeitzirkel" und wurden dem „künstlerischen Volksschaffen" oder der „kulturellen Massenarbeit" zugeordnet.[33] Sie konnten sogar von staatlicher Unterstützung profitieren und betriebliche oder kommunale Fördermittel beantragen, wenn sie mit Trägern (z. B. Betrieben) kooperierten und sich Prüfungs- und Einstufungsmaßnahmen unterzogen.[34]

Neben dem Aspekt der direkten finanziellen Förderung ergaben sich für die Klubs durch diese Einstufungen und Kooperationen mit einem Träger noch weitere Vorteile: Sie konnten nun auch Honorare verlangen und Eintrittspreise kalkulieren, erhielten Versicherungsschutz bei Unfällen und in besonderen Fällen konnten aktive Mitglieder von der Arbeit freigestellt werden.[35] Die Karnevalklubs waren daher auch nicht mehr angewiesen auf Unterstützung durch einzelne Personen, wie Bürgermeister oder Kulturhausleiter, sondern hatten direkte Ansprechpartner.[36]

Auf der anderen Seite bedeutete all dies für die Karnevalklubs aber auch Abhängigkeit, den Verlust von Selbständigkeit und eine Einengung von Freiräumen, unter Umständen sogar Einflussnahme auf die Gestaltung der Programme.

Dies tat jedoch der Beliebtheit von Karnevalklubs keinen Abbruch. In den 1980er Jahren kam es jedes Jahr zu etwa 150 Neugründungen, so dass der Zentrale Arbeitskreis für Karnevalklubs beim Zentralhaus für Kulturarbeit Leipzig im Jahr 1989 1344 Klubs mit mehr als 70000 Aktiven zählte, die jährlich ca. 15000 Veranstaltungen abhielten und dabei 6,5 Millionen Besucher erreichten.[37] Unter diesen Karnevalklubs gab es zahlreiche Kontakte, die zunächst meist zufällig entstanden und in einem eher privaten Rahmen stattfanden, beispielsweise in Form von Treffen der Präsidenten der Klubs.[38] Seit den späten 1970er Jahren jedoch liefen diese Kontakte zunehmend über das Ministerium für Kultur, die Präsidententreffen wurden vom Zentralhaus für Kulturarbeit Leipzig organisiert[39] und auch die Gründung des genannten Zentralen Arbeitskreises für Karnevalklubs erfolgte 1980 auf Anweisung des Kulturministeriums. Die Bildung von entsprechenden – ehrenamtlich arbeitenden – Arbeitskreisen auf Bezirksebene oblag der Entscheidung der Mitglieder des Rates für Kultur im jeweiligen Rat des Bezirks.[40] In den Arbeitskreisen fanden sich meist Vertreter der Klubs, aber auch der Betriebe und Genossenschaften, und ihre Aufgabe bestand vor allem darin, den Karneval „in eine niveauvolle sozialistische Lebensweise vor Ort einzubinden".[41] 1986 schließlich wurde mit der „Anordnung über die Rechtsstellung, Anleitung und Finanzierung ehrenamtlich geleiteter Karnevalklubs" die schon lange gängige Praxis der Zuordnung der Klubs zu einem Träger gesetzlich festgeschrieben.[42] Der organisierte Karneval wurde also immer stärker von der Kulturpolitik der SED vereinnahmt und kontrolliert.

Für die 1970er und 1980er Jahre stellt der Sozialwissenschaftler Thomas Ahbe dabei fest, dass es im „halböffentlichen Bereich", z. B. eben bei Karnevalsveranstaltungen, zwar „ein ständiges Ringen" gegeben habe zwischen den Organisatoren, die politische Einmischungen hätten zurückdrängen wollen, und der SED, die den „kulturvollen sozialistischen Charakter" des Festes habe sicherstellen wollen, „[i]nsgesamt trafen sich bei den größeren Volksfesten der DDR aber die Bedürfnisse der Bevölkerung mit denen der Funktionäre. Der Bevölkerung ging es um eine Auszeit vom Alltag, um Unterhaltung und Vergnügen – und den Funktionären um die Ritualisierung und Inszenierung von Normalität und eines gesellschaftlichen Konsenses."[43]

Die Haltung der SED-Kulturpolitik Fasching und Karneval gegenüber veränderte sich also in enger Abhängigkeit von den allgemeinen gesellschaftspolitischen Entwicklungen: Von einer stark ideologisch begründeten, sicher aber auch auf der Sorge vor der Wirkung beispielsweise kritischer Büttenreden beruhenden starken Ablehnung hin zu Akzeptanz und sogar organisatorischer Unterstützung. Hierbei ist allerdings nicht unbedingt von einer vollständigen Wandlung in der Wahrnehmung dieses Festes auszugehen – denn durch die seit den 1970er Jahren durchgeführten Maßnahmen zur Unterstützung von Fasching und Karneval ließen sich diese potenziell grenzüberschreitenden und politisch heiklen Veranstaltungen auch leichter überwachen und kontrollieren. Dass dies eine durchaus erfolgreiche Taktik war, um dem Karneval in der Praxis seine politische „Sprengkraft" zu nehmen, sieht auch der Karnevalexperte Hans Schubert so, wenn er schreibt, dass sich spätestens in den 1980er Jahren ein erfolgreicher Karneval etabliert hatte: „Die SED-Führung hatte begriffen, dass ihr davon keine größere Gefahr drohte, auch wenn es freche Ansagen und Büttenreden gab. Alles Misstrauen mit entsprechender Observation richtete sich mehr und mehr gegen Künstler der DDR."[44]

Die „fünfte Jahreszeit" in der Kulturpolitik der DDR

Die jeweils dominierende „offizielle" Haltung der DDR-Kulturpolitik zum Thema Karneval und Fastnacht lässt sich an einigen Büchern und Broschüren ablesen, die sich an ein entsprechendes Fachpublikum richteten:

1959 beispielsweise veröffentlichte der Politiker und Schriftsteller Herbert Gute, zu diesem Zeitpunkt Oberbürgermeister von Dresden, den über 250 Seiten starken Band „Von Neujahr bis Silvester. Die Fest-, Feier- und Gedenktage im Ablauf des Jahres". Zu dessen Zielsetzung heißt es im Vorwort: „Ich möchte ihnen [meinen marxistischen Freunden] durch die Erklärung der historischen Entwicklung zeigen, aus welchen Gründen die Bräuche und Gefühle fest im

Volksleben verwurzelt sind. Das möge sie befähigen, sorgsam und feinfühlig mit diesen Traditionen umzugehen und aus dem Begreifen ihrer Wandlungen geduldig an der Herausbildung des Neuen mitzuwirken."[45] Hier zeigt sich, dass es spätestens am Ende der 1950er Jahre, trotz der im Alltag erkennbaren Ablehnung von Fasching und Karneval, nicht mehr um eine rasche Abschaffung „bürgerlichen" oder allgemein nicht sozialistischen Brauchtums ging, sondern um einen veränderten Umgang damit – um durch dieses sensiblere Vorgehen auf lange Sicht die eigentlich erwünschten Ziele zu erreichen. Die in diesem Vorwort angesprochene Darstellung der historischen Entwicklung von Karneval und Fastnacht im entsprechenden Kapitel erweist sich dabei als stark marxistisch geprägt: Es handele sich bei diesem Fest um den „Rest eines uralten Frühlingsfestes" bzw. ein „alte[s] Fest der Fruchtbarkeitsmagie",[46] es wird verwiesen auf römische Missionare, die im 7. Jahrhundert „die Feudalisierung Galliens und Germaniens unterstützten, indem sie ihre Ideologie, das Christentum, einführten",[47] und die Entstehung von Fastenzeiten wird als Reaktion auf wiederkehrende Hungersnöte erklärt, die sowohl durch schlechtes Wetter als auch die „Habsucht der Ausbeuter" zustande gekommen seien.[48] Die Rolle des „Volkes" wird folgendermaßen beschrieben: „Dem Sack und der Asche setzte das Volk seine Lebensfreude entgegen. In dem Bewußtsein seiner Unüberwindlichkeit verspottete es die hohen Herrschaften während des Karnevals in einem solchen Maße, daß wiederholt die Narrenfreiheit und der ganze Karneval verboten wurden."[49] „Aber überall dort, wo die weltliche und die klerikale Despotie ihren größten Druck ausübten, trat der Fasching am tollsten und dreistesten in Erscheinung."[50] Dies gipfelt in der Feststellung: „Fröhlichkeit ist noch kein Fasching. Zu seinem Wesen gehören beißende Kritik an den gesellschaftlichen Zuständen und den Regierenden und das ironische Lachen, das bekanntlich tödlich enden kann."[51] Diese Deutung wird nun allerdings nicht mehr in Bezug zur Gegenwart der DDR gesetzt, im Gegenteil: Das Feiern von Karneval und Fasching in der DDR wird überhaupt nicht thematisiert, es heißt lediglich: „Der Kölner Karneval wird in vielen Städten Deutschlands nachgeahmt. Es zeigt sich jedoch, daß dort, wo die entsprechenden Voraussetzungen und Traditionen fehlen, das Fest im Volke nicht den rechten Widerhall findet."[52] – Fasching und Karneval erscheinen hier also als Teil eines historisch gewachsenen Brauchtums, das zwar noch „fest im Volksleben verwurzelt" ist, sich aufgrund der veränderten gesellschaftlichen Verhältnisse in der DDR aber überholt hat.

Diese Einschätzung erwies sich jedoch als falsch, Karneval und Fasching wurden von der Bevölkerung weiterhin sehr gerne gefeiert, und das Interesse, sich hier in Klubs und Vereinigungen einzubringen, nahm sogar noch zu. Statt weiter Verbote auszusprechen oder auf eine Wandlung, vielleicht sogar ein

Verschwinden dieses Festes zu hoffen, wurden Faschings- und Karnevalsveranstaltungen daher ab den 1970er Jahren akzeptiert, jedoch versucht, sie gleichzeitig stärker unter Kontrolle der SED-Kulturpolitik zu stellen. Die wichtigste
Maßnahme war hierbei sicherlich die „Anordnung über Anerkennung der
künstlerischen Qualität und Einstufung der Volkskunstkollektive und Solisten"
vom 25. Mai 1971, die es Karnevalklubs ermöglichte, als Ensemble der Volkskunst eingestuft zu werden und damit von organisatorischen und finanziellen
Vorteilen zu profitieren. Der Ablauf eines solchen Einstufungsverfahrens lässt
sich am Beispiel der Regelungen des Bezirkskabinetts für Kulturarbeit Halle aus
den 1970er Jahren aufzeigen:

Dort musste der Träger des Karnevalklubs die Einstufung bis zum 1. Oktober
eines Jahres für die folgende Saison beantragen, woraufhin eine von der Abteilung Kultur beim Rat des Kreises einberufene Jury (aus Vertretern des Rates des
Kreises, des Kreiskabinetts für Kulturarbeit, einem Vertreter der Trägereinrich-
tung, erfahrenen Karnevalisten sowie den jeweiligen Fachberatern der Unter-
haltungs- bzw. Volkskunst) das Programm einer öffentlichen Veranstaltung
begutachtete.[53]

Als Richtlinie bei der Einschätzung galt die Frage, ob das Karnevalsprogramm
„von Parteilichkeit, Volksverbundenheit und künstlerisch-ästhetischer Qualität
geprägt" war, „den wachsenden kulturellen Bedürfnissen breitester Bevölke-
rungsschichten nach Unterhaltung, Geselligkeit, Lebensfreude und Optimis-
mus" entsprach und somit „zur Bereicherung des geistig-kulturellen Lebens im
Territorium" beitragen konnte.[54]

Aufgrund der Unterschiedlichkeit der jeweiligen Programme und Voraussetzungen vor Ort erfolgte die Bewertung nicht einheitlich (beispielsweise nach
einem Punktesystem), allerdings wurden sechs Schwerpunkte gelegt: In Bezug
auf die inhaltliche Ausrichtung des Gesamtprogramms wurde eingeschätzt, „in
welchem Maße die politisch-ideologische Verantwortung und das kulturell-
ästhetische Vermögen der Karnevalisten zum Ausdruck kommt", denn „die
Hauptthemen des Programms sollten den aktuellen Erfordernissen entsprechen".
Angestrebt werden sollte dabei „[e]in gesundes Verhältnis zwischen Elementen
mit unterhaltendem Charakter und Darstellungen, in denen dem Sozialismus
wesensfremde Verhaltensweisen und Zustände mit Humor und Satire aufgezeigt
bzw. helfend kritisiert werden."[55] Daneben wurden der Aufbau des Programms
und die Umsetzung der konzeptionellen Idee betrachtet, die künstlerische
Umsetzung durch die einzelnen Darsteller, die Publikumswirksamkeit (also
wie die Besucher aktiviert wurden, am Programm teilzunehmen), die technische Umsetzung in den Bereichen Licht und Ton sowie Bühnendekoration und
Kostümierung und schließlich die „gesellschaftliche Aktivität". In Halle wurde

in diesem Bereich erwartet, dass die Karnevalklubs in enger Zusammenarbeit mit dem Träger „ein ganzjähriges Klubleben pflegen und auch außerhalb der Saison zu gesellschafts-politischen und territorialen Höhepunkten z. B. als Ensemble der Unterhaltungskunst oder mit solistischen Leistungen zum Einsatz kommen und damit einen weiteren Beitrag zum geistig-kulturellen Leben im Territorium leisten" sollten.[56] Von den Klubs, die eine Einstufung beantragten, wurde daher erwartet, dass sie einen konkreten Jahresarbeitsplan vorlegen und damit „den Kampf um den Titel ‚Hervorragendes Volkskunstkollektiv' aufnehmen" konnten.[57] Dieser Jahresarbeitsplan musste am Einstufungstag der Jury vorliegen, zusammen mit Konzeption und Programmablauf, einer Einschätzung des Trägers, den Texten der Büttenreden, Lieder und Sketche, einem Antrag auf Amortisation, Unterlagen zur Einstufung bereits eingestufter Kollektive des künstlerischen Volksschaffens außerhalb des Karnevalklubs, die aber zum Klub gehörten, sowie Angaben über Solisten und Kollektive, die als Fremdleistung im Programm mitwirkten und nicht ständig zum Klub gehörten.[58]

Aus der Einstufung eines Karnevalklubs in einer von drei Stufen resultierte eine finanzielle Unterstützung von bis zu 4, 6 oder 10 Mark pro Mitglied und Veranstaltung.[59] Die „Anerkennung der künstlerischen Qualität" galt für maximal drei Jahre und konnte widerrufen werden, wenn das Volkskunstkollektiv den gestellten „politischen, moralischen und künstlerischen Anforderungen nicht mehr gerecht" wurde.[60]

Was unter diesen Anforderungen zu verstehen war, wird beispielsweise in der 1978 am Zentralhaus für Kulturarbeit der DDR herausgegebenen Broschüre „Feste und Feiern im Territorium" deutlich, die sich an die Kulturschaffenden in den Bezirken und Kreisen richtete und klar zeigt, dass die zunehmende Akzeptanz von Unterhaltungsveranstaltungen weiterhin mit einem starken erzieherischen Anspruch einherging:

Zur Bedeutung von Festen jeder Art heißt es dort, dass sie

in jedem Fall zur Formung sozialistischer Persönlichkeiten und ihrer Lebensweise bei[tragen]. Sie fördern neue Lebensgewohnheiten und helfen überholte überwinden. Sie setzen Traditionen – eingeordnet in unsere gesellschaftlichen Bedingungen und Ansprüche – fort, geben ihnen einen neuen Inhalt oder tragen dazu bei, das sich hier und da noch als zählebig erweisende Alte abzulösen. (…) Sie festigen sozialistisches Staats- und Klassenbewußtsein, die Beziehung der Menschen untereinander und zum Kollektiv. Der Verstand und Gefühl gleichermaßen ansprechende Erlebnisgehalt trägt dazu bei, die sozialistischen Grundideen des Patriotismus und Internationalismus sowie der antiimperialistischen Solidarität tief im Denken und Handeln der Menschen zu verwurzeln.[61]

Auch „überkommene Traditionen, Sitten und Bräuche", wie eben Fasching und Karneval, sollten hier ihren Platz haben, da sie „die Beziehungen der Menschen zu ihrer engeren Heimat, das ‚Sich-dort-zu-Hause-Fühlen'" festigten und geeignet seien, die künstlerische Aktivität der Menschen zu wecken und zu fördern – jedoch immer unter der Voraussetzung, dass die Traditionen „dazu dienen, sozialistische Inhalte zu formen."[62]

Wie genau diese Formung aussehen sollte, führt die Broschüre jedoch nicht aus, es bleibt bei eher allgemeinen Überlegungen wie der, dass traditionelle Feste „entsprechend unseren Ansprüchen und Bedürfnissen heute variiert und ergänzt"[63] werden und der „progressive Kern" von Traditionen, Sitten und Bräuchen „ihre Bedeutung für uns heute als Überlieferung der Ansichten, Gefühle und Sehnsüchte der Werktätigen aus vergangenen Epochen" zum Anknüpfungspunkt für eine Festkultur werden sollten, die „von unseren heutigen Bedürfnissen und Ansprüchen geprägt ist."[64]

Ähnliches findet sich in einem Aufsatz von Kurt Könnicke, Direktor des Kreiskabinetts für Kulturarbeit Nebra und Präsident des LCV Laucha, der 1986 in der kleinen Broschüre „Karneval ernst und heiter" des Bezirkskabinetts für Kulturarbeit Halle erschien.[65] Unter der Überschrift „Man nehme... Zur politischen und künstlerischen Verantwortung der Karnevalisten" führt Könnicke beispielsweise aus:

„Gutes zu verarbeiten und närrisch zu verkaufen, gehört zum Karneval: denn ein Karnevalist sollte sich davor hüten, als negativer Kritiker geboren zu sein" und „Es geht mir bei der politischen und künstlerischen Gestaltung von Karnevalsprogrammen auch um das Wecken des Stolzes auf unsere Heimat, das Heimatgefühl. Wir wollen unterhalten und Geselligkeit verbreiten, als eine Voraussetzung dafür, daß man sich wohlfühlt, die Heimat und das sozialistische Vaterland liebt."[66] Die Karnevalisten trügen politische Verantwortung und entsprechend sollten im Karneval die sozialistische Ideologie und die Unterhaltung immer im Zusammenhang stehen. Zwar dürfe es in einem Karnevalsprogramm nicht darum gehen, „daß dieses wie ein politischer Schulungsabend abläuft", „Verhältnis und Wechselbeziehungen der sozialistischen Ideologie und Unterhaltung" sollten jedoch berücksichtigt werden.[67]

In der Programmgestaltung scheint sich diese „Wechselbeziehung" jedoch weniger stark niedergeschlagen zu haben, wie die Anregungen zeigen, die Könnicke selbst im Anschluss an seine eher theoretischen Überlegungen gibt: Für die Wahl eines Mottos verweist er auf Wilhelm Busch, Ringelnatz, Goethe, „um nur einige zu nennen", auch Sprichwörter und Aussprüche wie „Unnützes noch so billig gekauft ist immer teuer gekauft!" hätten „bei der Gestaltung von Karnevalprogrammen ihre volle Berechtigung".[68] Weitere Themenbeispiele, die Könnicke

nennt: „Närrisches Bordfest an Bord der MS…" („zur Ehrung des Partnerschiffs
der Stadt unserer Handelsflotte"), „Ein närrisches Winzerfest", „Im Hotel der
Stadt kocht der (jeweilige Karnevalsklub)", „Weidmannsheil" oder „Märchen
und Sagen, präsentiert zur Faschingszeit"[69] – wobei er den Hinweis ergänzt: „Sie
können kommunalpolitisch wirken, und auch beim Märchen einen Schritt in die
sogenannte ‚große Politik' tun."[70] Auch die Büttenreden sollten sich am jeweiligen Motto orientieren, als Themen empfiehlt er beispielsweise „Der Lösch-
meister von der Feuerwehr", „Hochzeiten und Scheidungen" (insbesondere das
Motto „Der Trauzeuge"), „Der Frauenheld", Ferien, der Stadtchronist oder der
Nachtwächter.[71]

   An diesen Beispielen zeigt sich deutlich, dass zwar durchaus versucht wurde,
den Karneval ideologisch zu vereinnahmen – allerdings bezog sich dies vor
allem darauf, für dieses Fest, das sich augenscheinlich nicht aus der Feierpraxis der Bevölkerung verdrängen ließ, eine Existenzberechtigung im sozialistischen Staat zu konstruieren. Der Einfluss dieser Überlegungen auf die konkrete
Ausgestaltung des Feierns scheint jedoch eher gering gewesen zu sein. Eine der
Vereinnahmung des Faschings für die Volksgemeinschaftsideologie im Nationalsozialismus vergleichbare Funktionalisierung, vor allem hinsichtlich von
Exklusionsmechanismen, ist nicht zu erkennen.

Karneval in der DDR

Der Historiker Hans Schubert trifft in Bezug auf die DDR eine begriffliche
Unterscheidung: „Fasching" bezeichne das in der Tendenz eher spontane, nicht
organisierte Geschehen, beispielsweise in Schulen, Kindergärten oder Betrieben
am 11.11. oder um Rosenmontag herum, „Karneval" sei eher mit organisierten
Formen des Vergnügens verbunden worden, wie dem Saalfasching oder Umzügen, die meist an Vereinsstrukturen im weitesten Sinne gebunden waren.[72] Diese
Unterscheidung soll im Folgenden übernommen werden.

   Beim Blick auf den Bereich des Karnevals in der DDR fällt zunächst auf, dass
der Straßenkarneval nur eine geringe Bedeutung hatte. Umzüge waren, von
wenigen Ausnahmen in den 1950er Jahren abgesehen, eher unüblich.[73] Hierbei
spielte sicherlich eine Rolle, dass es auf dem Gebiet der DDR bereits vor deren
Gründung wenig entsprechende Traditionen gab und eine Etablierung dieser
Art der Festgestaltung aufgrund der Ablehnung dieses „bürgerlichen" Festes
durch die SED gerade in den frühen Jahren der DDR verhindert wurde. Der Partei dürften dabei besonders die Ähnlichkeiten zum rheinischen Karneval sowie
die große Öffentlichkeitswirksamkeit des Straßenkarnevals als problematisch
erschienen sein.

Der Saalkarneval hingegen lockte zwar ebenfalls viele Besucher an, konnte jedoch einfacher beschränkt, kontrolliert und beeinflusst werden und etablierte sich daher bereits früh als fester Bestandteil der „fünften Jahreszeit" in der DDR.

Zu einer solchen Saalveranstaltung gehörten typische Unterhaltungselemente wie Tanzgruppen, gerne auch in Form eines Männerballetts, Gesangsdarbietungen und Livemusik, wobei Elemente aus dem Brauchtum zunehmend mit solchen aus der modernen Popkultur (Revue, Varieté, Theatralisierung) vermischt wurden.[74] Von besonderer Bedeutung war der Bereich der textlichen Beiträge, vor allem der Büttenreden.

Auf diesem politisch heiklen Feld gab es für die Karnevalisten einiges zu beachten:

> Büttenreden durften nicht frivol oder schlüpfrig sein, sie durften niemanden beleidigen oder bloßstellen, es sollte nichts übertrieben dargestellt werden und, und, und. Die SED-Politik bildete für die Büttenredner ein generelles Tabu. Lokale Probleme und Missstände, etwa Schlaglöcher, fehlende Straßenbeleuchtung oder durch Abwässer verunreinigte Straßen, konnten schon mal durch den „Kakao" gezogen werden. Wenn schon nicht die große Politik „kritikwürdig" sein durfte, so nutzte man doch die Kommunalpolitik, um seinen Frust loszuwerden. Kritik am Kleinen stand stellvertretend für die Gesamtpolitik – und wo konnte man das besser als beim Karneval. Er war das Ventil, über das man mal so richtig Dampf ablassen konnte.[75]

Die Verantwortung für die Texte lag beim jeweiligen Redner. Eine Vorzensur fand nicht generell statt, manche Klubs mussten allerdings Redebeiträge oder sogar Dekorationen vorher zur Begutachtung vorlegen.[76] Inwiefern und in welchem Maß politische Witze und Tabubrüche im Rahmen von Karnevalsveranstaltungen möglich waren, hing also von den jeweiligen örtlichen Gegebenheiten ab.[77] Dies führte dazu, dass Büttenreden sich häufig thematisch eher vorsichtig auf die Karikierung menschlicher Schwächen, lokale Mängel oder klassische Kalauer beschränkten und allenfalls Zweideutigkeiten, in die man Kritik an der DDR hineinlesen konnte, möglich waren.[78] Wie stark das Ministerium für Staatssicherheit Karnevalsveranstaltungen überwachte, ist bisher nicht umfänglich erforscht; entsprechende Aktenbestände sind meist direkt an Personen gebunden, nicht an das Thema „Karneval" im Allgemeinen. Einzelne Funde des Karnevalisten Harald Schulze für die Bezirke Halle und Magdeburg deuten jedoch darauf hin, dass das Karnevalsgeschehen dort von Anfang an sehr genau beobachtet wurde, wobei – wie zu erwarten – insbesondere Büttenreden im Blick waren. Dort sollten keinerlei politische und vor allem keine negativen Äußerungen vorkommen. Schulze schildert in diesem Zusammenhang zudem Möglichkeiten, missliebigen Karnevalisten das Leben schwer zu machen, beispielsweise durch umfassende Finanzprüfungen bei Klubmitgliedern, die noch eigene Betriebe hatten, oder durch Maßnahmen wie die Beanstandung von Saaldekorationen.[79]

Eine gezielte Instrumentalisierung des Karnevals und der Karnevalklubs zu politischen Zwecken ist also nicht erkennbar, allenfalls die angesprochene „Ventilfunktion" könnte hier eingeordnet werden – sie lässt sich auch durchaus mit Einrichtungen in der NS-Zeit vergleichen (siehe Beitrag Kißener). Das schwierige Verhältnis der SED zum Karneval bringt der Historiker Hans Schubert (mit Blick auf die 1970er Jahre) treffend auf den Punkt: „Die SED-Führung hatte offenbar begriffen, dass ihrem Machtanspruch seitens der Karnevalisten keine ernsthafte Gefahr drohte. Zumal in den Klubs ja auch oftmals treue SED-Mitglieder tätig waren. Das Misstrauen aber blieb, speziell gegen öffentliche Aufzüge von Karnevalisten jeglicher Art."[80]

Dass dieses Misstrauen durchaus berechtigt war, zeigt sich an den Entwicklungen in Wasungen, auf die hier allerdings nur kurz eingegangen werden kann: In der südthüringischen Stadt lässt sich der Karneval bis in das Jahr 1524 zurückverfolgen, und obwohl erst seit den 1930er Jahren „eine gewisse Kontinuität der alljährlichen Veranstaltungen existiert",[81] verschaffte der Verweis auf seine lange Geschichte dem Wasunger Karneval in der DDR große Freiräume, wie beispielsweise die Aufhebung der Sperrstunde in der Festwoche.[82] Gerade dies war wohl ein zentraler Grund, warum es in den 1970er und 1980er Jahren in Wasungen zu einer Überschneidung zwischen den traditionellen „fünf tollen Tagen" und der Jugendsubkultur der DDR kam:[83] Während der Faschingstage kamen „Kunden", „Blueser" und „Tramper" aus der ganzen Republik angereist, um zu feiern. In der Bevölkerung wurde diese Entwicklung mit gemischten Gefühlen betrachtet: Einerseits brachten die wegen ihrer Militärparkas sogenannten „Grünen" den Gaststätten zusätzliche Einnahmen und die Stadt richtete sich zunehmend vor allem auf die musikalischen Wünsche der Jugendlichen ein, es wurden in vielen Sälen Rock und Bluesrock gespielt und dazu die gerade beliebtesten Bands eingeladen.[84] Andererseits brachten die Jugendlichen eine massive Präsenz von Polizei und (weniger sichtbar) Staatssicherheit in die Stadt – denn das unangepasste Verhalten der „Langhaarigen" war der SED ein Dorn im Auge und die Polizei versuchte immer wieder, verdächtig aussehende Anreisende an der Weiterfahrt nach Wasungen zu hindern. Hierbei kam es auch zu Auseinandersetzungen, da die Bereitschaft der Jugendlichen, die Obrigkeit zu provozieren, insbesondere in den letzten Jahren der DDR anstieg.[85]

Und wenngleich der Karneval hier vor allem aufgrund der gegebenen Rahmenbedingungen als Anlass für ausgelassenes Feiern fungierte und sich ähnliche Phänomene auch für andere regionale Veranstaltungen wie den Zwiebelmarkt in Weimar, das Baumblütenfest in Werder, den Heiratsmarkt in Kaltennordheim oder Pressefeste in den Bezirksstädten feststellen lassen,[86] so ist doch eine politische Dimension nicht zu unterschätzen: Die Jugendlichen nutzten den kleinen Freiraum, der sich an diesem speziellen Ort zu dieser Zeit bot, um deutlich Unangepasstheit und Protest gegen den Staat zu demonstrieren – der karnevalistische Rahmen machte Wasungen in diesen Tagen zu einem „Hort der Renitenz und Rebellion, der herrschaftsfreien Orgie."[87]

Fasching in der DDR

Neben dem organisierten Karnevalsgeschehen in Klubs, das mit einer gewissen Form von Öffentlichkeit verbunden war, gab es in der DDR natürlich auch unorganisierte Formen des Fasching-Feierns, im privaten Rahmen oder innerhalb von gesellschaftlichen Einheiten wie der Brigade, der Schulklasse oder dem Kindergarten. Hierzu gibt es bislang kaum Forschungserkenntnisse.

Dabei lohnt besonders ein Blick auf den Bildungsbereich, denn dort, insbesondere im Kindergarten, wird ja stets grundlegendes Wissen über den Jahresverlauf vermittelt, wobei nicht nur die Jahreszeiten und Naturphänomene betrachtet werden, sondern auch der spezifische Festkalender einer Gesellschaft. Kinder, also die künftigen Erwachsenen, lernen dort frühzeitig, wie „man" Feste und Feiern in ihrer Gesellschaft „richtig" begeht.

Daher wird im Folgenden untersucht, ob sich im Bereich des Faschingfeierns im Kindergarten Tendenzen zur Instrumentalisierung erkennen lassen, war doch in dieser öffentlichen Institution ein größerer Einfluss auf das Festgeschehen möglich als in den Karnevalklubs, die, bei aller Kontrolle und Einbindung in gesellschaftliche Organisationsstrukturen, letztlich stets vom freiwilligen und privaten Engagement Einzelner lebten. Aufgrund der starken Zentralisierung des Bildungssystems der DDR, zu dem auch der Kindergarten gehörte, ist es dabei zudem möglich, Aussagen über informellere und unorganisierte Formen des Feierns zu treffen, die sich nicht nur auf die spezifischen Gegebenheiten an einem Ort oder in einer Einrichtung beziehen, sondern für die gesamte DDR zumindest ansatzweise verallgemeinerbar sind.

Aus dem sehr umfangreich vorhandenen Quellenmaterial aus dem Bereich der DDR-Bildungspolitik sollten bei Untersuchungen zum Kindergartenalltag zunächst die 1952, 1957, 1961, 1963/64, 1967 und 1985 veröffentlichten Bildungspläne betrachtet werden, die, ähnlich schulischen Lehrplänen, Vorgaben zu Zielen, konkreten Inhalten und Methoden der Kindergartenarbeit machten. Daneben bieten auch die einzige Fachzeitschrift für Erzieherinnen, die „Neue Erziehung im Kindergarten", sowie thematisch spezifischere Fachliteratur für Pädagoginnen zahlreiche Einblicke in den (idealen) Kindergartenalltag der DDR. Schließlich lohnt es noch, einen Blick auf die Materialien zu werfen, mit denen die Kinder selbst direkt konfrontiert wurden: Bücher, Geschichten, Gedichte und Lieder. Denn gerade die Kinderliteratur kann interessante Aufschlüsse darüber geben, welche konkreten Vorstellungen vom Leben in der DDR die Kinder entwickeln sollten, welche Wissensinhalte, Bilder und Symbole ihren Alltag begleiteten.

Dabei zeigt sich, dass Feste und Feiern im Kindergartenalltag der DDR nicht nur eine große Rolle spielten, sondern von Anfang an auch in ihrer besonderen gesellschaftlichen Bedeutung wahrgenommen wurden: 1951 heißt es beispielsweise in der Fachzeitschrift, Feiern seien „von größter erzieherischer Bedeutung und geeignet, das Bewußtsein der Menschen zu bilden."[88] Sowohl das erzieherische Potenzial der Feste als auch die Frage, wie genau eine dem Leben im „Arbeiter- und Bauernstaat" DDR angemessene Art des Feierns aussehen sollte, wurden in der pädagogischen Fachliteratur intensiv diskutiert. Dem Fest und dem Feiern wurden dabei zahlreiche Aufgaben zugeordnet: Es sollte genutzt werden, um die Kinder mit ihrem Heimatland vertraut zu machen, also zur Vermittlung von Kenntnissen.[89] Daneben schien der festliche Rahmen besonders geeignet, um den Kindern Ideale nahezubringen, wie den Frieden zu wollen und zu verteidigen, die Arbeit zu lieben, den Menschen und seine Arbeit zu achten, die Heimat zu lieben, für die Einheit des „friedliebenden demokratischen Deutschlands" zu kämpfen oder den Körper durch Sport zu stärken und zu ertüchtigen.[90] Aufgrund der umfangreichen und in der Gruppe durchgeführten Vorbereitungen konnte das Fest zudem auch der Stärkung des Kollektivs dienen und die Kinder konnten im Übernehmen kleiner Aufgaben Verantwortung und Organisieren lernen sowie gegenseitige Hilfe, Rücksichtnahme und Disziplin üben.[91] Auch zur ästhetischen Bildung sollte das Fest beitragen, über Musik und Dekoration. Und indem das Erlebnis dann im Spiel und im Gespräch nachvollzogen wurde, sollte das Feiern die Liebe der Kinder zum Kindergarten, die Gefühle untereinander und zu den Erwachsenen steigern und festigen helfen.[92]

Während jedoch zur Gestaltung der neuen Festtage der DDR wie dem Ersten Mai, dem Internationalen Frauentag, dem Tag der Republik und dem Kindertag reichlich pädagogische Literatur zur Verfügung stand und auch das Feiern der traditionellen Feste Weihnachten und Ostern zumindest thematisiert wurde, findet sich zu Fasching und Karneval fast kein Material – weder zur praktischen Ausgestaltung (wie dem Basteln von Kostümen und Dekoration) noch zu der Frage, wie eine auch inhaltlich politisch „korrekte" Faschingsfeier aussehen sollte:

In den Bildungsplänen wird Fasching kaum erwähnt, lediglich der insgesamt sehr stark methodisch anleitende Plan aus dem Jahr 1957 greift das Fest ausführlich auf und bietet zahlreiche, auffällig zeitlose Vorschläge zur Ausgestaltung: Neben der Anregung, die Kinder an allen ihnen gemäßen alten Volksbräuchen der Region zu beteiligen (was auch für Ostern und Weihnachten gelte), werden als mögliche Elemente der zwei- bis dreistündigen Faschingsfeier Kostüme, ein bunt geschmückter Raum, Konfetti, Tänze und Spiele, Musik und Lieder, eine Kinderkapelle, ein Umzug durchs Haus, ein Vorspiel der Erzieherinnen, das Ausgestalten der Feier unter einem Thema wie „Eisenbahnfahrt" oder „Zirkus" und als Leckereien Pfannkuchen, Lutscher und Brezeln empfohlen. Dass es sich hier um Vorschläge für eine Kinderfeier in der DDR handelt, lässt sich lediglich an den Hinweisen, dass es die Süßigkeiten in einer improvisierten „HO-Gaststätte" geben und dass sich am Vorspiel der Erzieherinnen auch das Elternaktiv beteiligen könne, erkennen.[93] Daneben führt nur noch der Plan von 1964 die Feier an, wobei lediglich mit einem Satz darauf hingewiesen wird, dass auch die jüngsten Kinder im Kindergarten schon an den Vorbereitungen und am Fest selbst teilnehmen sollen.[94] Auch in der weiteren pädagogischen Literatur und in der Zeitschrift gibt es kaum Beiträge zu diesem Thema, und diese sind inhaltlich ähnlich gelagert. Lediglich in einem Beitrag wird eine Feier geschildert, bei der der fastnachtliche Rahmen für politisch-ideologische Zwecke instrumentalisiert wurde:

In dem 1950 (also noch vor der Veröffentlichung des ersten offiziellen Bildungsplans) in der Fachzeitschrift erschienenen Artikel „Wir brauchen eine neue Festgestaltung"[95] beschreibt die Autorin unter anderem ein Faschingsfest, das 1949 oder 1950 in ihrer Einrichtung gefeiert wurde und sich in seinem stark didaktisch-erzieherischen Charakter deutlich von den üblichen Kinderfesten, die sich durch Umzug, Kreisspiele, Kaffeetafel, Wettspiele und Fackelzug auszeichneten, abhob. Unter dem Motto „Kinder aller Länder" habe der Kindergarten einen Nachmittag für Kinder und Eltern veranstaltet, bei dem die Kinder verkleidet als „Neger", „Indianer", „Russen" (so im Text, an späterer Stelle ist von „sowjetischen Kindern" die Rede), „Chinesen", „Holländer", „Eskimos", spanische und deutsche Kinder nacheinander auftraten und im Rahmen einer kleinen Geschichte, in der über das Leben in jedem Land etwas Typisches zu erfahren war, zu einem fröhlichen Fest zueinanderfanden. An den „offiziellen", didaktischen Teil, schloss sich eine zweite Phase des Feierns an, zu der Essen, Tanz und Wettspiele gehörten, wobei die Spiele einen klaren Bezug zu jeweils einem Land aufwiesen (z. B. „spanisches Pferderennen", Tellertragen der Chinesen, „russisches Hüpfen"). Die Autorin wertete die Arbeit so: „Gerade dieses Fest ‚Kinder aller Länder' bewies, in welch kindgemäßer Art es möglich ist, politisch fortschrittlich zu erziehen. Die Erziehung zur Freundschaft mit den anderen Völkern kann nicht früh genug beginnen. Und das nicht allein durch Worte.

Viel stärkere Begriffe von den Freuden und Leiden aller Kinder hinterließ in den Kindern das Spiel, weil sie selbst sich in die Rolle der anderen mit Hilfe ihrer Phantasie versetzten."[96] Das Fest sollte also weniger reine Vergnügungsveranstaltung sein und nur für sich stehen, sondern wurde für Zwecke der politischen Erziehung instrumentalisiert, zum Kennenlernen und Einüben erwünschter Verhaltensweisen, wobei typische und nicht an einen konkreten Inhalt gebundene (Kinder-) Festelemente (Essen, Spielen, Musik…) zwar beibehalten, jedoch der übergeordneten erzieherischen Aufgabe untergeordnet wurden.

Dieser Umgang mit dem Faschingsfest scheint jedoch wenig üblich gewesen zu sein. Die wenigen anderen Beiträge und Erfahrungsberichte in der Zeitschrift erwähnen Faschingslieder, besondere Attraktionen wie Würstchen- und Losbuden, Limonade, einen Umzug durch die umliegenden Straßen, Zauberkünstler oder Kaspertheater,[97] und die Texte beschränken sich zumeist darauf, die Erzieherinnen darauf hinzuweisen, dass Faschingsfeiern kindgerecht ausgestaltet werden sollen, dass z. B. von Bräuchen der Erwachsenen, wie dem Aufstellen einer Bar im Kindergarten, „Kußfreiheit" oder der Prämierung des besten Kostüms, abzusehen sei.[98] Hierbei handelt es sich also in erster Linie um pädagogische Hinweise, nicht um Vorschläge oder Beispiele zur Veränderung und Erneuerung des Faschingsfestes im Kindergarten.

Dabei wäre es durchaus vorstellbar, dass das Faschingsfest für das Kennenlernen oder Festigen von politisch erwünschten Inhalten hätte genutzt werden können, beispielsweise durch Tipps zur Gestaltung von thematischen Feiern ähnlich der oben beschriebenen. Auch spezifische Hinweise auf „erwünschte" Kostüme (vorstellbar wären hier Themen wie „Kosmonauten", „Traktoristen", Kinder anderer Länder…) oder gerade nicht erwünschte fehlen. Eine nicht repräsentative Internet-Recherche zu Fotos von Faschingsfeiern im Kindergarten der DDR zeigt sogar, dass häufig Clown-, Matrosen- und Berufskostüme sowie viele nicht eindeutig erkennbare Motive gewählt wurden, besonders beliebt aber Cowboy- und Indianerkostüme waren.[99]

Eine politische Instrumentalisierung des Faschingsfestes lässt sich daher (von Ausnahmen abgesehen) höchstens in einem allgemeinen Sinne erkennen, wie sich beispielhaft an dem Zeitschriftenbeitrag einer Erzieherin aus Leipzig 1956 zeigen lässt: In ihrer Einrichtung lag die pädagogische Nutzbarmachung vor allem in der Vorbereitung. Die Kinder halfen beim Backen, lernten dabei „die Arbeit der Mutter achten und schätzen", und übten ihre motorischen Fertigkeiten sowie das ästhetische Empfinden beim Herstellen von Raumschmuck. Das Fazit der Erzieherin:

Die Kinder lernten, daß man gut arbeiten muß, wenn man einen fröhlichen Festtag
verleben will. Sie nahmen aktiv und freudig an der Vorbereitung des Festes teil und
lernten, selbst eine Arbeit zu organisieren, bewußt ein Geheimnis zu wahren, gegenüber jüngeren Kindern hilfsbereit zu sein und sie zu erfreuen. Ihr Schönheitsempfinden
wurde durch das Zusammenstellen von Formen und Farben und die geschmackvolle
Ausgestaltung der Räume entwickelt.[100]

Nach 1956 finden sich in der Fachzeitschrift schließlich überhaupt keine Beiträge
mehr, was darauf hindeutet, dass Veränderungen in der Praxis des Faschingfeierns, ob in inhaltlicher Aussage oder Ausgestaltung, nicht für nötig befunden
wurden. Auch der Band „Feste und Feiern im Kindergarten", der 1962 erschien,
verweist im Kapitel „Fasching" nur auf „[b]unte Kostüme, lustige Lieder, fröhliche Spiele und Tänze, Musik und Frohsinn",[101] die Dekoration mit Girlanden
und Luftballons, Puppenspiel und Kaffeetafel.[102] Beispielhaft wird die „Kollegin
Brigitte G. aus M." zitiert, die als Ziel des Kinderfaschings nennt „Freude zu
bereiten und dazu beizutragen, daß Hemmungen überwunden werden, daß
die Phantasie angeregt wird und die Gemeinschaft enger zusammengeschlossen wird".[103] Eine politische Vereinnahmung des Faschings ist auch hier nicht
erkennbar.

Ein Blick auf die Kinderliteratur, die in den Bildungsplänen für den Gebrauch
im Kindergarten empfohlen wurde, bestätigt diesen Eindruck: Die wenigen Lieder und Gedichte zum Faschingsfest greifen nur die Themen „feiern und lustig
sein", „verkleiden", „tanzen und singen", „Spaß machen" oder „Pfannkuchen"
auf,[104] lediglich das 1987 veröffentlichte Lied „Faschingsfestzug"[105] lässt mit der
Erwähnung des Kostüms „Kosmonaut" überhaupt einen Bezug zur DDR erkennen. Geschichten oder Bilderbücher zum Thema fehlen gänzlich.

Es ist also zwar davon auszugehen, dass Fasching in den meisten Kindergärten der DDR gefeiert wurde, allerdings wohl zumeist in „klassischer" Form,
als lustiges Kostümfest. Eine stärker politische Funktion übernahm ab 1952 der
ähnlich angelegte „Internationale Kindertag" im Juni, der als fröhliches Kinder-
fest mit Spielen, besonderem Essen und häufig auch Verkleidungen sowie einem
Laternenumzug gefeiert wurde. Im Rahmen von Schilderungen zu diesem Tag
finden sich immer wieder politische Momente, wie z. B. die Feststellung, dass
es den Kindern in der DDR sehr gut gehe oder der Vergleich mit Kindern aus
anderen Ländern, bei dem die sozialistischen Staaten als positive, die „kapitalistischen" als negative Lebensumgebung für Kinder dargestellt wurden.[106] Wenn,
wie im oben geschilderten Fall aus den Anfangsjahren der DDR, ein stärker als
politisch einzuschätzendes Moment hinzukam, so handelte es sich dabei offensichtlich um eine Möglichkeit zur Gestaltung des Faschingsfestes, aber nicht um
eine Erwartung und allem Anschein nach auch nicht um eine häufig gewählte

Variante. Offizielle Anweisungen oder Vorgaben in dieser Richtung existierten nicht, es lässt sich auch von Seiten der Bildungspolitik, z. B. in den Plänen, der Fachzeitschrift und der Kinderliteratur, kein größeres Interesse erkennen, sich mit diesem Thema intensiver auseinanderzusetzen. Das Faschingsfest entzog sich augenscheinlich einer eindeutigen politischen Vereinnahmung.

Fazit

Obwohl im überwiegend protestantisch geprägten Osten Deutschlands nur vereinzelt historisch gewachsene Faschings- und Karnevalstraditionen existierten, wurde die „fünfte Jahreszeit" in der DDR vielerorts begangen. Nach Einschätzung der Forschung bestand das zentrale Anliegen der Feiernden und auch der immer zahlreicher werdenden Karnevalklubs dabei meist nicht darin, karnevalistisches Brauchtum zu pflegen, sondern einen Anlass zum ausgelassenen Feiern zu nutzen sowie zur Verbesserung und Erweiterung des Kultur- und Freizeitangebotes vor Ort beizutragen.[107] Daneben dürften allerdings auch durchaus als politisch zu wertende Faktoren eine Rolle gespielt haben: Gerade der Umstand, dass Fasching und Karneval eben nicht erkennbar von der staatlichen Kulturpolitik vereinnahmt waren, wie so viele andere Feieranlässe, und dass die Teilnahme völlig freiwillig war, hat vermutlich zur wachsenden Beliebtheit in der Bevölkerung beigetragen. Denn obwohl auch nach der kulturpolitischen Wende seit den 1970er Jahren noch Einschränkungen für die Karnevalisten bestanden und teilweise auch Eingriffe von staatlicher Seite aus vorkamen, wurden Karneval und Fasching als nicht „von oben" gelenkt wahrgenommen, sondern im Gegenteil als Möglichkeit, einmal „Dampf abzulassen".[108] Zudem gestaltete sich auch das Klubleben für DDR-Verhältnisse ungewöhnlich: „Man wurde nicht in den Karnevalklub delegiert, man machte dort mit, weil man es wollte. Man wählte selbst seinen Vorstand, dabei spielten Parteibuch und gesellschaftliche Position keine Rolle. Wenn nötig, konnte man ihn auch wieder abwählen. Das war bis dahin unbekannte und in keiner anderen Gruppierung praktizierte Demokratie."[109]

Gleichzeitig sollten aber die Möglichkeiten, in diesem Rahmen eine Art „Gegenkultur" zu pflegen, nicht überschätzt werden:

Zwar lässt sich eine offensive Instrumentalisierung von Fasching und Karneval für politische Zwecke durch die Kulturpolitik der DDR insgesamt nicht feststellen, jedoch kann auch diese Zurückhaltung als durchaus politisch motiviert eingeschätzt werden. Dabei scheint zunächst weniger die bewusste Abgrenzung von entsprechenden Tendenzen im Nationalsozialismus eine Rolle gespielt zu haben als vielmehr die ideologische Problematik, dass der Charakter dieses Festes, zu dem zentrale Aspekte wie das Ausbrechen aus dem Alltag,

Grenzüberschreitungen und Spottlust der Obrigkeit gegenüber gehören, nicht zu den Vorstellungen der SED von sozialistischem Leben und Feiern passte. Dass diese Ablehnung des „(klein)bürgerlichen" Karneval- und Faschingfeierns im Lauf der Zeit einer Duldung, Akzeptanz und schließlich sogar Unterstützung und Förderung durch die Kulturpolitik wich, hatte vermutlich mehrere Gründe: Zum einen wäre das Festhalten an den Einschränkungen der ersten Jahre für die stets unter Legitimationsdruck stehende DDR-Führung auf lange Sicht nur schwer vermittelbar gewesen und hätte für Unmut in der Bevölkerung sorgen können. Zum anderen zeigte sich für die SED zunehmend, dass Fasching und Karneval nicht zwangsläufig eine Bedrohung darstellten; denn „Narren stellten den kulturellen Konsens der DDR nicht in Frage."[110] Zudem ermöglichte es die Integration des Karnevals in die sozialistische Gesellschaft, stärkere Kontrolle über die Feiernden auszuüben und so mögliche Grenzüberschreitungen zu unterbinden oder zumindest rasch ahnden zu können. Die Zugeständnisse an die Karnevalisten und das weitgehende Ignorieren des nicht organisierten Faschings lassen sich also durchaus als Maßnahmen zur Systemstabilisierung werten – eine der Volksgemeinschaftsideologie des Nationalsozialismus ähnelnde Instrumentalisierung von Fasching und Karneval ist hingegen in der DDR nicht feststellbar.

Anmerkungen

1. Vgl. Winfried Gebhardt: Fest, Feier und Alltag. Über die gesellschaftliche Wirklichkeit des Menschen und ihre Deutung, Frankfurt a. M. 1987, S. 63–74.
2. Vgl. Gebhardt (Anm. 1), S. 52–63, insbes. S. 54 f. Dieser Blick auf das Fest als „Exzess", Flucht aus der Wirklichkeit und Freigabe von ansonsten Verbotenem findet sich u. a. bei Siegmund Freud und Emile Durkheim. Dazu ebd., S. 37 f.
3. Vgl. Thomas Ahbe: Feiertage der DDR – Feiern in der DDR. Zwischen Umerziehung und Eigensinn, Erfurt 2017, S. 7 f.
4. Malte Rolf: Die Feste der Macht und die Macht der Feste. Fest und Diktatur – zur Einleitung, in: Journal of Modern European History 4.1 (2006), S. 39–59, hier S. 47.
5. Vgl. Verordnung über die Wahrung der Rechte der Werktätigen und über die Regelung der Entlohnung der Arbeiter und Angestellten vom 20. Mai 1952, Gesetzblatt der DDR, Teil I, Nr. 64/1952, S. 378.
6. Vgl. Verordnung über die durchgängige 5-Tage-Arbeitswoche und die Verkürzung der wöchentlichen Arbeitszeit bei gleichzeitiger Neuregelung der Arbeitszeit in einigen Wochen mit Feiertagen vom 3. Mai 1967, in: Gesetzblatt der DDR, Teil II, Nr. 38/1967, S. 237. In § 7, Abs. 1 (a) wurde darüber hinaus auch die Arbeitszeit neu geregelt, so dass in der Woche nach Ostern bzw. Pfingsten von Montag bzw. Dienstag bis Samstag gearbeitet wurde, um den Karfreitag bzw. den Pfingstmontag „auszugleichen".

Faktisch waren damit auch die verbliebenen christlichen Feiertage keine arbeitsfreien Tage mehr.

7. Vgl. Ute Mohrmann: Lust auf Feste. Zur Festkultur in der DDR, in: Vergnügen in der DDR, hg. von Ulrike Häußer und Marcus Merkel, Berlin 2009, S. 32–51, hier S. 32.

8. Vgl. dazu Daniel Weißbrodt: Karneval in Wasungen. Das Volksfest als subkulturelles Happening, in: Bye bye, Lübben City. Bluesfreaks, Tramps und Hippies in der DDR, hg. von Thomas Kochan und Michael Rauhut, Berlin 2004, S. 306–320.

9. Vgl. Hans Schubert: Altes Vergnügen im neuen Gewand. Karnevalklubs zwischen Frohsinn und Zensur, in: Vergnügen in der DDR, hg. von Ulrike Häußer und Marcus Merkel, Berlin 2009, S. 52–67, hier S. 59.

10. Vgl. Gerd Dietrich: Kulturgeschichte der DDR. Band 2: Kultur in der Bildungsgesellschaft 1957–1976, Göttingen 2018, S. 1404 sowie Schubert (Anm. 9), S. 53.

11. Ahbe (Anm. 3), S. 81.

12. Ebd.

13. Vgl. Michael Hofmann: Jubeln – Trubeln – Heitersein. Zur ostdeutschen Volksfestivalisierung, in: Vergnügen in der DDR, hg. von Ulrike Häußer und Marcus Merkel, Berlin 2009, S. 21–31, hier S. 22–23.

14. Vgl. Schubert (Anm. 9), S. 53 sowie Dietrich (Anm. 10), S. 1404.

15. Harald Schulze: Mummenschanz und Narrenfest. Karneval in der preußischen Provinz Sachsen und den DDR-Bezirken Halle und Magdeburg, Dössel 2005, S. 52–53.

16. Schubert (Anm. 9), S. 53.

17. Schulze (Anm. 15), S. 53.

18. Vgl. Ahbe (Anm. 3), S. 82.

19. Vgl. Schubert (Anm. 9), S. 56 sowie Dietrich (Anm. 10), S. 1404.

20. Vgl. Dietrich (Anm. 10), S. 1404–1405 sowie Schulze (Anm. 15), S. 62.

21. Vgl. Schulze (Anm. 15), S. 63.

22. Vgl. Schulze (Anm. 15), S. 63, 107–109.

23. Vgl. Ahbe (Anm. 3), S. 82–83.

24. Vgl. Schulze (Anm. 15), S. 59 sowie S. 62.

25. Vgl. Ahbe (Anm. 3), S. 82–83.

26. Vgl. Schulze (Anm. 15), S. 59–60.

27. Vgl. Ahbe (Anm. 3), S. 82 sowie Schubert (Anm. 9), S. 57.

28. Vgl. Schulze (Anm. 15), S. 59–62.

29. Vgl. Schulze (Anm. 15), S. S. 63.

30. Vgl. Mohrmann (Anm. 7), S. 39.

31. Vgl. Dietrich (Anm. 10), S. 1405.

32. Vgl. Schubert (Anm. 9), S. 58. Zur Neubelebung volkskultureller Traditionen vgl. auch Mohrmann (Anm. 7), S. 44–47.

33. Vgl. Dietrich (Anm. 10), S. 1405; Ahbe (Anm. 3), S. 84 sowie Schulze (Anm. 15), S. 66.

34. Vgl. Ahbe (Anm. 3), S. 84; Dietrich (Anm. 10), S. 1406; ders.: Kulturgeschichte der DDR. Band 3. Kultur in der Konsumgesellschaft 1977–1990, Göttingen 2018, S. 2004; Schubert (Anm. 9), S. 58; sowie Schulze (Anm. 15), S. 72.

35. Vgl. Dietrich (Anm. 34), S. 2004 sowie Schulze (Anm. 15), S. 73.

36. Vgl. Schulze (Anm. 15), S. 101.

37. Vgl. Dietrich (Anm. 34), S. 2004 sowie Ahbe (Anm. 3), S. 81.
38. Vgl. Schulze (Anm. 15), S. 93.
39. Vgl. ebd., S. 93–94.
40. Vgl. ebd., S. 73. Zur Auflösung des Zentralen Arbeitskreises Karneval und der Ent-stehung neuer Strukturen siehe ebd., S. 116–119.
41. Dietrich (Anm. 34), S. 2004.
42. Vgl. Anordnung über die Rechtsstellung, Anleitung und Finanzierung ehrenamtlich geleiteter Karnevalklubs vom 21. Juli 1986, in: Gesetzblatt der DDR, Teil I, Nr. 26/1986, S. 382.
43. Ahbe (Anm. 3), S. 125–126.
44. Hans Schubert: Fastnachtliche Bräuche in Brandenburg und Berlin. Von den Anfängen bis zur Gegenwart, Berlin 2012, S. 164.
45. Herbert Gute: Von Neujahr bis Silvester. Die Fest-, Feier- und Gedenktage im Ablauf des Jahres, Rudolstadt 1959, S. 6. Als Feste werden hier aufgeführt: das Neujahrs-fest und Silvester, das Dreikönigsfest, die Gedenktage für die Opfer des Kampfes um die Befreiung der Menschheit von Ausbeutung und Unterdrückung, Petri Stuhlfeier, Lichtmeß, Karneval und Fastnacht, die Marienfeste, der internationale Frauentag, die Osterzeit, die Maifeier, der Befreiungstag, die Pfingstzeit, die Kalenderheiligen, der Gründungstag der Deutschen Demokratischen Republik, Weihnachten und Silvester.
46. Gute (Anm. 45), S. 72–73.
47. Ebd., S 73.
48. Ebd., S. 75.
49. Ebd., S. 76.
50. Ebd., S. 77.
51. Ebd., S. 77.
52. Ebd., S. 79.
53. Vgl. Jörg Schönke: Müssen Karnevalklubs eingestuft werden? In: Karneval ernst und heiter, hg. vom Bezirkskabinett für Kulturarbeit Halle, Halle 1986, S. 40–45, hier S. 41.
54. Vgl. ebd., S. 40.
55. Vgl. ebd., S. 42.
56. Vgl. ebd., S. 42–44.
57. Vgl. ebd., S. 44.
58. Vgl. ebd., S. 45.
59. Vgl. § 3 Abs. 1 Anordnung über Anerkennung der künstlerischen Qualität und Einstufung der Volkskunstkollektive und Solisten, in: Gesetzblatt der DDR, Teil II, Nr. 48/1971, S. 366.
60. Vgl. §2 Abs. 5–6 Anordnung über Anerkennung der künstlerischen Qualität und Einstufung der Volkskunstkollektive und Solisten, in: Gesetzblatt der DDR, Teil II, Nr. 48/1971, S. 366.
61. Klaus Hörhold (u.a.): Feste und Feiern im Territorium, Leipzig 1978, S. 14.
62. Vgl. ebd., S. 10.
63. Ebd., S. 80.
64. Ebd., S. 81.

65. Kurt Könnicke: Man nehme… Zur politischen und künstlerischen Verantwortung der Karnevalisten, in: Karneval ernst und heiter, hg. vom Bezirkskabinett für Kulturarbeit Halle, Halle 1986, S. 3–13.

66. Ebd., S. 3.

67. Vgl. ebd., S. 5.

68. Ebd., S. 6.

69. Ebd., S. 9.

70. Ebd., S. 10.

71. Vgl. ebd., S. 10–11.

72. Vgl. Schubert (Anm. 44), S. 153.

73. Vgl. Schulze (Anm. 15), S. 77 sowie Dietrich (Anm. 10), S. 1404–1405.

74. Vgl. Schulze (Anm. 15), S. 82 sowie Dietrich (Anm. 34), S. 2005.

75. Schulze (Anm. 15), S. 82.

76. Vgl. Dietrich (Anm. 34), S. 2005 sowie Ahbe (Anm. 3), S. 86.

77. Vgl. dazu auch Schulze (Anm. 15), S. 88.

78. Vgl. Ahbe (Anm. 3), S. 87.

79. Vgl. Schulze (Anm. 15), 107–113.

80. Schubert (Anm. 9), S. 59.

81. Weißbrodt (Anm. 8), S. 306.

82. Vgl. Ebd., S. 307.

83. Ahbe (Anm. 3), S. 89.

84. Vgl. Ahbe (Anm. 3), S. 89–91 sowie Weißbrodt (Anm. 8), S. 307, 310, 311.

85. Vgl. Weißbrodt (Anm. 8), S. 312–319.

86. Vgl. ebd., S. 317.

87. Ebd., S. 319.

88. Marianne Hoffmann: Gedanken über die Gestaltung von Festen und Feiern, in: Neue Erziehung im Kindergarten 10 (1951), S. 11–12, hier S. 12.

89. Vgl. Trudemie Fenske: Kritische Betrachtungen und Verbesserungsvorschläge zur Fest- und Feiergestaltung, 1. Teil, in: Neue Erziehung im Kindergarten 11 (1951), S. 14–16, hier S. 14.

90. Vgl. Hoffmann (Anm. 88), S. 12.

91. Vgl. Elisabeth Laffin: Feste und Feiern im Kindergarten, Berlin 1962, S. 5–6, 9.

92. Vgl. ebd., S. 9 sowie Anita Sieb: Zur Fest- und Feiergestaltung, in: Neue Erziehung im Kindergarten 10 (1956), S. 14–15, hier S. 14.

93. Vgl. Erziehung im Kindergarten, hg. vom Deutschen Pädagogischen Zentralinstitut, Berlin ²1958, S. 43, 115–116, 152, 198–199.

94. Vgl. Bildungs- und Erziehungsplan des Kindergartens. Quartalspläne für die Arbeit in der jüngeren und mittleren Gruppe, hg. vom Deutschen Pädagogischen Zentralinstitut, Berlin 1964, S. 49.

95. Vgl. Trudemie Fenske: Wir brauchen eine neue Festgestaltung, in: Neue Erziehung im Kindergarten 9 (1950), S. 9–12. Die Autorin war neben ihrer Tätigkeit als Erzieherin zu diesem Zeitpunkt auch am Deutschen Pädagogischen Zentralinstitut (DPZI) tätig, der zentralen außeruniversitären und eng mit dem Ministerium für Volksbildung verbundenen pädagogischen Forschungseinrichtung in der DDR.

96. Ebd., S. 12.
97. Brigitte Klepp: So feierten wir Fasching, in: Neue Erziehung im Kindergarten 3 (1956), S. 7–8 sowie Laffin (Anm. 91), S. 26–28.
98. Vgl. Laffin (Anm. 91), S. 27–29.
99. Vgl. hierzu beispielsweise die Bilder aus dem DDR-Bildarchiv, https://www.ddrbildarchiv.de/search.php (Aufruf am 15.03.2020), wobei hier hauptsächlich Bilder aus den 1970er Jahren zu finden sind. Weitere Stichproben über Suchmaschinen bestätigen diesen Eindruck.
100. Klepp (Anm. 97), S. 8.
101. Laffin (Anm. 91), S. 27.
102. Ebd., S. 27–28.
103. Ebd., S. 28.
104. Vgl. Waltraud Singer: Reime, Gedichte, Geschichten für den Kindergarten, Berlin 1968, S. 61–64; Sieben Blumensträuße. Reime und Gedichte für den Kindergarten, hg. von Hans-Otto Tiede, Berlin [3]1987, S. 104–106; Liederbuch für die Vorschulerziehung, Berlin 1952, S. 73; Spiele und Lieder für die Vorschulerziehung, hg. vom Deutschen Pädagogischen Zentralinstitut, Berlin 1954, S. 108; Annina Hartung und Ursula Harwarth: Wir singen mit den Jüngsten. Eine Liedsammlung für Kindergarten und Familie, Berlin 1957, S. 131–134; Sputnik, Sputnik, kreise. Ein Liederbuch für die Vorschulerziehung, hg. von Fritz Bachmann (u.a.), Leipzig [10]1980, S. 126; Singen macht Spaß. Lieder für Vorschulkinder, hg. von Annina Hartung, Berlin 1987, S. 176–180.
105. Vgl. Singen macht Spaß (Anm. 104), S. 179.
106. Vgl. Ziele und Aufgaben der vorschulischen Erziehung, hg. vom Deutschen Pädagogischen Zentralinstitut Abteilung Theorie, Berlin [2]1952, S. 36, 60; Ingeburg Hoppe (u.a.): Sozialistisch erziehen – allseitig bilden – auf die Schule vorbereiten, Berlin 1961, S. 127; Bildungs- und Erziehungsplan des Kindergartens. Quartalspläne für die Arbeit in der älteren Gruppe, hg. vom Deutschen Pädagogischen Zentralinstitut, Berlin 1963, S. 79; Edith Buchholz: Zur Vorbereitung auf den Tag, in: Neue Erziehung im Kindergarten 9 (1955), S. 8.
107. Vgl. Schulze (Anm. 15), S. 66 sowie Dietrich (Anm. 10), S. 1405.
108. Dietrich (Anm. 10), S. 1406 sowie Schulze (Anm. 15), S. 66.
109. Schulze (Anm. 15), S. 66.
110. Ahbe (Anm. 3), S. 18.

III. Perspektiven des Vergleichs

Marcus Leifeld

Volksgemeinschaft im Kölner Karneval?

Die rheinische Metropole Köln gehört – genauso wie Mainz – zu den traditionsreichen Karnevalshochburgen.[1] Seit dem Hochmittelalter hat das Fest eine große Bedeutung für die städtische Gesellschaft. Auch der Nationalsozialismus erkannte dies und suchte seine Ziele mit Hilfe des Karnevals zu verfolgen: Das organisierte Fest sollte der Ankurbelung von Wirtschaft und Tourismus dienen, gleichzeitig die Massen unterhalten und „bei Laune halten", um über hohe Arbeitsbelastungen, mangelhafte Versorgung und Terror des NS-Unrechtstaates hinwegzutäuschen. Der dazu notwendige Ausbau des Festes lag im Interesse der kommunalen NS-Amtsträger und Parteifunktionäre wie auch der Karnevalisten. Darüber hinaus sollten zentrale politische und ideologische Ziele des NS-Staates über die Motivwagen der Rosenmontagszüge, über Lieder und Büttenreden in den Saalveranstaltungen einem breiten Publikum nähergebracht werden. Das Karnevalsfest entwickelte sich damit zu einem systemstabilisierenden Ort der „Zustimmung zur Welt" wie auch zu einem „Ort der Manipulation und Indoktrination".[2] Diese Befunde können mittlerweile als gesichertes historisches Wissen über den Kölner Karneval im Nationalsozialismus bezeichnet werden – lassen sie sich vielleicht auch unter dem Forschungsparadigma der nationalsozialistischen „Volksgemeinschaft" interpretieren und womöglich besser verstehen und einordnen? Dieser Frage will der folgende Beitrag nachgehen.

Die Quellenlage dafür ist günstig. Aufgrund der Bedeutung des Festes und seines hohen Organisationsgrades liegt eine Vielzahl von Quellen vor.[3] Das „Festkomitee des Kölner Karnevals" als eine Art von Dachverband und die rund 35 diesem angeschlossenen Karnevalsgesellschaften haben zwischen 1933 und 1945 in hohem Maße Schriftgut und Bilder produziert, die im Festkomitee- und in einzelnen Vereinsarchiven vorliegen. Dazu gehören Sammlungen von Reden und Liederheften[4], vom Festkomitee beauftragte Fotodokumentationen der Rosenmontagszüge[5] sowie Entwurfszeichnungen für Motivwagen[6]. Hinzu kommt eine dichte Presseberichterstattung der bürgerlichen und der NS-Medien.

Die auf Auswertung dieser gut zugänglichen Quellen basierenden Untersuchungsergebnisse stellen aber nur die eine Analyse- und Bedeutungsebene dar, auf der wesentliche Fragen in Bezug auf die politische Instrumentalisierung unbeantwortet bleiben müssen. Denn Ausgestaltung und Inhalte des Festes in den 1930er Jahren sind nur verständlich, wenn sie als Ergebnis komplexer

Aushandlungsprozesse verstanden werden. Wie in kaum einem anderen gesellschaftlichen Bereich in Köln interagierten dabei kommunale NS-Behörden und Einrichtungen, Parteistellen, bürgerliche Gruppen, Sozialdemokraten, Kommunisten, jüdische und nicht-jüdische Karnevalisten, Intellektuelle und Künstler, schließlich auch verschiedene Reichsministerien.

Mit dem Blick auf diese Aushandlungsprozesse lässt sich ermitteln, in welchem Maße NS-Herrschaft auf lokaler Ebene umgesetzt werden konnte[7]: In welcher Weise waren die NS-Herrschaftsträger in der Lage, ihre ideologischen und politischen Vorstellungen umzusetzen? In welchem Maße mussten die NS-Machthaber dabei auf gesellschaftliche Gruppen eingehen? Welche Handlungsspielräume hatten die gesellschaftlichen Gruppen? Oder anders gefragt: Inwieweit konnte der Nationalsozialismus die heterogenen demokratischen Gesellschaftsstrukturen und die bürgerliche Wertewelt überwinden und durch eine rassistische bzw. klassenlose „Volksgemeinschaft" ersetzen bzw. diese zumindest in Aussicht stellen?[8]

Für die Offenlegung der komplexen Aushandlungsprozesse muss eine möglichst breite Quellenbasis herangezogen werden.[9] In die Analyse mit aufgenommen werden sollten erstens Akten der nationalsozialistischen Behörden, Einrichtungen und des Verfolgungsapparates. Dazu gehören die monatlichen Lageberichte der Geheimen Staatspolizei (Gestapo) Köln, die bis 1936 an die Zentrale in Berlin geschickt wurden. Sie vermitteln Vorgänge im Karneval jenseits des in der Öffentlichkeit propagierten Bildes. Dazu gehören ferner innenpolitische Berichte des Sicherheitsdienstes des Reichsführers-SS, Unterlagen des Sondergerichts Köln, Presseanweisungen des „Reichsministeriums für Volksaufklärung und Propaganda" u.a. Betrachtet werden sollten zweitens Berichte und Publikationen der von den Nationalsozialisten ausgegrenzten und verfolgten Gruppen, welche die Vorgänge im Kölner Karneval beobachteten und kritisch kommentierten. Dazu gehören das „Gemeindeblatt der Synagogengemeinde Köln", das Nachrichtenblatt „Aufbau" des German Jewish Club Inc., New York, die Deutschland-Berichte der Sozialdemokratischen Partei Deutschlands (Sopade) im Ausland sowie deren Publikationsorgan „Neuer Vorwärts"[10], Berichte kommunistischer Widerstandsgruppen[11], schließlich auch die von Künstlern und Intellektuellen im Pariser Exil herausgegebenen Zeitungen „Pariser Tageblatt" und „Pariser Zeitung".[12] Schließlich sind drittens biographische Unterlagen zu berücksichtigen, die mögliche Motivationshintergründe für konkretes Handeln der Karnevalisten, Künstler, NS-Parteifunktionäre und Amtsträger aufdecken lassen. Dazu gehören private Nachlässe, die Mitgliederunterlagen der NSDAP und der Reichskulturkammer, Entnazifizierungsakten, Akten der sogenannten Wiedergutmachungsverfahren usw.

Erst mit Hilfe dieser Quellen lassen sich die komplexen Vorgänge auch jenseits des öffentlich wahrnehmbaren Festgeschehens erforschen und der Wert des Forschungsparadigmas „Volksgemeinschaft" für die Analyse des Kölner Karnevals im Nationalsozialismus ermessen. Im Folgenden soll das exemplarisch an zwei Beispielen aufgezeigt werden:

Beispiel 1: Zwei Motivwagenentwürfe zum NS-Beigeordneten Wilhelm Ebel

Zwei Motivwagen der Kölner Rosenmontagszüge 1934 und 1936 thematisierten die Person des Kölner NS-Beigeordneten Wilhelm Ebel, der die Entwicklungen im Karneval von 1933 bis 1935 ganz wesentlich prägte. Erst bei der genauen Analyse und Kontextualisierung der Wagen bzw. deren Entwürfe werden die verschiedenen Bedeutungsgehalte offengelegt.

Wilhelm Ebel, 1891 geboren und zunächst als Kaufmann und Reichsbahnsekretär tätig, war in den 1920er Jahren lange Zeit der einzige Vertreter der NSDAP im Rat der Stadt Köln.[13] Dort ist er als impulsiv, egozentrisch und als vehementer Antisemit in Erscheinung getreten. Nach dem Machtantritt der NSDAP in Köln wurde er zunächst zum Kulturdezernenten berufen. Ab September 1933 leitete er als städtischer Beigeordneter den halbamtlichen Verkehrsverein, der sich bereits vor 1933 um die Förderung und Vermarktung des Karnevals als Tourismusfaktor der Stadt zu kümmern hatte. Vor allem mit dem Argument der städtischen Zuschüsse und der Notwendigkeit der Wiederbelebung des Karnevals nach der Wirtschaftskrise nahm der Verkehrsverein das Festkomitee organisatorisch unter sein Dach auf.[14] Erste gemeinsame Sitzungen von Karnevalisten, Vertretern der Stadt und der Partei zur Vorbereitung der Session 1933/34 fanden ab November 1933 statt. Die Karnevalsgesellschaften seien, so äußerte sich Ebel auf der zweiten gemeinsamen Sitzung am 27. November 1933, „genauso wie die Stürme der SA und SS zusammenzufassen und an die Spitze [ein] Führer zu stellen." Man einigte sich darauf, die Karnevalsgesellschaften im „Großen Rat des Kölner Karneval", geleitet von den Karnevalisten Fritz Maaß, Thomas Liessem und Carl Umbreit, unter dem Dach des Verkehrsvereins zusammenzufassen. Sie beeilten sich mit Blick auf das gerade im Sinne des Nationalsozialismus inszenierte Erntedankfest zu betonen, dass man das gesamte „Volk" in den Kölner Karneval einzubeziehen und für die ärmere Bevölkerung sowie für Erwerbslose Sammlungen durchzuführen gedachte. In diesem Sinne sollte der Kölner Karneval zu einem „Volksfest im Neuen Staat" entwickelt werden.[15]

Abb. 7: Köln, Kölner NS-Beigeordneter Wilhelm Ebel auf dem Bunneball 1934.

Die Führung übernahm Ebel selbst. Nur die im „Großen Rat des Kölner Karnevals" organisierten Gesellschaften sollten von der Steuer- und der Polizeibehörde eine Genehmigung zur Abhaltung von Veranstaltungen erhalten. In dieser Position konnte Ebel insbesondere die Organisation, die Durchführung und die Inhalte der Rosenmontagszüge nach seinen Vorstellungen lenken. Das Festkomitee und die Karnevalsgesellschaften waren dagegen zur reinen Staffage degradiert.[16] Wie die Karnevalisten, gab auch Ebel die Umgestaltung des Festes zu einem Volkskarneval unter Beteiligung aller Bevölkerungsgruppen als Ziel aus. Die nach außen hin harmonisch wirkende Zusammenarbeit von Ebel, Bürgerschaft und Karnevalisten wurde im Januar 1934 vom „Westdeutschen Beobachter" positiv kommentiert. Sie hätten es fertiggebracht, „jeden Klassengeist, jede Eigenbrötelei, jede Schwierigkeit aus dem Wege zu räumen, und es in dieser Weise erreicht, daß der Fastelovend eine ‚Volksgemeinschaft' verkörpert."[17]

In der Folge finden sich allerdings kaum öffentliche Aussagen Ebels, in denen er seine Maßnahmen zur Umgestaltung des Festes explizit mit der Notwendigkeit der Schaffung einer einheitlichen nationalsozialistischen Volksgemeinschaft auch im Kölner Karneval begründete. Rein inhaltlich sind die Einführung des Führerprinzips, die straffe Zusammenfassung und Gleichschaltung der Gesellschaft zu einer schlagkräftigen Gemeinschaft jedoch durchaus Elemente, die für das Ziel der Volksgemeinschaft konstituierend gewesen sind. Festzustellen ist allerdings, dass den Zeitgenossen es sehr bald aufgefallen sein muss, dass Ebel jedenfalls sich selbst nicht an diesem Ziel ausgerichtet hat und den Wesenskern des Kölner Karnevals so massiv aushöhlte, dass sich die Volksgemeinschaft wehrte. Denn zum einen ging es ihm ganz offensichtlich immer mehr um Selbstinszenierung: Beim Besuch der Delegation des Münchener Faschings in den Jahren 1934 und 1935 ließ er es sich nicht nehmen, in eigener prunkvoller Uniform an der Spitze des Karnevalskorps „Treue Husaren" hoch zu Ross das „Münchner Kindl" vom Bahnhof abzuholen. Öffentlichkeitswirksam wurde er zusammen mit dem „Münchner Kindl", der 20-jährigen Bühnen- und Filmschauspielerin Heli Finkenzeller, in einer Kutsche durch Köln gefahren und abgelichtet.[18] Bereits 1933 hatte er sich als Schützenkönig von Sülz-Klettenberg feiern und als solcher durch seinen illuminierten Wohnsitz fahren

Abb. 8: Köln, Entwurf für einen Motivwagen im Rosenmontagszug 1934. Der Kölner NS-Beigeordnete Wilhelm Ebel lässt sich als Schützenkönig von Sülz-Klettenberg feiern.

lassen. Dies griff er im Rosenmontagszug des Jahres 1934 noch einmal auf, wo er als „Willi I., der Schützenkönig von Sülz-Klettenberg" in Holz und Pappe fünf Meter hoch auf einem Festwagen thronte. Der ausgeführte Entwurf entstammte der Feder des Kölner Graphikers Heinz Ruland, der gleich mehrere Ideen zu systemstabilisierenden und auch zu antisemitischen Motivwagen einbrachte.[19]

Zum anderen führte Ebel – neben dem prunkvollen Ausbau des Festes – zahlreiche Reformen ohne Rücksicht auf lokale Traditionen und auf Erwartungen der bürgerlichen Karnevalisten durch. Für den Bau der Rosenmontagswagen bildete er Ausschüsse in den einzelnen Stadtvierteln, in denen, ganz im Sinne der Volksgemeinschaftsideologie, nun auch Arbeiter und Kleinbürger vertreten waren, die nicht zu den etablierten Karnevalsgesellschaften gehörten. Die Teilnehmer des Rosenmontagszuges wurden ab 1934 durch detaillierte Verordnungen zunehmend diszipliniert und von Mitgliedern des SA-Reitersturms beaufsichtigt.[20] Im Rosenmontagszug verzichtete Ebel auf die seit dem 19. Jahrhundert übliche Mischung aus Motivwagen zu gesellschaftlichen, politischen und wirtschaftlichen Themen, die bis dahin stets auf humoristisch-kölnische Art dargebracht wurden. Stattdessen setzte er auf moderne und überregional verständliche Inhalte zur Förderung des Tourismus. So präsentierte er beispielsweise im Rosenmontagszug 1935 Motivwagen und Fußgruppen zu aktuellen internationalen Filmproduktionen unter dem Motto „Prinz Karneval filmt".[21]

In den Sessionen 1933/34 und 1934/35 verzichtete er weitgehend auf die Verbreitung politischer und ideologischer Vorstellungen des Nationalsozialismus. Den 1934 vorliegenden Entwurf des Graphikers Heinz Ruland zur „Arisierung" des Kaufhauses Leonhard Tietz unter dem Titel „Taufhof-Wagen" ließ er nicht umsetzen, obwohl ja gerade die Exklusion der sogenannten Gemeinschaftsfremden zum Kerninhalt des Volksgemeinschaftsgedankens gehörte und hier nun offensichtlich aus der Bevölkerung heraus genau das politisch Gewünschte angeboten wurde.[22] Weder im Rosenmontagszug noch in den Lieder- und Redetexten der Saalveranstaltungen waren von der städtischen NS-Obrigkeit initiierte antisemitische Aussagen zu finden. Allerdings: die für die Freizeitgestaltung zuständige NS-Gemeinschaft „Kraft durch Freude" (KdF) als Unterorganisation der Deutschen Arbeitsfront inszenierte die nationalsozialistische Ideologie der „Volksgemeinschaft" insbesondere auf der karnevalistischen Saalveranstaltung „Bordfest" in der Kölner Rheinlandhalle. Die Arbeiterschaft sollte dabei aufgewertet und als wichtiger Teil der „Volksgemeinschaft" vorgestellt werden. Entsprechend gab es speziell für die Arbeiterschaft Vorzugskarten. Alle anderen Gäste sollten freiwillig nach dem Solidarprinzip einen höheren Beitrag für sogenannte Opferkarten entrichten. Zur Veranstaltung gehörte zudem eine Sammlung für das NS-Winterhilfswerk.

Entsprechend schilderte das NS-Presseorgan „Westdeutscher Beobachter" am 11. Februar 1935: „Ein kunterbuntes Durcheinander von Volksgenossen aller Schichten und Stände, denen man Zufriedenheit und innere Genugtuung von den Gesichtern ablesen konnte. Arbeiterinnen und Arbeiter der Stirne und Faust freuten sich in brüderlicher Volksverbundenheit des schönen Erlebens, das ihnen geboten wurde."[23] Abgesehen von dem jährlichen „Bordfest" und der Vermittlung von vergünstigten Karten für Tribünenplätze am Rosenmontagszug blieb die Bedeutung der NS-Gemeinschaft KdF im Kölner Karneval jedoch gering. Lediglich rund acht Prozent der Saalveranstaltungen wurden von ihr durchgeführt.[24]

Insgesamt führten die Maßnahmen Wilhelm Ebels in den Jahren 1934 und 1935 bei den organisierten Karnevalisten und auch in weiten Kreisen der Bevölkerung zu Unmut, wie sich unter anderem über die Auswertung der Lageberichte der Gestapo Köln fassen lässt. Bereits im Lagebericht für den Monat Januar 1935 findet sich formuliert: „In Kreisen der breiten Masse ist man vielfach der Auffassung, dass der Karneval doch nicht mehr ein Volksfest, sondern nur ein Fest für die geschäftlich interessierten Personen sei."[25] Und einen Monat später notierte die Gestapo: „Man ist eifrig bemüht, den Karneval wieder zu einem wahren Volksfest zu gestalten. Die Bevölkerung ist aber in der breiten Masse einkommensmässig so schlecht gestellt, dass sich gerade der kleine Mann nicht an den Karnevalsfestlichkeiten beteiligen kann. Umsomehr übt er deshalb als Aussenseiter Kritik an der diesjährigen Gestaltung des Karnevals." Im Weiteren bemängelte die Gestapo das Fehlen sonst üblicher politischer Büttenreden und Lieder wegen der großen Furcht vor behördlichem und parteiamtlichem Einschreiten. Denn „der gute politische Witz [sei] gerade in der heutigen Zeit geeignet, daß die Bevölkerung manchen kleinen politischen Ärger abreagieren kann."[26] Und im Lagebericht für den Monat März ist zu lesen: „Ein grosser Teil der Bevölkerung ist der Ansicht, daß der Rosenmontagszug nicht mehr das sei, was er früher war und bezwecke. Vor allen Dingen vermisse man die Originalität, was wohl in der Hauptsache auf einen übergroßen behördlichen Einfluss auf die Karnevalsveranstaltungen zurückzuführen sei. Der Karneval solle ein Volksfest ohne jegliche behördliche Einmischung sein."[27]

Als Ebel im Mai 1935 die behördliche Lenkung mit der Gründung eines neuen Dachverbandes, mit Vorzensur der Büttenreden und mit anderen traditionsfernen Maßnahmen weiter auf die Spitze treiben wollte, opponierten schließlich Thomas Liessem, Präsident der Prinzen-Garde, und die Karnevalsgesellschaften in der „Narrenrevolte" und drohten in einer in verschiedenen Wochen- und Tageszeitungen veröffentlichten Denkschrift vom 25. Mai 1935 mit Boykott des Karnevals, sollten die Reformen umgesetzt werden. Die Karnevalisten stellten darin bewusst Bezüge zu einer am 21. Mai von Adolf Hitler vor dem Reichstag gehaltenen Rede sowie zu Parteiprogrammen her und dokumentierten damit nun ihrerseits die Zugehörigkeit zur „NS-Volksgemeinschaft". Daraufhin wurde Ebel von Oberbürgermeister Günter Riesen und durch das Einwirken des in Köln allmächtigen Gauleiters des Gaus Köln-Aachen Josef Grohé von seiner Verantwortung für das Karnevalsfest abberufen.[28]

Diese Erfahrungen führten Mitte 1935 zu vollkommen neuen Strategien der NS-Machthaber. Gauleiter Grohé stellte die alten Strukturen im Karneval aus der Zeit vor 1933 wieder her, mit dem „Festausschuss des Kölner Karnevals"[29] und den Karnevalsgesellschaften als verantwortliche Organisatoren des Festes. An der Spitze des Festausschusses stand fortan Thomas Liessem, Prinzengardist, Getränkegroßhändler und seit 1931 Mitglied der NSDAP.[30] In der Satzung des neugegründeten Festausschusses vom 5. Juni 1935 war formuliert, dass dieser „nach dem Willen des Oberbürgermeisters der Stadt Köln die gesamten öffentlichen Belange des Kölner Karnevals vertritt". Gebildet wurde ein Ehrenausschuss für den Rosenmontagszug, dem der Gauleiter, der Oberbürgermeister und auch der Polizeipräsident angehörten. Damit waren Kontrolle und Einflussnahme der NS-Machthaber auf die Gestaltung der Rosenmontagszüge gewährleistet.[31]

Gleichzeitig setzte Gauleiter Grohé auf indirekte Kontrolle über die Teilnahme von NS-Funktionären in Ehren- und Arbeitsausschüssen und über ein Netzwerk ihm loyal ergebener Personen in zentralen Positionen des Karnevals. So fungierte etwa Hans Hünemeyer, Prinzengardist und Mitglied des Präsidiums der Gauwirtschaftskammer, ab Oktober 1935 als Beauftragter des Oberbürgermeisters in Belangen des Karnevals.[32] Christian Rix, zunächst ab Oktober 1931 in der Gaugeschäftsstelle, dann nach dem Machtantritt der Nationalsozialisten als Gaugeschäftsführer der NS-Gemeinschaft KdF tätig, wurde im Herbst zum ersten hauptamtlichen Geschäftsführer des Festausschusses ernannt.[33]

Die „Narrenrevolte" und die neue Strategie der NS-Machthaber führten kurzzeitig zu einem ausgeprägten Gefühl von „Freiheit" – und zugleich zu einem größeren Maß volksgemeinschaftlichen Verhaltens der Karnevalisten. Mit einem Motivwagen unter dem Titel „Mich kann keiner op et Pähd bränge" machte man sich im Rosenmontagszug 1936 sogar über den NS-Beigeordneten Wilhelm Ebel lustig, der ein Jahr zuvor vor der Rathaus-Ehrentribüne vom Pferd gefallen war.

Abb. 9: Köln, Entwurf eines Motivwagens für den Rosenmontagszug 1936. „Mich kann keiner op et Pähd bränge" – Verhöhnung des Kölner NS-Beigeordneten Wilhelm Ebel im Rosenmontagszug.

Der Entwurf des den Nationalsozialisten nahestehenden Künstlers Franz Brantzky[34] und die Ausführung des Wagens zeigen, dass der Kölner Oberbürgermeister und der Gauleiter Josef Grohé die Kritik an einem Nationalsozialisten der ersten Stunde bewusst akzeptieren. Allerdings sorgten sie für eine Entschärfung des Motivs. Der erste Entwurf stellte noch den vom Pferd gefallenen Ebel eindeutig erkennbar in der Uniform des Treuen Husaren dar, während der zweite, ausgeführte Entwurf die neutrale Figur des Till Eulenspiegel zeigte.[35] In dieser Phase getraute sich nun auch der überregional bekannte Büttenredner Karl Küpper als der „Verdötschte" in seinen Büttenreden Kritik am Regime zu üben. Er machte sich lustig über den deutschen Gruß „Heil Hitler", sprach von „Rasenschande" und thematisierte gar den Missbrauch von Spendengeldern durch den Oberbürgermeister. Aufgrund dieser Reden wurde er 1936 allerdings von der Gestapo festgenommen und auch misshandelt, denn bei den Kernanliegen der NS-Ideologie, dem unbedingten Respekt gegenüber dem Führer und dem Rassismus, hörte der nationalsozialistische Humor auf. Angesichts seiner

Popularität entließ die Staatspolizei ihn allerdings nach fünf Tagen, um nicht zu viel Unruhe in der Öffentlichkeit entstehen zu lassen.[36]
All diese Vorgänge sind ganz unterschiedlich beurteilt worden. Die Widerstandsgruppe KPD-Bezirksleitung Mittelrhein schrieb an die KPD-Auslandsstelle zur „Narrenrevolte", dass in den Karnevalsgesellschaften „die früheren Zentrumsleute und demokratischfreiheitlichen Elemente führend sind" und es deshalb „zu einer grossen Gegenaktion" gekommen sei.

> Alle Vorstände der Verbände beschlossen ein Memorandum, in welchem sie volle Freizügigkeit der Organisationen forderten und bei Ablehnung ihrer Vorschläge den Boykott des nächsten Karneval verkündeten. Die faschistische Presse war gezwungen, das Memorandum zu veröffentlichen. Die Regierung war gezwungen, ihre Massnahmen rückgängig zu machen. Da diese Organisationen die gesamte bodenständige Bevölkerung Kölns umfassen und ein gewisser Herd der kleinbürgerlichen und katholischen Opposition sind, müssen wir auch dort unsere Parteiorganisation einbauen.[37]

Die widerständigen Intellektuellen und Künstler im Pariser Exil, die seit 1935 kritisch auf Entwicklungen in Karnevalshochburgen schauten, werteten dies ganz anders. In der „Pariser Tageszeitung" warnten sie vor der vorgeblichen „Narrenfreiheit" als psychisch-taktisches Vorgehen der Machthaber. Insgesamt sahen sie im Karneval eine verhängnisvolle Symbiose von NS-Machthabern und Karnevalisten.[38] Und damit sollten sie wohl auch Recht haben, wie ein zweites Beispiel zeigt.

Beispiel 2: Zwei antisemitische Motivwagen im Kölner Rosenmontagszug

Der Antisemitismus war unverhandelbarer Kern der NS-Ideologie und maßgeblich für die Schaffung des Wir-Gefühls in der nationalsozialistischen Volksgemeinschaft, denn sie trennte Menschen in rassisch reine Volksgenossen und fremdrassige, vor allem jüdische Nichtvolksgenossen, die zum Feindbild stilisiert wurden. Ebel beachtete diese Zusammenhänge offenbar nur wenig, obwohl sich aus der Bevölkerung Regungen in diese Richtung zeigten. Obwohl er selbst antisemitische Wagen im Rosenmontagszug 1934 nicht initiiert oder eingefordert hatte, trat ein solcher unter dem Titel „Die Letzten ziehen ab" doch auf. Er verhöhnte die erzwungene Emigration von Juden nach Palästina. Das Foto zeigt ein einfaches Gefährt, weitgehend ohne ausgearbeitete Aufbauten. Es gehörte nicht zum offiziellen Programm des Festumzuges und ist auch nicht von Seiten der nationalsozialistischen Machthaber eingebracht worden. Das Gefährt wurde vielmehr aus der Bevölkerung an Karnevalssonntag in den Veedelszöch, dann in den Rosenmontagszug eingebracht. Dies stellt die erste öffentliche antisemitische

Abb. 10: Köln, Rosenmontagszug 1934. Antisemitischer Motivwagen unter dem Titel „Die Letzten ziehen ab."

Aktion im Kölner Karneval dar. Bemerkenswert waren die Reaktionen in der Presse auf diese Präsentation. Das „Gemeindeblatt der Synagogen-Gemeinde Köln" vom 16. Februar 1934 beschrieb und kommentierte den antisemitischen Wagen in einem längeren Artikel. Es wies vor allem darauf hin, dass es sich nicht um einen offiziellen Motivwagen der etablierten Karnevalsgesellschaften und damit der Mehrheit der Karnevalisten handelte, sondern um eine Meinungs-äußerung einiger weniger. In einem zweiten Artikel ein Jahr später betonte das „Gemeindeblatt" noch einmal in diesem Sinne, dass die christlichen Nachbarn, Geschäftsfreunde usw. die antisemitische Aktion kritisch verfolgen würden. Kritische Stimmen scheint es auch in weiteren nicht-jüdischen Kreisen der Kölner Bevölkerung gegeben zu haben.

Der „Westdeutsche Beobachter" hingegen sah das ganz anders und fühlte sich genötigt, mit einem Kommentar unter dem Titel „Meckernde Spießer" darauf zu reagieren. Der Autor des Kommentars wertete den „ulkigen Palästinawagen mit der Gruppe abziehender mauschelnder Jüdden" als eines der „besten Stücke" im Rosenmontagszug und sprach von „rasende(m) Beifall, der gerade diesen Wagen umtobte, wo er sich auch zeigte." Verbunden wurde der Kommentar mit der deutlichen Warnung, dass diejenigen, welche die Ausgrenzung von Juden nicht akzeptieren wollten, ebenso zu Außenseitern würden:

Trotzdem […] haben einige verkalkte Spießer Anstoß genommen. […] Diesen Schwät-
zern sei gesagt: Der Ulk mit dem Palästina Wagen (in anderen rheinischen Städten
machte man ähnliche Scherze) in der ausgezeichneten Charakterisierung der uns
nicht genehmen Fremdlinge hat allen Beifall wohl verdient. Es ist dumm und zeugt
von Unverständnis der „Volksgemeinschaft" gegenüber, sich über einen solchen Scherz
künstlich aufzuregen. In dieser Beziehung wird nie eine „Beruhigung" eintreten. Das
mögen sich diese „Mitleidsvollen", die sich vielleicht bei anderer Gelegenheit als Nationalsozialisten aufspielen, gesagt sein lassen.[39]

Und genau diese Linie setzte sich nun nach der „Narrenrevolte" auch durch. Die
Karnevalsfunktionäre, die sich gegen Ebels Selbstinszenierung, gegen die ver-
flachende Kommerzialisierung des Karnevals und vor allem gegen ihre Verdrängung aus zentralen Positionen der Festorganisation gewehrt hatten, schwenkten
ab 1935 weitgehend auf die volksgemeinschaftliche Exklusionsdoktrin ein und
beförderten eine antisemitische Ausprägung der folgenden Rosenmontagszüge.
So kam es im Rosenmontagszug 1936 zu einem vielfach bekannt gewordenen

Abb. 11: Köln, Rosenmontagszug 1936. Antisemitischer Motivwagen unter dem Titel
„Däm han se op d'r Schlips getrodde" zur Entrechtung der Juden durch die „Nürnberger
Rassengesetze".

Wagen unter dem Titel „Däm han se op d'r Schlips getrodde". Bereits etwa
ein halbes Jahr vor der Präsentation des Wagens im Rosenmontagszug hatten
sich der Festausschuss sowie die angeschlossenen Karnevalsgesellschaften in
der schon erwähnten Satzung vom 5. Juni 1935 dazu verpflichtet, „Nichtarier
weder in ihrem Vorstand aufzunehmen, noch solche Personen mit Aufgaben
zu betrauen, die öffentlichen Charakter tragen". Gleichzeitig hatte der Festausschuss eine Mustersatzung mit einem „Arierparagrafen" an die Gesellschaften
verschickt. Diese ist bis 1937 nachweisbar von mindestens acht Gesellschaften
umgesetzt worden. Die systematische Ausgrenzung von jüdischen Karnevalisten
war demnach mit der Neugründung des Festausschusses im Juni 1935 einge-
leitet worden. Außerdem brachten die Karnevalisten in den Folgejahren einem
großen Publikum die Ausgrenzung von Juden als vermeintlicher Mehrheitswille
in Büttenreden, Liedern und in insgesamt sieben Motivwagen näher.[40] Dazu
gehörte auch der Motivwagen „Däm han se op d'r Schlips getrodde". Er wurde
vom Bauleiter des Rosenmontagszuges, dem Kölner Architekten Franz Brantzky,
entworfen. Dieser stand den Nationalsozialisten ideologisch nahe und suchte als
selbständiger Architekt durch Anlehnung an das Regime wirtschaftlich zu profitieren. Zu sehen war auf dem Motivwagen eine als Scheibe abstrahierte Halb-
figur mit einem Paragraphen darauf, der auf massiven Stiefeln steht. Diese Figur
trat symbolisch auf die überdimensionale Krawatte einer als „jüdischer Bankier"
oder „Parvenü" gekennzeichneten Figur. Für jeden Zuschauer erkennbar, wurde
hiermit Bezug genommen auf die „Nürnberger Rassengesetze" vom 15. September 1935, welche die endgültige Entrechtung der jüdischen Bürger festschrieben.
Die Auswirkungen des Gesetzes wurden mit dem Motivwagen verharmlost und
in die Sphäre des Alltäglichen gerückt. Verantwortlich für die Umsetzung des
Wagens waren zunächst Brantzky als entwerfender Künstler, ferner der Zugleiter
Carl Umbreit. Diese mussten das Motto der Rosenmontagszüge und auch die
einzelnen Motivwagen in verschiedenen Sitzungen mit dem Gauleiter und dem
Kölner Oberbürgermeister abstimmen. Entsprechend entstammte der antisemi-
tische Wagen einer Zusammenarbeit aus dem Künstler, Karnevalisten und den
NS-Machthabern.[41]

Nicht nur hinsichtlich der antisemitischen Grundeinstellung, auch im Hinblick auf andere politische Themen lässt sich nach der „Narrenrevolte" ein Mehr
an Konformität und damit Akzeptanz volksgemeinschaftlichen Verhaltens feststellen. So richtete sich der Blick im Kölner Karneval ab 1936 z.B. auch zunehmend auf die Außenpolitik. England, Frankreich und vor allem die Sowjetunion
wurden als aggressive Nationen dargestellt, das Deutsche Reich hingegen als
Opfer der internationalen Staatengemeinschaft, das sich wehren muss. So wurde
die Bevölkerung auch mit Hilfe des Karnevals auf den Krieg vorbereitet.[42] Als

Feindbilder hatten diese Länder zudem eine nicht unerhebliche Bedeutung für die Konstitution der „Volksgemeinschaft".

Allerdings: Die Volksgemeinschaft selbst war – anders als etwa in Mainz (siehe Beitrag Kißener) – eher selten ein Thema im Kölner Karneval. Dies mag auch mit der ausgeprägt bürgerlichen Struktur der Kölner Karnevalsgesellschaften zusammenhängen. Die bürgerlichen Kölner Karnevalisten thematisierten kaum das nationalsozialistische Ideal einer klassenlosen Gesellschaft. Zu den wenigen Beispielen gehört die Besetzung der Rolle der Kölner Jungfrau im Kölner Dreigestirn. Auf Betreiben des Gauleiters Grohé musste diese Rolle ab 1938 von Frauen dargestellt werden. Ausgewählt wurden dafür in Zusammenarbeit mit der Deutschen Arbeitsfront einfache Arbeiterinnen und Angestellte. In dieser Weise wurde sinnfällig vor Augen geführt, dass selbst einfache, gesinnungstreue Personen eine der zentralen Rollen im Karneval einnehmen konnten.[43] Ebenso wurden Werte und Normen einer nationalsozialistischen Gesinnungsgemeinschaft nur mit wenigen Motivwagen vermittelt. Dazu zählte das Ideal des Gemeinschaftssinnes. Mit einem Motivwagen des Rosenmontagszuges 1936 brandmarkten die Karnevalisten etwa „wohlgenährte Hamster", die mit ihrem egoistischen Verhalten angesichts von Rohstoff- und Lebensmittelmangel andere Volksgenossen schädigen. Auch wurden „Meckerer", „Nörgler" und „Pessimisten" ohne Vertrauen in die Politik der Nationalsozialisten als nicht zur „Volksgemeinschaft" gehörig dargestellt.[44] Positiv dagegen wurde das völkische Ideal der Familie als „biologische Zelle des Volkes" mit entsprechendem Rollenverständnis der Frau als treusorgende Mutter vermittelt. Unter dem Titel „Jung dat häste got gemaht!" propagierte ein Motivwagen im Rosenmontagszug 1939 das Idealbild einer Großfamilie.[45]

Fazit

Das Forschungsparadigma „Volksgemeinschaft" hat für die Analyse des Kölner Karnevals in der NS-Zeit ein gewisses, aber auch begrenztes Erklärungspotential. Bei seiner Berücksichtigung zeigt sich eine gleichsam „verkehrte Welt": In der Anfangszeit unter dem Einfluss des geprägten Nationalsozialisten Ebel lässt sich kaum eine erhebliche Bedeutung der Volksgemeinschaftsideologie konstatieren. Nach der „Narrenrevolte" belegen die dargestellten Elemente hingegen ein weitgehendes Einschwenken der bürgerlichen Akteure auf die Grundprinzipien des nationalsozialistischen Volksgemeinschaftsdenkens. Die „Revolte" führte in Anwendung der praxeologischen Analyse der Volksgemeinschaftsforschung also nicht zu weniger, sondern sogar zu mehr Konformität mit den politischen Vorgaben und verliert so ihren früher oft betonten Widerstandscharakter.

Sie war offensichtlich nicht prinzipiell gegen das NS-System gerichtet, sondern wandte sich vor allem gegen Ebels überzogene Selbstinszenierung, gegen die von ihm ausgehende Kommerzialisierung des Karnevals und gegen die Verdrängung der Karnevalsfunktionäre aus der Festorganisation. Ab 1935 feierte man in Köln den Karneval viel deutlicher im Sinne einer Integration in die Wertewelt des Nationalsozialismus und der propagierten Volksgemeinschaft.

Allerdings findet sich das Volksgemeinschafts-Argument bemerkenswerterweise nur eher selten in den erhaltenen zeitgenössischen Äußerungen zur Entwicklung des Karnevals, die Volksgemeinschaft selbst wurde nur zurückhaltend auf der Straße und in den Sälen der Karnevalszeit thematisiert und eines ihrer Kernelemente, die Vorstellung einer klassenlosen Gesellschaft, einer Standesschranken überspringenden Gemeinschaft, die sich kraftvoll und einig hinter ihrem Führer schart, wurde im Kölner Karneval weder als Idee entwickelt noch wirklich im Karneval gelebt. Die traditionelle und spezifisch bürgerliche Ausprägung des Kölner Karnevals mag dies verhindert haben. Und dieser Befund warnt vor vorschnellen Interpretationen, er erweist vielmehr die Notwendigkeit intensiver und vielschichtiger Quellenarbeit, um den Kölner Karneval in der NS-Zeit angemessen zu verstehen.

Anmerkungen

1. Den Ausführungen liegt insgesamt die Publikation des Autors unter dem Titel „Der Kölner Karneval in der Zeit des Nationalsozialismus. Vom regionalen Volksfest zum Propagandainstrument der NS-Volksgemeinschaft" (Schriftenreihe des NS-Dokumentationszentrums der Stadt Köln, Bd. 18), Köln 2015, zu Grunde. Siehe zur weiterführenden Literatur zum Thema ebendort. Vgl. insgesamt auch: Carl Dietmar/ Marcus Leifeld: Alaaf und Heil Hitler. Karneval im Dritten Reich, München 2010.
2. So formulierte es der Münsteraner Landeshistoriker Werner Freitag (Der Führermythos im Fest. Festfeuerwerk, NS-Liturgie, Dissens und „100 % KDF-Stimmung", in: Ders. [Hrsg.]: Das Dritte Reich im Fest. Führermythos, Feierlaune und Verweigerung in Westfalen 1933–1945, Bielefeld 1997, S. 11–77, hier S. 11, 25) mit Blick auf westfälische Feste im Nationalsozialismus.
3. Leifeld (Anm. 1), S. 24–26.
4. Diese sind insbesondere zu finden im Archiv des „Festkomitee des Kölner Karnevals".
5. Archiv des „Festkomitee des Kölner Karnevals", Köln, Fotoalben Josef Josuweck.
6. Die Entwurfszeichnungen finden sich im Archiv des „Festkomitee des Kölner Karnevals" sowie in der Graphischen Sammlung des Kölnischen Stadtmuseums.
7. Dies auch vor dem Hintergrund, dass die NS-Amtsträger und Parteifunktionäre bei der Gestaltung des Karnevalsfestes im Gegensatz zu den zentral und einheitlich vom „Reichsministerium für Volksaufklärung und Propaganda" gestalteten nationalen Feiern und Gedenktagen wie dem Reichsparteitag, dem Erntedankfest und der Feier zum

1. Mai großen Spielraum hatten. Vgl. hierzu Leifeld (Anm. 1), S. 110-112; Thomas Deres: Die inszenierte Volksgemeinschaft. Der 1. Mai in Köln während des Nationalsozialismus, in: Geschichte in Köln 25 (1989), S. 21-41, S. 29 f.

8. Vgl. zur Theorie der „Volksgemeinschaft" insbesondere: Frank Bajohr/ Michael Wildt (Hg.): Volksgemeinschaft. Neue Forschungen zur Gesellschaft des Nationalsozialismus, Frankfurt a. M. 2009; Ian Kershaw: „Volksgemeinschaft". Potenzial und Grenzen eines neuen Forschungskonzepts, übersetzt von Hermann Graml, in: Vierteljahrshefte für Zeitgeschichte 59.1 (2011), S. 1-17; Michael Wildt: Volksgemeinschaft als Selbstermächtigung. Gewalt gegen Juden in der deutschen Provinz 1919 bis 1939, Hamburg 2007.

9. Vgl. auch zum Folgenden: Leifeld (Anm. 1), S. 24-26.

10. Vgl. dazu ebd., S. 352-355.

11. Vgl. dazu auch ebd., S: 355-365.

12. Vgl. dazu ebd., S. 365-368.

13. Vgl. auch zum Folgenden: ebd., S. 71-82.

14. Vgl. auch zum Folgenden: ebd., S. 65-70.

15. Die Ankündigung der Umgestaltung des Festes führte im Kreise der Karnevalisten zu erheblicher Kritik. Leifeld (Anm. 1), S. 61-63.

16. Ebd., S. 67; Archiv Thomas Liessem, Flamersheim, Mappe „Besonderheiten", Protokoll über die Besprechung des Bürgerausschusses und des Festkomitees über den nächstjährigen Karneval am Montag, dem 27. November 1933; Archiv Kölsche Funke rut-wieß vun 1823, Protokoll 10, Bericht des Vorsitzenden zur Jahreshauptversammlung vom 4. März 1934.

17. Leifeld (Anm. 1), S. 209; Westdeutscher Beobachter vom 26. Januar 1934.

18. Leifeld (Anm. 1), S. 72-75.

19. Ebd., S. 72-74; Kölnisches Stadtmuseum, Graphische Sammlung, G 8455, Entwurf des Motivwagens unter dem Titel „Der Schützenkönig von Klettenberg", 1934. Zu Heinz Ruland siehe Leifeld (Anm. 1), S. 120 f.

20. Ebd., S. 165-172.

21. Ebd., S. 180 f.

22. Ebd., S. 285 f.; Kölnisches Stadtmuseum, Graphische Sammlung, G 8478. Für Pascal Schillings („Kölnerinnen und Kölner" als vorgestellte Gemeinschaft im Kölner Karneval zwischen nationalsozialistischer „Volksgemeinschaft" und bundesrepublikanischer Neukonfigurierung. Schriftliche Hausarbeit im Rahmen der Ersten Staatsprüfung, Köln 2009) gehörte die Ausgrenzung der „jüdischen Rasse" zu den zentralen Signifikanten für die Formulierung einer Gemeinschaft Kölner Karnevalisten. Insbesondere mit der Übernahme antisemitischer Vorstellungen sei diese Gemeinschaft in die NS-Volksgemeinschaft integriert.

23. Westdeutscher Beobachter vom 11. Februar 1935.

24. Leifeld (Anm. 1), S. 102-110.

25. Lageberichte der Gestapo Köln für den Monat Januar 1935, Köln, den 4. Februar 1935 [Kopie in Landesarchiv NRW Duisburg, Abt. Rheinland, D RW MF A 377/2].

26. Leifeld (Anm. 1), S. 135; Lageberichte der Gestapo Köln für den Monat Februar 1935, Köln, den 4. März 1935 [Kopie in Landesarchiv NRW Duisburg, Abt. Rheinland, D RW MF A 377/2].
27. Leifeld (Anm. 1), S. 135; Lageberichte der Gestapo Köln für den Monat März 1935, Köln, den 5. April 1935 [Kopie in Landesarchiv NRW Duisburg, Abt. Rheinland, D RW MF A 377/2].
28. Leifeld (Anm. 1), S. 76–82.
29. Mit seiner Neugründung wurde das „Festkomitee des Kölner Karneval" in „Festausschuss des Kölner Karnevals" umbenannt.
30. Leifeld (Anm. 1), S. 91–96.
31. Ebd., S. 87–89; Amtsgericht Köln, 43 VR 4427 Band 1, bis 245, Fol. 2–11.
32. Leifeld (Anm. 1), S. 97 f.
33. Ebd., S. 98 f.
34. Historisches Archiv der Stadt Köln, 1020 (Nachlass Franz Brantzky), Plan 58 Nr. 51.
35. Leifeld (Anm. 1), S. 333–335.
36. Ebd., S. 321–329. Vgl. zu Karl Küpper auch: Fritz Bilz: Unangepasst und widerborstig. Der Kölner Karnevalist Karl Küpper 1905–1970, Köln ²2018.
37. Bundesarchiv Berlin SA-P, MQ RY1/I3/24/45, Bl. 106. Schriftliche Auskunft Ulrich Eimann, Köln, den 17. August 2011; Leifeld (Anm. 1), S. 315 f.
38. Ebd., S. 365–367.
39. Westdeutscher Beobachter vom 14. Februar 1934.
40. Leifeld (Anm. 1), S. 278–294.
41. Ebd., S. 288–290.
42. Ebd., S. 220–231.
43. Ebd., S. 212.
44. Ebd., S. 207 f.
45. Ebd., S. 202 f.

Werner Mezger

Die Magie der Mausefalle
Schwäbisch-alemannische Fastnacht in der NS-Zeit

Vergangenheit trifft Gegenwart

Mit einem gewissen Superioritätsgefühl gegenüber dem Karneval verweist die regionale Chronistik der schwäbisch-alemannischen Fastnacht gerne auf deren „Urtümlichkeit", die sich unter anderem darin äußert, dass in einigen wenigen Orten die überlieferten Vermummungs- und Maskierungsformen tatsächlich noch mit den Vorbildern der Barockzeit übereinstimmen. Inwieweit die generalisierend angenommenen Traditionslinien aber auch Brüche haben oder in vielen Fällen gar konstruiert sind, irritiert die Funktionäre der heutigen Brauchpraxis kaum. Sie sehen ihre Legitimation unbeirrt in der Autorität einer ideal verlaufenen, langen Erfolgsgeschichte. Umso größer daher ihr Erschrecken, wenn sie in der Gegenwart plötzlich von den Schatten der jüngeren Vergangenheit eingeholt werden, vor denen eben auch die Fastnacht keineswegs sicher ist.

Genau ein solches Erschrecken gab es 2018 in Konstanz – weniger bei den Akteuren des Narrentreibens auf der Straße als bei den Organisatoren der dortigen Saalfastnacht. Im besagten Jahr wäre nämlich der 1977 verstorbene, gefeierte Komponist der beliebtesten Konstanzer Fastnachtslieder Willi Hermann 111 Jahre alt geworden, weshalb eine große musikalische Erinnerungsveranstaltung zu seinen Ehren stattfinden sollte. Als man bei der Vorbereitung eines Begleitheftes dazu in Hermanns Biographie forschte, taten sich aber plötzlich Abgründe auf: Hermann hatte, der späteren Konstanzer Öffentlichkeit nicht bekannt, im „Dritten Reich" offenbar hauptberuflich als Schulungsredner der NSDAP gearbeitet und war 1943 als Angehöriger der Wehrmacht mit hoher Wahrscheinlichkeit in ein schweres Kriegsverbrechen auf der griechischen Insel Kefalonia verwickelt gewesen. Die Narrengesellschaft Niederburg, deren Fastnachtssitzungen jahrzehntelang mit einem von Hermann stammenden, fast zur Hymne gewordenen Lied endeten, reagierte darauf umgehend und konsequent: Sie sagte die Gedenkfeier ab und beschloss, Willi Hermanns Lieder trotz ihrer Popularität künftig nicht mehr zu spielen.

Als sich über den Liederverzicht in der Öffentlichkeit eine kontroverse Diskussion entwickelte, brachte der mit der biographischen Recherche betraute Stadtarchivar weitere belastende Fakten ans Licht, fasste den Debattenrahmen allgemeiner und unterstellte zwar nicht der betroffenen Narrengesellschaft, aber

den Vertretern der schwäbisch-alemannischen Fastnacht generell eine immer
noch unzureichende Auseinandersetzung mit ihrer NS-Vergangenheit. Ein Interview des Archivars, das er den „Stuttgarter Nachrichten" gab, gipfelte schließlich
in der pauschalen Aussage, die Zurückdrängung des Karnevals im deutschen
Südwesten zugunsten der „alemannischen Volksfasnacht" sei im Sinne des NS-
Regimes geschehen, das hierin eine Rückbesinnung auf das Germanentum und
zugleich die Möglichkeit gesehen habe, mit einer so ausgerichteten Brauchpolitik den gesamten „Volkskörper" einzubinden. Und dann wörtlich: „Das Erscheinungsbild der heutigen Fastnachtsumzüge im schwäbisch-alemannischen Raum
ist eine Folge dieser NS-Politik. Auch dies müssen die Narrengesellschaften, die
sich lieber auf Traditionen berufen, die bis ins Mittelalter reichen, aufarbeiten."[1]

Diese in ihrer Pauschalität zweifellos überzogene These bietet einen guten
Anlass, dem Wechselverhältnis zwischen der schwäbisch-alemannischen Fastnacht und dem NS-Regime einmal unprätentiös nachzugehen. Die bisherigen
Studien dazu, die es durchaus gibt, bewegen sich nämlich entweder zu speziell
auf der lokalen Mikroebene oder zu generell auf der weiträumigen Makroebene,
um valide Aussagen treffen zu können.[2] Untersuchungen mittlerer Reichweite,
die weder nur einen Ort noch ein ganzes Land, sondern ein phänomenologisch
definiertes Brauchgebiet wie eben den schwäbisch-alemannischen Raum umfas-
sen, fehlen weitgehend. Eine erste Skizze in dieser Richtung soll hier versucht
werden.

Vorgeschichte: Der Südwesten zwischen Fastnacht und Karneval ab 1800

Um das heutige Bild der schwäbisch-alemannischen Straßenfastnacht verstehen zu können, das sich mit seinen unkenntlichen Maskengestalten optisch und
inhaltlich fundamental von dem der Karnevalsumzüge am Mittel- und Niederrhein mit ihren Kostümierungen, Uniformen und Wagen unterscheidet, bedarf
es zunächst einer ganz knappen Beschreibung der großen Entwicklungslinien
der Fastnacht im deutschen Südwesten seit etwa 1800.[3] Nachdem die Fastnachts-
umtriebe, die bis zum Ende des 18. Jahrhunderts mit Mummenschanz und Voll-
maskierungen im ganzen deutschsprachigen Raum relativ ähnlich ausgesehen
hatten, bereits durch die Aufklärung als nicht mehr zeitgemäß und bürgerlichen Vorstellungen zuwiderlaufend unter Druck geraten waren, bewirkten die
politischen Veränderungen nach dem Ende des Heiligen Römischen Reichs im
Rheinland wie im Südwesten den nahezu vollständigen Zusammenbruch aller
Fastnachtsaktivitäten. Sowohl in Baden als auch in Württemberg kam es 1809
sogar zu Totalverboten. Obgleich diese nicht immer eingehalten wurden, kann

man bis ins dritte Jahrzehnt des 19. Jahrhunderts von einer Agonie der Fastnacht alten Stils sprechen.

Die Wende jedoch kam mit dem romantischen Neuanfang in Köln von 1823, der aus dem dort ebenfalls darniederliegenden und von den fremden Besatzungstruppen annähernd unterbundenen alten Fastelaer einen bürgerlich gesitteten und selbst von den neuen Stadtherren, den Preußen, akzeptierten Repräsentationsbrauch machte. Die spektakuläre Kölner Fastnachtsreform mit großem Umzug, künstlerischem Anspruch und Themenwagen wirkte weit über die Grenzen der Domstadt hinaus und war die Geburtsstunde des rheinischen Karnevals. Nach und nach übernahmen andere Städte am Niederrhein das kölnische Modell: 1825 Düsseldorf, 1826 Bonn, 1827 Düren, 1829 Aachen. Ein Jahrzehnt später griff man den Kölner Impuls auch am Mittelrhein auf: 1833 in Bingen und 1837 in Mainz. Aber nicht genug damit: Die Strahlkraft Kölns reichte bis nach Süddeutschland, wo spätestens ab den 1840er Jahren ebenfalls allenthalben Karneval nach Kölner Vorbild gefeiert wurde. Auch an Neckar, Donau und Bodensee, in Oberschwaben und im Schwarzwald dominierten Mottoumzüge, oft von akademischen Künstlern gestaltet, während das Narrenlaufen der alten Maskenfiguren mit ihrem nicht selten derben Auftreten nur noch eine Randerscheinung war.

Diese Entwicklung hielt an, bis sich im Südwesten ab den 1880er Jahren ein immer stärkeres soziales Auseinanderdriften der Fastnachtsakteure bemerkbar machte. Während das gehobene Bürgertum bei der Konzeption der Umzüge federführend war und sich abends auf eleganten Ballveranstaltungen und Redouten traf, hatten die einfachen Leute zu diesen gesellschaftlichen Ereignissen keinen Zugang und fühlten sich als Akteure der Straßenfastnacht mehr und mehr zu fremdbestimmten Komparsen im Dienste bürgerlicher Ideengeber degradiert. Das führte dazu, dass gegen Ende des 19. Jahrhunderts vor allem Handwerker und einfache Leute in zunehmender Distanzierung von den karnevalesken Inszenierungen wieder auf die früheren Formen der vorromantischen Fastnacht zurückgriffen, die noch vorhandenen Masken und Vermummungen aus Kisten und Truhen holten und das närrische Treiben alten Stils reaktivierten. Reihenweise gründeten sich die 1809 verbotenen Narrenzünfte neu, und schon kurz nach der Wende zum 20. Jahrhundert hatte die Fastnacht im Südwesten wieder überwiegend ihre barocken Erscheinungsformen. Dass an diesen bald auch das gehobene Bürgertum Gefallen fand und sich ebenfalls vom rheinischen Zwischenspiel abwandte, um auf die historische Linie einzuschwenken, beschleunigte die Trendumkehr zusätzlich. Zwar hielten sich in Orten mit vergleichsweise dünnem Altbestand karnevaleske Elemente noch bis in die späten 1920er- und frühen 1930er Jahre, aber insgesamt war das Bild der südwestdeutschen Fastnacht ab 1900 im Wesentlichen wieder von den archaisch wirkenden Charakteristika der Vollmaskierung und Totalvermummung geprägt.

Zu einem solchen Rekurs auf frühere Brauchformen kam es im Rheinland nicht mehr, wobei die Erklärung der Ursachen dafür den vorliegenden Rahmen sprengen würde. Festzuhalten bleibt hier nur, dass es seit kurz vor der Wende zum 20. Jahrhunderts grob gesprochen nördlich und südlich der Mainlinie endgültig zwei verschiedene Feierstile der närrischen Tage gab: Einerseits den rheinischen Karneval und andererseits die südwestdeutsche Fastnacht, für die Mitte der 1920er Jahre die kulturräumliche Bezeichnung „schwäbisch-alemannisch" aufkam.

Sowohl der mächtig florierende Karneval, der übrigens im urbanen Bereich zugleich auf den bayrisch-österreichischen Fasching abfärbte, als auch die in der Distanzierung vom Karneval nunmehr wieder altertümlich etikettierte Fastnacht im Südwesten erlebten dann nochmals eine schwere Zäsur durch die Katastrophe des Ersten Weltkriegs. Nach der letzten Vorkriegsfastnacht 1914, mitten in der historisierenden Fastnachtsrenaissance des Südwestens, wurden ab 1915 alle närrischen Aktivitäten ausgesetzt und ruhten für die nächsten Jahre. Angesichts von hunderttausenden Toten und der extremen politischen Instabilität der unmittelbaren Nachkriegszeit stand bis einschließlich 1921 niemandem mehr der Sinn nach Fastnacht, weshalb auch die jährlich neu ausgesprochenen staatlichen Verbote widerstandslos akzeptiert wurden. 1922 gab es zwar wenige eng reglementierte Ausnahmegenehmigungen für die Wiederaufnahme einzelner von den Behörden als „althistorisch" anerkannter Bräuche, aber bereits das Krisenjahr 1923 mit Hyperinflation, Ruhrbesetzung und Hitlerputsch führte erneut zum Totalverzicht auf die Fastnacht, und selbst noch im Jahr darauf wiederholten die Regierungen in Karlsruhe und Stuttgart für Baden und Württemberg ihre generellen Verbote einmal mehr.

Ab 1924: Brauchpflege unter einem Dachverband

Angesichts des nochmaligen Verbots von 1924 fürchteten die schwäbisch-alemannischen Narren von nun an ernsthaft um den Fortbestand ihrer Traditionen. Tatsächlich ruhten diese bis auf den kurzen Lichtblick des Jahres 1922 inzwischen seit einem vollen Jahrzehnt, zunächst durch kriegsbedingten Ausfall und dann durch krisenbedingte staatliche Restriktionen. Es gab inzwischen zehnjährige Kinder, die noch nie eine Fastnacht gesehen hatten. Der fortgesetzten Untersagungspraxis durch die beiden Länderregierungen überdrüssig, trafen sich daher am 16. November 1924 die Vertreter von 18 Zünften in Villingen und gründeten dort als eine Art Offensivbündnis zur Wahrung altüberlieferten Brauchtums den

„Gauverband badischer und württembergischer Narrenzünfte", der sich später in „Vereinigung schwäbisch-alemannischer Narrenzünfte (VSAN)" umbenannte[4].

Zum Haupt- und Geschäftssitz der Vereinigung wurde Villingen bestimmt. Von dort stammte auch ihr erster Präsident Benjamin Grüninger, der allerdings bereits zwei Jahre nach seinem Amtsantritt starb. Umso länger und prägender wirkte sein 1927 gewählter, ebenfalls aus Villingen gebürtiger Nachfolger Albert Fischer, dessen Präsidentschaft sich von den letzten Jahren der Weimarer Republik über das gesamte „Dritte Reich" hinweg bis in die Nachkriegszeit erstreckte und erst 1952 endete. Bereits bei der Gründungsversammlung 1924 war er als Referent hervorgetreten und hatte dort mit einem Vortrag über die „Entstehung der Fasnacht von den ersten Anfängen bis zur Gegenwart unter besonderer Berücksichtigung der Villinger Verhältnisse" praktisch die Strategie der künftigen Öffentlichkeitsarbeit des fastnächtlichen Interessenverbandes festgelegt[5]. Das Hauptargument zur Legitimation der Pflege fastnächtlicher Überlieferungen sollte stets der hohe Wert langer Tradition und „echten" Brauchtums bilden. Da die wenigen Sondergenehmigungen der kritischen Jahre 1920 bis 1924 von den Behörden, wenn überhaupt, ausdrücklich jeweils nur für „gewachsene Bräuche" erteilt worden waren, sahen die Vertreter der Zünfte allein in einer möglichst wissenschaftlichen Fundierung oder zumindest populärwissenschaftlichen Untermauerung des eigenen Tuns eine Überlebensgarantie: Unanfechtbarkeit durch die Autorität der Geschichte. Genau diese Grundhaltung kennzeichnete fortan das Selbstverständnis der Vereinigung ganz entscheidend und damit automatisch auch ihre Einstellung gegenüber jüngeren Spielarten närrischen Treibens, nicht zuletzt gegenüber dem rheinischen Karneval. Auf einen kurzen Nenner gebracht lautete also die Überzeugung der VSAN in ihrer Gründungsphase: Nur wer den Nachweis „altehrwürdiger" und „unverfälschter" Überlieferungen führen kann, vermag politischem Druck auf fastnächtliche Bräuche standzuhalten.

Während die rheinischen Karnevalisten, von denen übrigens viele durch die Besatzung nach dem Ersten Weltkrieg noch weit stärker bedrängt waren als die Fastnachter des unbesetzten Südwestens[6], sich angesichts ihrer damals noch vergleichsweise jungen Feierformen von wissenschaftlichem Beistand wenig Hilfe im Kampf gegen Veranstaltungsverbote erhofften und eher andere Wege des Dialogs mit der Politik suchten, galt es für die Vereinigung schwäbisch-alemannische Narrenzünfte von Anfang an als ausgemacht, dass man – unter existenziellem Rechtfertigungsdruck zumal – engen Kontakt zur Forschung und hier wiederum vorwiegend zur Volkskunde halten müsse, um von dort den Nachweis eines hohen kulturhistorischen Werts der eigenen Bräuche und damit die Rechtfertigung zu deren ungestörter Ausübung geliefert zu bekommen. Genau dabei aber kam es fatalerweise gleich in den frühen Jahren der hilfesuchenden

Anlehnung der südwestdeutschen Fastnacht an die Wissenschaft zu einer ebenso
bedenklichen wie folgenschweren Liaison, die der Kompatibilität des Selbstver-
ständnisses der Narren mit der späteren Volkstumsideologie entscheidenden
Vorschub leisten sollte.

Als erster und für die Zeit bis zum Zweiten Weltkrieg wichtigster Ansprechpartner der Vereinigung fungierte nämlich ausgerechnet der ganz vom Mytho-
logismus der germanischen Altertumskunde durchdrungene und bereits in
den 1920er Jahren stark mit NS-Gedankengut sympathisierende alemannische
Volksschriftsteller Hermann Eris Busse[7], der sich als Geschäftsführer des Landes-
vereins „Badische Heimat" in besonderer Weise dazu berufen fühlte, die Vertreter der schwäbisch-alemannischen Narrenzünfte volkskundlich zu beraten und
so deren Verbandspolitik entscheidend mitzubestimmen. Sein gestalterisches
Eingreifen in die überörtliche Brauchentwicklung sollte in einem Punkt sogar
stilprägend bis in die Gegenwart wirken, denn auf ihn geht die Idee zur Durchführung sogenannter „Narrentreffen" zurück, wie sie in der Vorfastnachtszeit
im südwestdeutschen Raum inzwischen zu einem festen Veranstaltungselement
geworden sind. Das erste Treffen dieser Art fand am 28. Januar 1928 in Freiburg
statt, versammelte verschiedenste Maskengestalten, die sich vorher, da üblicher-
weise nur lokal agierend, größtenteils noch nie begegnet waren, in einer Halle
und wurde von einem Vortrag des Basler Hochschullehrers Prof. Dr. Felix Speiser begleitet, der über „Masken aus allen Erdteilen" sprach.[8]

Nachdem Konzept und Organisation der Freiburger Premiere von 1928
noch ausschließlich Sache der „Badischen Heimat" gewesen waren, bekundete
auf deren Erfolg hin die Vereinigung schwäbisch-alemannischer Narrenzünfte
ihrerseits ein starkes Interesse an der Fortsetzung und Weiterentwicklung der-
artiger Veranstaltungen in eigener Trägerschaft. Der Plan war, dass die Narren
aus den einzelnen Zünften künftig nicht mehr nur im Rahmen einer Saalveranstaltung in dementsprechend kleinen Gruppen auftreten, sondern Gelegenheit bekommen sollten, sich in einem großen Straßenumzug mit sehr viel mehr
Aktiven einem breiten Publikum zu präsentieren. Diese Idee wurde denn auch
umgesetzt, indem die Vereinigung in den Folgejahren als Ausrichterin einer
ganzen Reihe weiterer Narrentreffen mit von Mal zu Mal wachsender Teilneh-
merzahl fungierte. Das erste derartige Defilee unter freiem Himmel war 1929
in Villingen, Fortsetzungen folgten 1930 in Rottweil, 1933 in Stockach, 1935 in
Offenburg, 1936 in Oberndorf und – letztmals vor dem Zweiten Weltkrieg –
1938 in Überlingen, wobei jedes dieser närrischen Großereignisse, ungeachtet
des formellen Rückzugs der „Badischen Heimat", eben durch Hermann Eris
Busse als deren Geschäftsführer volkskundlich kommentiert und publizistisch
begleitet wurde.

Die durch solche Zusammenkünfte verstärkte gegenseitige Wahrnehmung und der damit verbundene Austausch unter den Narren führten schon Ende der 1920er, vor allem aber im Lauf der 1930er Jahre zu einer regelrechten Innovationsflut, wodurch der puristische Anspruch der ausschließlichen Fortführung gesicherter Überlieferungen schleichend aufgeweicht wurde und sich zunehmend auch zeitgenössische Kreativität unter Einhaltung gewisser Traditionsmuster bemerkbar machte. Der so in Gang gekommene Prozess der *invention of tradition* führte zu einer expansiven Dynamik des Phänomens Schwäbisch-alemannische Fastnacht: Orientiert an den Vorbildern der raren Zünfte mit wirklich weit zurückreichender Tradition der Masken- und Vermummungsformen entstanden reihenweise neue Fastnachtsfiguren. Einige wenige waren Wiederbelebungen auf der Basis mündlicher Überlieferung bzw. noch vorhandener Traditionsrelikte, bei den allermeisten jedoch handelte es sich entweder um mehr oder weniger deutliche Anleihen bei den „Klassikern" oder aber um gänzlich freie Neuschöpfungen aufgrund lokaler Anknüpfungspunkte, wobei vorwiegend Ortsnecknamen, Sagen oder historische Begebenheiten als Aufhänger dienten. Zu den Kreationen dieser ersten massiven Expansionswelle der schwäbisch-alemannischen Fasnet gehörten etwa, um nur einige Beispiele zu nennen, 1927 der Bonndorfer „Pflummeschlucker", 1928 der Schwenninger „Hansel", 1931 das Waldseer „Schrättele", 1932 der Dürrheimer „Salzhansel", 1933 die Offenburger „Hexe", 1934 der Mühlheimer „Narr", 1935 der Saulgauer „Dorausschreier", 1936 der Säckinger „Maisenhardt-Joggele", 1937 der Tettnanger „Hopfennarr", 1938 die Meßkircher „Katze" und viele andere mehr – übrigens allesamt Figuren, die aus dem Bild der heutigen südwestdeutschen Fasnet nicht mehr wegzudenken sind.[9] Keine einzige dieser Neuschöpfungen, auch keine nach 1933 entstandene, entsprang jedoch nationalsozialistischem Gedankengut oder wurde gar von NS-Seite initiiert und gefördert. Vielmehr handelte es sich durchweg um lokalspezifische Kreationen, die im Sinne der damaligen Heimatkunde an örtlichen Besonderheiten, Sagen oder auch Ortsnecknamen anknüpften. Insofern geht die eingangs zitierte Behauptung des Konstanzer Stadtarchivars von 2018 völlig ins Leere, wonach das Erscheinungsbild der Fastnachtsumzüge im schwäbisch-alemannischen Raum rückblickend bis heute eine Folge der auf den „Volkskörper" ausgerichteten NS-Brauchpolitik sei. Die damaligen Akteure in den kleinen südwestdeutschen Narrenstädtchen, durchweg dem katholisch-konservativen Milieu verbunden, machten in punkto Brauchpolitik schlicht das, was sie wollten und für passend hielten, weshalb es Empfehlungen zur Schaffung neuer Figuren von NS-Seite auch niemals gab. Diese wären – darüber machten sich die Parteifunktionäre keine Illusionen – einfach ignoriert worden. In einem anderen Punkt freilich waren die Brauchträger, ihnen selbst wohl kaum bewusst, schon früh anfällig für braunes Gedankengut. Nicht ungern bedienten sie sich nämlich bereits in den 1920er Jahren der Thesen rechtslastiger Forschungslite- ratur, indem sie die dort konstruierte Rückführung der Fastnacht auf das ger- manische Altertum als willkommenes Argument zur historischen Valorisierung ihres Tuns heranzogen. Die Ausrichtung Vieler an Hermann Eris Busse ist das beste Beispiel dafür. Parallel zur Entstehung neuer Narrentypen verlief noch ein zweiter Prozess: die rasante Vergrößerung der Vereinigung schwäbisch-aleman- nischer Narrenzünfte durch die Aufnahme neuer Mitglieder. Zu den 18 Grün- dungszünften kamen bis 1939 nicht weniger als 34 weitere hinzu, was annähernd eine Verdreifachung bedeutete. Die Schaffung zusätzlicher Figuren indessen beschränkte sich keineswegs etwa nur auf den Kreis der später Beigetretenen. Auch ein Teil der Gründungszünfte der Vereinigung war bestrebt, ihr Erschei- nungsbild durch passende Innovationen oder zumindest durch die Veredelung bestehender Typen, zum Beispiel durch den Austausch vormals textiler Masken gegen Holzlarven, aufzuwerten und es so den Klassikern gleichzutun. Dabei war im Prinzip allen ein Interesse gemeinsam: Man wollte möglichst „alt" wirken, gewissermaßen durch die Patina der Geschichte geadelt sein. Dementsprechend inflationär wurde denn auch der Begriff „historisch" verwendet. Mit der Zeit operierten so viele damit, dass die wirklichen Traditionszünfte sich zur Abgren- zung dagegen wiederum als „althistorisch" bezeichneten. Aber auch das höhlte sich bald aus, weil letztlich alle Mitglieder der Vereinigung Anspruch darauf erhoben.

Angesichts dieser Entwicklung machte 1935 die Narrenzunft Elzach einen durchaus konfliktträchtigen Vorstoß. Sie forderte in einer Denkschrift von der Vereinigung, ihre Mitgliedszünfte künftig in solche „mit historischem Unter- grund (Klasse 1)" und solche „ohne entsprechenden Nachweis (Klasse 2)" ein- zuteilen. Zur Begründung hieß es in dem Papier unter anderem: „Es wurden Narrenzünfte in die Vereinigung aufgenommen, denen jede Tradition und über- liefertes Brauchtum fehlte. In diesen Narrenzünften wurde auf Kosten der wirk- lich alten Zünfte, welche von alters her streng an ihren Überlieferungen hingen, auf 'althistorisch' gemacht. Man ahmte altes Narrenbrauchtum nach, kopierte Kostüme usw. und suchte um schleunige Aufnahme in die Vereinigung nach (...)"[10]. Zu der im Elzacher Forderungskatalog verlangten Klassifizierung der Zünfte in zwei Kategorien kam es zwar nicht; aber die Diskussion darüber, die sich immer mehr zur Kraftprobe innerhalb der Vereinigung auswuchs, hatte schließlich die Konsequenz, dass die 1934 eingetretene „Gauklerzunft" von Brei- sach unter anderem wegen der ihr vorgeworfenen mangelnden Historizität 1937 wieder austrat und dass deren Zunftmeister Harry Schäfer noch im selben Jahr

einen zweiten Dachverband, die „Vereinigung Oberrheinischer Narrenzünfte"
gründete.

Die Väter und Repräsentanten des ersten Narrenzusammenschlusses von
1924 hatten damit immerhin eine wichtige Erfahrung gemacht, nämlich dass die
Etikettierungen „historisch", „echt" und „original" in der Brauchpraxis äußerst
relativ sind und dass sie als Wertmaßstäbe oder gar Steuerungsinstrumente nur
bedingt taugen. Zum Altüberlieferten gesellt sich immer auch Jüngeres und ganz
Neues, und gerade das macht ja letztlich die Vitalität eines Festkomplexes aus.
Der Traditionsanspruch allein würde in letzter Konsequenz zur Erstarrung und
Fossilisierung von Vergangenheit führen. Wie sehr Lebendigkeit, Dynamik und
Attraktivität von Bräuchen aber auch deren Anfälligkeit für Instrumentalisie-
rungsversuche zu fremden Zwecken erhöht, sollte das „Dritte Reich" zeigen.

Volksfas(t)nacht nach 1933

Die NSDAP war an der schwäbisch-alemannischen Fastnacht als einem popu-
lären Volksvergnügen mit generationenübergreifend hoher Akzeptanz von
Anfang an stark interessiert, weil NS-Ideologen in pseudowissenschaftlicher
Anknüpfung an die germanische Altertumskunde von den archaisch wirkenden Erscheinungsformen des südwestdeutschen Mummenschanzes eine direkte
Verbindung zur nordischen Mythologie glaubten herstellen zu können. Frühe
parteipolitische Anbiederungsversuche und Sympathiesignale durch das Regime
aber stießen bei den Narren der Region zunächst auf wenig Gegenliebe, eher
sogar auf unverhohlene Ablehnung. Die Träger und Akteure der Fastnacht in
den durchweg katholischen Narrenhochburgen waren nämlich alles andere als
Nationalsozialisten der ersten Stunde, sondern Zentrumsleute, die Hitler größtenteils nicht gewählt hatten. Unter konfessionellen Gesichtspunkten wiesen
die Wahlergebnisse im Südwesten deutliche regionale Unterschiede auf, denn
in allen evangelischen Landesteilen Badens und Württembergs war der Anteil
der Hitler-Wähler 1932/1933 signifikant höher als in den katholischen, also in
Oberschwaben, am westlichen Bodensee, im Hegau, am oberen Neckar, auf der
südlichen Alb, der Baar und im Südschwarzwald – eben in den Kerngebieten
der Fastnacht. In den traditionell fastnachtsaffinen Landschaften und erst recht
in den Hochburgen wurde jeder Versuch parteipolitischer Indienstnahme an
die Fastnacht als feindlicher Übergriff verstanden. Dass etwa in Rottweil 1935
bei einer KdF-Veranstaltung die örtliche Fastnachtsfigurengruppe eines „Brieler
Rössles" mit zwei „Treibern" auf die Bühne stürmte, konnte die dortige Narrenzunft zwar nicht verhindern, weil hinter der Initiative eine Privatperson steckte,
aber man war in der Zunft ausgesprochen verärgert darüber[11]. Die späteren

Einmischungsversuche von KdF in die Fastnachtstouristik stießen bei den Zünften erst recht auf Ablehnung, weil die Träger der Fastnacht sich organisatorisch
nicht fremdbestimmen lassen wollten.

Trotz solcher Bekundungen von Unwillkommenheit beim Versuch von
NS-Organisationen, als Mitveranstalter der Fastnacht aufzutreten, ließen die
Parteiideologen nicht locker und konzentrierten sich auf das, was den Narren
schmeichelte: Auf die Interpretation ihres Tuns als uralte „Volksüberlieferung"
aus vorchristlich-germanischer Zeit, was zugleich auch eine „Entchristlichung"
der Fastnacht und ihre gedankliche Loslösung vom Kirchenjahr und von der Fastenzeit einschloss. Das Konstrukt einer Verbindung zum Germanentum, an das
die nationalsozialistische Volkskunde übrigens durchaus selber glaubte, beruhte
auf einem gravierenden Missverständnis der Brauchdeutung, das bereits viele
Jahre vor 1933 im Umlauf war und das, obwohl inzwischen längst widerlegt, von
Journalisten wider besseres Wissen teilweise noch bis heute gläubig nachgebe-
tet wird. Um sein Zustandekommen zu verstehen, bedarf es eines kurzen historischen Exkurses: Nach der Reformation wurden von den Anhängern Martin
Luthers viele aus dem römischen Kirchenjahr erwachsene und für die evangeli-
sche Seite gegenstandslos gewordene Bräuche kurzerhand als „papistisch" oder
„heidnisch" bezeichnet, was so viel wie „papsttreu" oder „katholisch" meinte. Zu
diesen Brauchformen gehörte auch die Fastnacht, für die es nach dem Wegfall
der Fastenzeit in protestantischen Territorien keine plausible Begründung mehr
gab. Zwar erlosch das „heidnische" Treiben in manchen evangelischen Gebieten
erst im Lauf des 17. Jahrhunderts, aber an dessen offizieller Einschätzung durch
die reformierte Polemik änderte dies nichts. In der Epoche der Romantik nun
griffen Forscher wie die Brüder Grimm auf der Suche nach der mythologischen
Vorstellungswelt der Germanen – 1835 erschien Jacob Grimms große „Deutsche
Mythologie" – das Reizwort „heidnisch" aus protestantischen Brauchbeschrei-
bungen hellhörig auf. Sie deuteten dieses aber nicht, wie es eigentlich richtig
gewesen wäre, als „unchristlich" im Sinne von „katholisch", sondern fälsch-
licherweise als „vorchristlich" und damit „germanisch".[12] Hieran knüpfte dann
wiederum die sogenannte mythologische Schule der älteren Volkskunde an,
zu deren prominentesten Vertretern etwa der Grimm-Schüler Wilhelm Mannhardt zählte[13], und daraus erwuchsen, stark verkürzt dargestellt, schließlich die
irrtümliche Rückführung vieler Bräuche auf germanische Wurzeln und ihre
Fehleinschätzung als Relikte aus „grauer Vorzeit". Diese aus dem geschilderten
Missverständnis entstandene „germanische Kontinuitätsprämisse", von der sich
die heutige Forschung mit Nachdruck distanziert, kam der Weltanschauung
des Nationalsozialismus natürlich sehr entgegen. Dementsprechend monoman

wurde sie ständig wiederholt und betont zum Kern einer angeblich echten volksgemeinschaftlichen Fastnacht gemacht.

Ein überzeugter Anhänger und nachdrücklicher Verfechter des mythologisch-germanischen Deutungsmusters war nun eben auch der bereits erwähnte erste „wissenschaftliche" Begleiter der schwäbisch-alemannischen Fasnet, Hermann Eris Busse. Indem er jeden Zusammenhang zwischen Fastnacht und liturgischem Jahr negierte und die sprachliche Herleitung der Festbezeichnung von „Nacht vor dem Fasten" schroff zurückwies, erklärte er in seiner erstmals 1935 gedruckten und 1937 in endgültiger Fassung erschienenen Schrift „Alemannische Volksfasnacht" den Sinn der närrischen Tage wie folgt: „Die nordischgermanischen Volkschaften, die nach dem tiefen und harten, lebentötenden Winter den überwältigenden Aufgang des Jahres zum Licht und zum fruchtzeugenden Erwachen der Natur erleben, feiern (…) aus wilder Freude, wenn auch mit Furcht gemischt vor der Rückkehr der kalten Dämonen, die Tage der Maske und der Verwandlung…"[14]. Für die Zünfte zog Busse daraus das missionarische Fazit: „Jetzt sind wir überzeugt, dass die Volksfastnacht einen erneuten und auch einen vertieften Sinn wieder erhält; denn wenn man es auch belächeln möchte, so tief bei diesem Frühlingsfest auf der Schwelle des Winters zu verweilen, es ist Gleichnis, es ist Beweis des völkischen Selbstbewusstseins in einem erbgesunden Stamme."[15]

Bei seinen Einlassungen zu den Maskenschnitzern machte er sich zum Propagandisten germanischer Rassenlehre, als er 1937 schrieb: „Heute werden gern wieder Schreckmasken geschnitten, und zwar aus eindeutigen Gründen solche mit Judennasen. Das schlichte Volk, aus dem die Maskenschnitzer stammen, geht hier unbewusst gegen das an, was ihm als Gegengeist erscheint."[16] – Die Erläuterung des Funkensonntags, dessen Feuerbräuche den letzten Ausklang der Fastnacht bilden, nutzte er für eine Belehrung der Leser in Sachen NS-Symbolkunde: „Der Sonne zum Sinnbild rollen sie das feurige Strohrad den Rain hinab, dass es über die Felder sprüht, sie mit Fruchtbarkeit zu segnen. Aus dem feurigen Sinnbild der Sonne entstand das Hakenkreuz."[17] Und in den Schlusssätzen zur „Alemannischen Volksfasnacht" räsonierte Busse über den Stellenwert der Brauchpflege im „Dritten Reich": „Brauchtum (…) ist das Zuchtgesetz der Volksseele, aus dem Instinkt geboren, (…) die innere Sprache des Volkes, ausgedrückt in schaubaren Sinnbildern. Das schöpferische, gesunde Volk schafft sich Sinnbilder neu, wo es die alten verloren hat oder 'ver-braucht'. Wir leben in einer Zeit, da sich neue große Sinnbilder formen."[18]

Während sich die Narren an der Ideologiebefrachtung dieses unbegreiflicherweise noch Jahrzehnte später gern gelesenen ersten Weißbuchs der schwäbischalemannischen Fasnet offenbar wenig störten, waren sie umso erschreckter, als sie merken mussten, dass ab 1936, nahezu zeitgleich mit Busses Zentralschriften, das NS-Regime konsequent dazu überging, selber gestaltend in die Fastnacht einzugreifen und deren Inhalt und Ablauf maßgeblich mitzubestimmen. Insbesondere die NS-Organisation „Kraft durch Freude" (KdF) und das „Amt Feierabend", eine Unterabteilung von KdF, waren auf breiter Front bestrebt, sich als Mitveranstalter von Narrensprüngen, Umzügen und Saalveranstaltungen in die Szene zu drängen. In offiziellen KdF-Verlautbarungen wurde daraus keinerlei Hehl gemacht. So stand etwa im KdF-Winterprogramm 1936/37 für den Kreis Überlingen zu lesen: „Es (...) ist unsere Aufgabe, alte Volksfeste immer mehr in unsere Hand zu bekommen und ihre Gestaltung zu bestimmen. Dafür ist die Zeit des Karnevals besonders geeignet. In diesem Jahr wollen wir versuchen, den Rosenmontag durch unsere Organisation zu gestalten, wie dies bereits in einigen Kreisstädten der Fall ist."[19]

Parallel dazu brachte das „Amt Feierabend" in Berlin sogar einen über 60-seitigen offiziellen Ratgeber zur richtigen Handhabung der Fastnachtsfeier heraus. Der in ganz Deutschland verbreitete Leitfaden mit einem Lebensrad-Motiv auf dem Umschlag erklärte seine Absichten im Vorwort so:

> Allmählich entsteht in Zusammenarbeit mit den Stellen, die für die Volkstumsarbeit maßgeblich und interessiert sind, in den Heften der NSG [= Nationalsozialistischen Gemeinschaft] 'Kraft durch Freude' der Ring des Jahreslaufes. Die darin niedergelegten Arbeitsmittel sind geschichtlich unterbaut, weltanschaulich-politisch gesichtet und für die praktische Arbeit gedacht (...). Wir kommen mit dieser Darstellung einem Verlangen vieler Männer in Stadt und Land nach, die gern ein ordentliches Fasnachtsfest durchführen wollen.[20]

Gleich in den ersten Abschnitten präsentierte das Heft die philologisch abstruse, aber ideologisch passende entchristlichte Deutung des Festnamens mit den entsprechenden Folgerungen: „Wer sich in unserem Volkstum umschaut, der entdeckt neben dem verunstalteten [!] Worte F a s t n a c h t [im Original hervorgehoben] eine Unzahl mundartlicher Ausdrücke wie Fasnacht – Faselnacht – Fasenacht – Faselabend. Von da her ist es uns schon klar, dass diese Festzeit nichts mit Fasten zu tun hat, sondern dass ihr eigentlicher Wortsinn bedeutet: Die Lebenskräfte brechen auf." Und weiter hieß es in dem Text:

> Es ist für uns, die wir in der Idee des Nationalsozialismus stehen, eine Aufgabe, diesem Lebensaufbruch eine Form zu geben, die unserer Art und unserem Wesen entspricht. So wie es uns bereits gelang, dem Maifest, der Sommersonnwende und dem Erntefest ein Gesicht zu geben, so soll dieses Fest ebenfalls ein wesentlicher Lebensausdruck unseres Volkes sein. – Es steht vom politischen Jahreslauf aus gesehen, zwischen der Zeit, in der das neue Reich auferstand [30. Januar], und dem Tag, an dem wir des Führers Geburtstag feiern [20. April].[21]

Ganz offensichtlich verfolgten die Nationalsozialisten also eine Strategie in zwei Schritten: Zunächst sollte die Fastnacht aus ihrem christlichen Sinnzusammenhang herausgebrochen und zum germanischen Winteraustreibungskult deklariert werden, dann wollte man sie propagandistisch ausschlachten und für politische Zwecke als Feier der NS-Volksgemeinschaft instrumentalisieren. Interessant ist hier vielleicht noch am Rande, dass Hermann Eris Busse, als er sein 1935 erstmals erschienenes Heft „Alemannische Volksfastnacht" zwei Jahre später neu herausgab, gemäß der seit 1936 gängigen NS-Etymologie zur Entchristlichung des Festnamens das auf die Fastenzeit verweisende „t" im Wort „Fastnacht" wegließ und die neue Publikation von 1937 mit dem nationalsozialistisch korrekten Titel „Alemannische Volksfasnacht" versah.

Ab der Mitte der 1930er Jahre, als die NS-Propaganda zunehmend die Deutungshoheit über die Fastnacht an sich zog, entwickelten viele Narren und Zunftfunktionäre in den Hochburgen des schwäbisch-alemannischen Raums ein eigentümlich gespaltenes Verhältnis zur immer stärkeren Usurpation ihrer Traditionen durch die staatliche Volkstumsideologie. Was den „alten" Fastnachtern extrem missfiel, war die brauchgestalterische Bevormundung durch das Amt Feierabend. Dass ihnen KdF-Leute von Berlin aus vorschreiben wollten, wie deutsche Fastnacht in der NS-Volksgemeinschaft richtig auszusehen habe, empfanden sie als Anmaßung und Eingriff in ihre ureigensten Kompetenzen. Nicht ungern hingegen hörten die südwestdeutschen Narren die schwülstigen mythologischen Deutungsmuster der NS-Volkskundler, weil diese der auch von der VSAN verfolgten Legitimationsstrategie durch die Autorität der Geschichte entgegenkam. Und was die Funktionäre der schwäbisch-alemannischen Fastnacht erst recht schmeichelhaft empfanden, war die Stärkung ihres Superioritätsgefühls gegenüber dem rheinischen Karneval, die ein Hermann Eris Busse ebenso vorantrieb wie der als NS-Wissenschaftler berüchtigte Inhaber des Volkskunde-Lehrstuhls an der Universität Heidelberg Eugen Fehrle. Letzterer, aus Engen im Hegau gebürtig, verfocht die Herleitung der südwestdeutschen Fastnacht aus germanischer Vorzeit vehement und bewertete im Unterschied dazu unisono mit Busse den rheinischen Karneval als seichte und traditionslose Großstadtunterhaltung. Die den Narren der VSAN mit solchen Beurteilungen eingeimpfte Überheblichkeit bezüglich anderer Feierformen sollte den Zweiten Weltkrieg noch lange überdauern.

Nicht nur, aber auch durch derartige Abqualifizierungen kamen die letzten karnevalesken Relikte in der südwestdeutschen Fastnacht nach 1935 bis auf wenige Ausnahmen weitgehend zum Erliegen. Die Folge davon war eine fast vollständige Entpolitisierung des äußeren Erscheinungsbildes der Straßenfastnacht. Während es bei den karnevalesken Themenumzügen mit Motivwagen verschiedentlich durchaus parteikonforme und antisemitische Schaustellungen gegeben hatte, bot die Reduktion des Umzugswesens auf ein bloßes Defilee vermummter Gestalten mit archaisch wirkenden Holzmasken und starrer Kleiderordnung für die Präsentation politischer Themen oder für agitatorische Inszenierungen keine Bühne mehr. Wie viel NS-Ideologie oder auch wie viel stille Kritik ab Mitte der 1930er Jahre in den Köpfen der vermummten Akteure wirklich steckten, lässt sich daher schwer beurteilen, zumal die spontane mündliche Kommunikation der Maskierten mit den Zuschauern im Schutz der Anonymität, im Dialekt als „schnurren", „strählen", „welschen" oder „aufsagen" bezeichnet, in ihrer Flüchtigkeit so gut wie nicht dokumentiert ist. Selbst vereinzelt noch erhaltene mitgeführte tagesaktuelle Kleinrequisiten wie Püppchen oder Symbole, die als Anknüpfungspunkte für Gespräche der Narren mit Unmaskierten dienten, geben wenig Auskunft, weil eben der verbale Kommentar dazu fehlt.

Kritik und Widerstände der Narren

Einige Fälle von Spötteleien, Spitzen oder gar Provokationen schwäbisch-alemannischer Narren oder Zunftvertreter gegen das NS-System, die teilweise von erstaunlichem Mut gegenüber dem totalitären Staat zeugen, sind aber doch überliefert bzw. lassen sich rekonstruieren. Ihnen sollen die folgenden Abschnitte gelten, die damit zugleich ein Thema anreißen, dem in der bisherigen Forschung kaum Beachtung geschenkt wurde. Gewiss standen die Narren, mit fortschreitender Dauer des „Dritten Reiches" zumal, dem NS-System mehrheitlich nicht oppositionell gegenüber. Und unbestritten dürfte auch sein, dass zunehmend mehr Aktive und frühere Anhänger anderer politischer Richtungen bis hin zu ehemaligen Zentrumswählern ein Parteibuch hatten. Aber dennoch gab es einzelne, die gerade die Fastnacht nutzten, um ihrer Skepsis, ja auch tiefen Abneigung gegenüber dem Hitlerregime Ausdruck zu geben – und dies auf mitunter beeindruckende Weise.

Als erstes Beispiel hierfür sei das Überlinger Narrenbuch genannt, die Chronik der gesamten Zunft der Narrenhochburg am Bodensee. Dort wurde und wird bis heute nach dem Aschermittwoch jede Fastnacht mit einer für das betreffende Jahr charakteristischen Bildseite illustriert. Was hier entstand, war zwar das Werk und die Meinungsbekundung eines Einzelnen, im Falle Überlingens des damals in der Stadt sehr angesehenen und heimatkundlich hoch engagierten Victor Mezger; seine Bewertungen aber wurden offenbar vom gesamten Zunftrat geteilt, in dessen Auftrag Mezger ja handelte.

Zu der Eintragung des Jahres 1933 ins Überlinger Narrenbuch muss man wissen, dass gleich die erste Fastnacht des „Dritten Reiches", knapp vier Wochen nach der „Machtergreifung" am 30. Januar 1933, auf nationaler Ebene im Zeichen gespenstischer Geschehnisse stand. In den Abendstunden des 27. Februar 1933 – es war die Nacht von Rosenmontag auf Fastnachtsdienstag – brannte nämlich in Berlin der Reichstag. Noch am Fastnachtsdienstag trat die «Verordnung des Reichspräsidenten zum Schutz von Volk und Staat» in Kraft, auch bekannt als „Reichstagsbrandverordnung", die wichtige Bürgerrechte der Weimarer Verfassung aufhob und damit der erste entscheidende Schritt zur Verwandlung Deutschlands von einer Demokratie in eine Diktatur war. Ausgerechnet also während die südwestdeutschen Narren und die rheinischen Karnevalisten in Kostüm und Maske die letzten Stunden der Fastnacht feierten, begann sich in Berlin das neue Regime zu demaskieren und sein wahres Gesicht zu zeigen.

Anknüpfend an die Koinzidenz dieser Ereignisse schuf Victor Mezger in der Zunftchronik ein kritisches Zeitdokument von visionärer Klarheit. Er gestaltete die Seite zur Fastnacht des Jahres 1933 mit dem Bild eines Überlinger Narrenrates, der sich auf einem Pulverfass sitzend mit einem jungen Mädchen vergnügt, während ein bösartig aussehender Glatzkopf mit Hakenkreuz auf dem Schädel durch seine Zigarette die Zündschnur in Brand setzt. Angesichts der politischen

Abb. 12: Überlinger Narrenbuch, Eintrag 1933.

Entwicklungen der Folgejahre kann man über dieses Maß an Prophetie aus
heutiger Sicht nur staunen. Und nicht minder beeindruckend ist, wie derselbe
Illustrator die nach 1933 rasch deutlich werdenden Sympathien des Regimes
für die schwäbisch-alemannische Fastnacht bewertete, in der die Ideologen den
Ausdruck nordisch-germanischer Tradition sahen. Als die NS-Propaganda den
Mummenschanz in seiner archaisch wirkenden südwestdeutschen Ausprägung
zum uralten Volkserbe stilisierte und dementsprechend hofierte, zeigte Mezger,
offenbar wieder im Konsens mit seinen Zunftbrüdern nach der Fastnacht 1934,
in welch verführerische Konfliktsituation einfache Narren durch die Avancen
der braunen Ideologen gerieten und wie schwer es war, sich der propagierten
„Volksgemeinschaft" auch der Narren zu entziehen. Nach der eindrücklichen
Pulverfass-Metapher des Vorjahres wählte er 1934 ein subtileres Bild: Eine
Maus im Hänsele-Kleid, dem typischen schwarzen Fransenkostüm der Überlingen Narren, schnuppert an einer scharf gestellten Mausefalle, deren Falltür
mit einem Hakenkreuz bezeichnet ist. Auch dieses Motiv, auf das sich seiner
Signifikanz wegen die Titel des vorliegenden Beitrags bezieht, spricht Bände,
zeigt es doch eindrücklich, wie gefährlich nahe manche Narren nach Meinung
des Zeichners bereits 1934 daran waren, sich für politische Zwecke ködern zu
lassen und damit ihre Freiheit zu verlieren.

Abb. 13: Überlinger Narrenbuch, Eintrag 1934.

Mit dem Eintrag 1935 gelangt das Überlinger Narrenbuch zu einer bedrü-
ckenden Bilanz der Auswirkungen der ersten beiden Jahre NS-Herrschaft auf
die Brauchentwicklung der Fastnacht: Jetzt sind die Aktiven in den Augen des
Chronisten endgültig nicht mehr Herren ihres Handelns, sondern zu Vorzei-
ge-Gefangenen der NS-Volkskunde und der völkischen Propagandamaschine-
rie geworden. Visualisiert wird dies durch ein in einer verkorkten Glasflasche
eingesperrtes Hänsele, das von einem Fotografen, einem Filmkameramann und
drei mit Notizblöcken ausgestatteten Männern von außen beobachtet wird – alle
übrigens in braunen Anzügen –, während ein Radioreporter die gewonnenen
Erkenntnisse mit weit aufgerissenem Maul über ein Mikrophon in die Öffentlichkeit posaunt. Das Hänsele, dem Ersticken nahe, ruft verzweifelt „Luft, Luft!"
Und unter dem Bild stehen jeweils in Anführungszeichen die sarkastischen
Worte „Narrentreffen" und „organisierter Humor".

Abb. 14: Überlinger Narrenbuch, Eintrag von 1935.

Während Victor Mezger seine kritisch-resignative Sicht der Dinge nur zunft-
intern, also in einem relativ geschützten Rahmen, dokumentierte und sie nicht
weiter publik machte, gab es durchaus auch offensivere und öffentliche Formen
närrischer Systemkritik. Beispiele hierfür liefert etwa das „Narrenblättle" in
Rottweil, eine seit 1924 regelmäßig erscheinende Fastnachtszeitung[22]. Was sich
die anonymen Schreiber, meist auch zum Kern der lokalen Zunft gehörig, dort
an politischer Narrenfreiheit herausgenommen haben, erstaunt heute insofern,
als die besagten Äußerungen weder zum Verbot des „Narrenblättles" noch zur
Sanktionierung oder Inhaftierung der Urheber führten. Mit welch beißendem
Spott die Autoren bisweilen vorgingen, zeigt etwa die „Narrenblättle"-Ausgabe
des Jahres 1937[23], in der die Parodie einer NS-Rede unter anderem folgende Formulierungen enthielt: „Meine Volksgenossen! Bei uns ist doch seit 1933 alles
Mögliche in Bewegung gekommen (…). Keiner ist so gering, daß er nicht ein
Göring werden könnte (…) Deutschland ist heute schon ein Rosenberg, und
das ist kein Mythos, sondern eine blutige Gewißheit."[24] Sarkastisch wurde weiter
räsoniert: „Wem Gott ein Amt gibt, dem gibt er eine Uniform (…). Wem die
Partei eine Uniform gibt, dem gibt sie auch den Verstand (…). Wer die richtige
Uniform trägt, hat auch die richtige Weltanschauung." Und schließlich: „Wem
die Weltanschauung den Verstand nimmt, den belegt der Staat mit Zuwachs-
steuer." Texte wie dieser offenbaren einerseits, was die Fasnetsorganisatoren
in Rottweil von der NS-Herrschaft und den Emporkömmlingen des Systems
hielten, und sie verblüffen andererseits insofern, als sie von den „Nazis" offenbar kommentarlos und ohne jegliche Konsequenzen für die Druckerei oder die
Autoren hingenommen wurden, die sicher leicht zu ermitteln gewesen wären
oder waren. Angesichts der Tatsache, dass das „Narrenblättle" damals immerhin in einer Auflage von über 1000 Exemplaren erschien, die auch ihre Käufer
fand, erstaunt es umso mehr, was sich die NS-Leute von den Narren an Spott
und Frivolitäten dann doch gefallen ließen, ohne zu reagieren. Ganz offensichtlich hing dieses parteiintern zweifellos abgestimmte Stillhalten gegenüber den
närrischen Sticheleien damit zusammen, dass man es sich seitens des Regimes
mit den Trägern der Fastnacht nicht verderben wollte, um diese weiterhin als
völkisches Erbe instrumentalisieren zu können. Insofern war es wohl Strategie,
höherer Ziele wegen die verbalen Spitzen der Fastnachter eben zähneknirschend
hinzunehmen.

Ein spektakuläres, aber trotz seiner Prominenz wenig bekanntes Beispiel
massiver Systemkritik aus Fastnachtskreisen verbindet sich mit dem Ort Meßkirch und steht dort im Zusammenhang mit einem berühmten Familienna-
men. In dem kleinen Städtchen an der Südabdachung der Schwäbischen Alb
Richtung Bodensee wurde nämlich 1889 Martin Heidegger geboren, einer der

bedeutendsten Philosophen des 20. Jahrhunderts. Mit seinem ersten Hauptwerk „Sein und Zeit" 1926 zu Ruhm gelangt, wurde er 1933 Rektor der Universität Freiburg. In der Rolle des Wissenschaftlers brillant, aber als frühes NSDAP-Mitglied und Verfasser flammender Bekenntnisse zum Führer war er nicht unumstritten und bereitet den akademischen Erben seines Nachlasses bis heute Kopfzerbrechen. Im Gegensatz zu Martin Heidegger, der weit herumkam, blieb sein fünf Jahre jüngerer Bruder Fritz bis auf ein paar kurze Exkurse zeitlebens in Meßkirch, wo er schließlich eine Anstellung bei der Volksbank fand. Obwohl kaum weniger begabt als der berühmte Spross der Familie, hatte bei ihm ein Sprachfehler die angestrebte Theologenlaufbahn verhindert[25].

Trotz seines Handicaps – er stotterte – wurde Fritz Heidegger bald zu einer Lokalgröße der Meßkircher Fastnacht, wo er sich alljährlich durch viel beachtete Fastnachtsreden profilierte, die er an exponierter Stelle hielt und bei denen sein Sprachproblem auf wundersame Weise jeweils für kurze Zeit wie weggeblasen schien. Vor großem Publikum gingen ihm die Worte merkwürdigerweise ohne Probleme von der Zunge. Leider sind nur drei seiner Reden im Manuskript überliefert, davon zwei aus der Zeit des „Dritten Reichs" und eine aus der Nachkriegszeit. Aber eben die beiden aus den 1930er Jahren hatten es in sich und sorgten für Aufsehen. – Die erste wurde 1934 gehalten, als die Nationalsozialisten in Meßkirch bereits einen Lehrer und einen Redakteur wegen kritischer Äußerungen im „Heuberger Volksblatt" in Haft genommen hatten, während andererseits Martin Heidegger sich mit dem Gewicht seines Namens deutschlandweit in großen, pathetischen Vorträgen zum Führer bekannte. Völlig unabhängig davon agierte Fritz Heidegger indessen auf örtlicher Ebene als närrischer Zeitkritiker, indem er seine besondere Verbindung zur Fastnacht stets aus seinem Geburtsdatum ableitete: Er hatte das Licht der Welt an einem Fastnachtsdienstag erblickt.

So trat er 1934 verkleidet als einer der Herren von Zimmern, der einst bedeutenden Ortsadeligen, auf ein Gerüst und wandte sich in skurriler Rhetorik an die versammelten Meßkircher. Nach dem Dank für den begeisterten Empfang räsonierte er zunächst über den Sommer 1933, der so heiß gewesen sei, „daß er alles braun werden ließ".[26] Anschließend forderte er von den Herren Stadträten „mehr Humor und Mutterwitz" und „neben dem oft wie hinter Nebel verschleierten Sachverständnis mehr Kraft durch Freude". Und parodistisch an stramme Führerprogramme angelehnt, formulierte er dann mit Blick zum Himmel gebetsähnlich: „Verleihe, daß unsere Hühner regelmäßig Eier legen, daß unsere Sauen hessen und rudelweise Ferkel werfen, dass unsere Kühe vorschriftsmäßig kalben und immer wieder rindern, doch uns, oh Herr, bewahr vor weiteren Kindern. Amen."

In eigenwilligem Vorgriff auf den Aschermittwoch ging Fritz Heidegger danach auf den Vanitasgedanken ein, indem er vom Sterben sprach und ebenso tief katholisch wie narrenphilosophisch verkündete: „Der Tod ist das Ende eines Traums und der Anfang des eigentlichen Seins… Diese Erkenntnis hilft die Todesfurcht bannen, eine andere, noch wichtigere Erkenntnis muß dazu kommen: jeder von euch ist eine Null, eine komplette Null; und wer daran zweifelt, daß er eine Null ist, der ist sogar eine Obernull." Wohlweislich ohne genaue Benennung der Adressaten, aber in der stillen Gewissheit, damit schon die Gemeinten zu erreichen, fügte er mit großem Gestus über die zuhörende Menge hinzu: „Unter all diesen gibt es extreme, überspannte, eifernd lieblose Himmelsstürmer, die glauben, sie hätten die Weisheit mit Löffel[n] gefressen; sie schreiten durch die Straßen in Begleitung des lieblichen Unterbewußtseins: ich danke Gott, daß ich nicht so bin wie die andern… Hütet Euch vor diesen 100 %igen." Als hundertprozentig galten, das wusste jeder, die Parteigenossen. Indirekt an sie adressiert, dann die makabre Wendung: „Und wenn sie sterben, da stehen sie, ich sah es oft, vor der Ewigkeit so klein, sehen aus wie begossene Pudel, brauchen lange Zeit, ehe sie sich vom ersten Schrecken erholt haben".

Den rhetorischen Höhepunkt der Rede Fritz Heideggers aber bildete eine apokalyptische Prophezeiung, die – formuliert 1934 (!) – bis heute Staunen verursacht, weil sie sich wenige Jahre später fast genauso bewahrheiten sollte. Gerade einmal zwölf Monate nach Hitlers „Machtergreifung" schloss er seine eigenwilligen Ausführungen mit den Worten:

> Darum, meine Freunde, wenn in wenigen Jahren der 2. Weltkrieg ausbricht, schlimmer als der erste, wenn asiatische, japanische Flugzeuge über Meßkirch kreisen und einige 100 Giftgranaten abwerfen… seid ohne Furcht: in einer Viertelstunde seid ihr alle selig ohne Purgatorium (reinigendes Fegefeuer), aber, aber, aber: nur unter der entscheidenden Voraussetzung, daß ihr Euch von heute an stündlich und täglich übet und trainiert in dem einzigen Bestreben: das aus innerster Wahrhaftigkeit zu werden, was ihr schon immer seid: von A bis Z ein Häuflein Dreck!

Damit endete die merkwürdige Rede.

Zwar nicht mehr ganz so prophetisch, dafür aber umso schärfer gegenüber dem Regime war Fritz Heideggers zweite erhaltene Fastnachtrede von 1937. Da sagte er: „Der eine sieht am hellichten Tag Gespenster, der andere zittert vor dem Schlag der Zeit und wieder ein anderer verwechselt die Volkswerdung der Nation mit einem alten Kasernenhof. Die wunderbare Tatsache: Alles zieht an einem Strick – und keiner traut dem anderen!"[27] Und abschließend hochironisch:

> Meßkirch muss mustergültig werden in der Schaffung des neuen Menschen, dann kommt für Meßkirch das goldene Zeitalter. Dann wird alles andere da sein, und dann kann der Ortsgruppenleiter nach Berlin telegrafieren: Meßkirch – einstmals an erster Stelle der Rindviehzucht ist nun die erste Stadt wahrhaftiger, auf Humor und Kraft und Einsicht und Ehrfurcht aufgebauter Volksgemeinschaft.

Warum Fritz Heidegger solchen aus Sicht des Regimes unfassbaren Defätismus aussprechen konnte, ohne dafür sanktioniert zu werden, darüber kann man nur spekulieren. Möglicherweise lag es am berühmten Bruder, dessentwegen man öffentlichen Ärger vermeiden wollte, vielleicht auch an einer gewissen Milde des Kreisleiters aus persönlichen Gründen, der als Nachbar der Heideggers die Familie gut kannte und daher womöglich zähneknirschend stillhielt. Der wahre und in diesem Fall wahrscheinlich sehr komplexe Hintergrund für die Tolerierung derart kühn genutzter Narrenfreiheit durch den NS-Machtapparat bleibt ein Geheimnis. Klar aber ist: Dass Fritz Heidegger als Fastnachtsredner in Meßkirch unter vielen Einheimischen große Sympathie genoss und dass sich zu seinen närrischen Vorträgen offenbar mit gespanntem Vergnügen jeweils das halbe Städtchen einfand, bestätigt die in der Forschung monoman wiederholte Pauschalthese von einer gelungenen Vereinnahmung der schwäbisch-alemannischen Fastnacht durch die NS-Politik nicht. Ganz im Gegenteil: Der mehr oder weniger offen gezeigte Konsens der Einwohner mit Heideggers gewagten Sprüchen stellt zumindest denjenigen unter den südwestdeutschen Fastnachtern, die von Kindesbeinen an, viele sogar seit Generationen in diesem Brauch verwurzelt waren, kein schlechtes Zeugnis aus.

Inwiefern freilich diesen Verstößen die Absicht zugrunde lag, sich selbst bewusst aus der nationalsozialistischen Volks- und damit Wertegemeinschaft auszuschließen, ließe sich nur beantworten, wenn es mehr Informationen über die individuellen politischen Einstellungen und Haltungen der „Widerständigen" gäbe. Dabei wäre insbesondere relevant zu wissen, wie deren Haltung zur Exklusion der Juden war – allein über diesen Punkt liegen bislang praktisch keine wissenschaftlich zufriedenstellenden Studien vor. Einzig Berthold Hamelmann beschreibt in seiner Untersuchung zur Freiburger Fastnacht einige Lebensläufe jüdischer Fastnachter.[28] Zu diesen gehörte etwa der angesehene Arzt Hans Ludwig Pollock, der führendes Mitglied der „Freiburger Großen Karnevalsgesellschaft" war. Im Dezember 1933 wurde der um die Freiburger Fastnacht Hochverdiente unter Hinweis auf den eingeführten „Arierparagrafen" bei der Neukonstituierung der Gesellschaft ausgeschlossen. Der diffamierte und beruflich diskriminierte Mitbürger wurde schließlich auch wegen seines karnevalistischen Engagements öffentlich angegriffen. Aufgrund der Deportation in das KZ Dachau im Zuge der Reichspogromnacht erkrankt, starb Pollock 1939.

Ob die von Hamelmann beschriebenen Freiburger Fälle typisch für die schwä-bisch-alemannische Fastnacht sind, ist eher skeptisch zu sehen. Freiburg hatte keine alte Fastnachtstradition und war in den 1930er Jahren überwiegend karne-valesk am rheinischen Muster orientiert, wie es allein schon der Name der dort federführenden Narrenorganisation belegt: „Große Karnevalsgesellschaft". Mit seinem Fokus auf Freiburg erfasst Hamelmann, dessen Studie mit gutem Grund den Titel „Helau und Heil Hitler" trägt, also nicht die schwäbisch-alemannische Fastnacht im eigentlichen Sinn, um die es im vorliegenden Beitrag ausschließlich geht, sondern er untersucht Hybridformen ohne lange örtliche Verankerung, die ein Phänomen für sich darstellen und einer gesonderten Analyse bedürften.

Zeitzeugenüberlieferungen aus Traditionsstädten der schwäbisch-alemanni-schen Fastnacht wie etwa Rottweil oder Villingen berichten nichts von einem Aus-schluss jüdischer Fastnacher, wie dies in Freiburg praktiziert wurde. Im Gegenteil, einzelne jüdische Mitbürger, die das Dritte Reich überlebten, erinnerten sich später sogar gern an die Fastnacht kleiner Narrenorte als an ein Stück alte Heimat. Eine jüdische Familie aus Rottweil beispielsweise, die Mitte der 1930er Jahre rechtzeitig emigrieren konnte, hatte in ihrem neuen Zuhause in Santa Monica in Kalifornien zeitlebens die mitgenommenen Rottweiler Fastnachtslarven als Andenken an der Wand hängen. Die letzte Angehörige der Erlebnisgeneration starb dort 2018, und ihre Kinder und Enkel waren in jüngerer und jüngster Zeit mehrfach Gäste bei der Rottweiler Fasnet. Der Umgang mit jüdischen Fastnachern scheint also in überschaubaren Traditionsorten deutlich besser gewesen zu sein als in größeren Städten, wofür nicht zuletzt die Brüder Heidegger eine gewisse Indikatorenfunk-tion haben: Der Freiburger Universitätsrektor lebte in der Breisgaumetropoloe in einem völlig anderen sozialen Klima als sein im kleinen Meßkirch zurückgebliebe-ner Bruder Fritz. Dementsprechend unterschiedlich waren auch die Fastnachten hier und dort. Zum Schicksal jüdischer Fastnacher bedarf es also erst weiterer Forschungen, ehe dazu differenzierte Aussagen möglich sind.

Es bleibt am Ende noch von einem bemerkenswerten Eklat zu berichten, den es in der Fastnacht von 1939, der letzten vor dem Krieg, in Weingarten in Oberschwaben gab. Wie die vorangegangenen Beispiele zeigten, verhielten sich Parteifunktionäre gegenüber fastnächtlicher Kritik, sofern diese allgemein blieb oder nur Personen der lokalen oder regionalen Ebene betraf, aus dem Kalkül der Demonstration einer gewissen Leutseligkeit erstaunlich tolerant. Sobald jedoch hohe Repräsentanten des Regimes oder gar der Führer selbst Zielscheibe des Spotts wurden, traten umgehend die Organe des Überwachungsstaats auf den Plan. Eben ein solcher Fall ereignete sich 1939 bei der Plätzlerzunft in Weingarten. Dort erschien im Umzug an der Ehrentribüne vor dem Rathaus plötzlich ein Narr im traditionellen Plätzler-Kleid, dessen Holzmaske unverkennbar die Züge Adolf

Hitlers trug. Den Berichten von Augenzeugen zufolge erhob der Vermummte zuerst die Hand zum Hitlergruß, rief in Richtung der Ehrengäste „Sieg heil!", fügte nach Aussagen anderer noch einen defätistischen Spruch hinzu, tauchte dann wieder im Narrengetümmel unter und verschwand unerkannt hinter irgendeiner Häuserecke. Die auf Anordnung des anwesenden NSDAP-Kreisleiters aus Ravensburg sofort ausgelöste Fahndung verlief ergebnislos: Der Provokateur wurde nicht gefunden, auch von niemandem verraten, und die Larve blieb verschwunden.

Im Lauf der Zeit und nach dem Krieg nahmen die Erzählungen über den Vorgang mehr und mehr legendäre Züge an, ja es wurden später sogar Zweifel am Wahrheitsgehalt des Ereignisses überhaupt laut – bis die inkriminierte Hitlermaske sage und schreibe sieben Jahrzehnte später im benachbarten Baienfurt aus Privatbesitz wieder zutage kam. Während das Rätsel um den Träger weiterhin ungelöst blieb, weiß man inzwischen doch etwas über den Schnitzer der Larve und dessen Hintergründe. Es war Alfons Arnold aus Weingarten, ein zunächst überzeugter Nationalsozialist, der aufgrund persönlicher Erfahrungen als Mitglied der Wachmannschaft im KZ Dachau seinen Dienst quittierte und zum Systemgegner wurde. Im Krieg aufgrund seiner politischen Unzuverlässigkeit einem Strafbataillon zugewiesen, fiel Arnold 1941 an der Ostfront[29]. Die Porträtmaske, die den Führer zum Narren machte, schnitzte er offenbar in der Phase seines Bruchs mit dem Regime. Seit 2014 befindet sich das kuriose Stück im Besitz der Plätzlerzunft, in deren Museum in Weingarten sie zu besichtigen ist – als Dokument einer brisanten Episode lokaler Fastnachtsgeschichte.

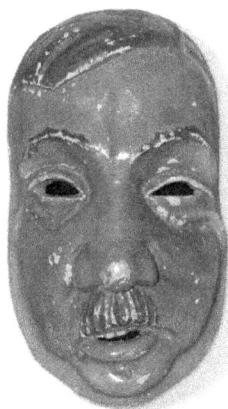

Abb. 15: Weingarten, Hitlermaske von 1939.

Die VSAN und die Gleichschaltung der Fastnacht im BDK

Entgegen dem heute oft zu hörendem Pauschalurteil über eine angeblich durch und durch braune Vergangenheit der schwäbisch-alemannischen Fastnacht, bieten die geschilderten Beispiele ein wesentlich differenzierteres Bild. Zweifellos stieg die Zahl der Parteigenossen unter den Akteuren mit den Jahren mehr und mehr an, aber die tragenden Kräfte zumindest der Traditionszünfte blieben doch vielfach Leute mit christlich-konservativer Gesinnung, die sich gegenüber den neuen Machthabern keineswegs willfährig zeigten und von ihrer Narrenfreiheit nicht selten unter Inkaufnahme erheblicher Risiken Gebrauch machten. In den späten 1930er Jahren freilich zog der NS-Machtapparat die Schlinge um den Brauchkomplex Fastnacht, Fasching und Karneval immer mehr zu. Als einen der letzten Schritte im Prozess der Vereinheitlichung aller Bereiche des Kulturlebens leitete das Reichsministerium für Volksaufklärung und Propaganda mit der Gründung des Bundes Deutscher Karneval (BDK) am 16. Januar 1937 den totalen Zugriff auf das deutsche Fastnachtsgeschehen ein, durch den sämtliche diesbezüglichen Brauchaktivitäten im Reich gleichgeschaltet werden sollten.[30] Der Präsident des neuen BDK war schon vorher von Joseph Goebbels bestimmt worden. Es sollte der Regierungsrat Reinhard, der Leiter des Münchner Kulturamts sein. Seine Wahl war nur eine Formsache. Dennoch verlief sie gespenstisch. Weil er wegen einer fehlenden Stimme nicht einstimmig gewählt wurde, weigerte sich Reinhard solange, sein Amt anzutreten, bis der Opponent sich melden würde. Es war ein Vertreter des Mainzer Karnevalsvereins, der dann kleinlaut bemängelte, dass dem Präsidium gar kein Vertreter des Karnevals angehöre. Er wurde daraufhin belehrt, es gehe hier nicht um einen Bund deutscher Karnevalisten, sondern um einen Bund deutscher Karneval. Erst nach dieser Zurechtweisung war Reinhard bereit, das Präsidentenamt zu übernehmen.

Mit massivem Druck wurden die rheinischen Karnevalshochburgen schließlich im BDK zusammengeschlossen. Die Aufnahme der Vereinigung schwäbisch-alemannischer Narrenzünfte in den BDK aber verzögerte sich. Weniger aus politischen Gründen als aus der puristischen Angst heraus, dass jetzt Karneval und Fastnacht vermischt würden, war nämlich im November 1936 im Präsidium der VSAN beschlossen worden, niemanden zur Gründungsversammlung des BDK zu entsenden. Allerdings fuhr der Präsident Albert Fischer entgegen der Absprache dann doch nach München – es war die Magie der Mausefalle. Vor Ort musste er aber feststellen, dass ein Sitz für ihn im Ausschuss Brauchtum des BDK gar nicht vorgesehen war. Die Aussicht auf einen Sitz in dem später noch zu bildenden „Großen Rat des BDK" zerschlug sich im Folgejahr ebenfalls, und zwar aus einem banalen Grund: Der zur zweiten BDK-Tagung 1938 in

Mainz als Kandidat für den Posten entsandte VSAN-Vertreter hatte schlicht den Versammlungstermin verwechselt, und so besetzte den Platz Harry Schäfer aus Breisach, der sich 1936 mit einigen Narrenzünften von der VSAN abgespalten und in Konkurrenz zu ihr den „Verband Oberrheinischer Narrenzünfte" gegründet hatte.

Zwar wurde die wegen ihres Terminversäumnisses nicht nach Mainz gekommene VSAN laut schriftlicher Mitteilung im Nachhinein doch noch in den BDK aufgenommen, aber im letzten verbleibenden Friedensjahr vermochte der verlängerte Arm des Staatsapparats in der schwäbisch-alemannischen Fastnacht nicht mehr allzu viel auszurichten. Der Kriegsausbruch setzte dem Fastnachtstreiben und somit auch dessen Steuerungsversuchen durch das Regime ein Ende. Vor der kulturpolitischen Gleichschaltung der Fastnacht blieb die Vereinigung schwäbisch-alemannischer Narrenzünfte somit verschont. Gibt man freilich der Wahrheit die Ehre, so wird man einräumen müssen, dass die VSAN-Repräsentanten der Magie der Mausefalle eigentlich schon erlegen waren und dass die Falle nur deshalb nicht zuschnappte, weil die Mäuse sich im Datum geirrt hatten. Dessen ungeachtet berief sich das Präsidium der VSAN nach dem Krieg mit Stolz auf seine Distanz zum BDK, auch wenn es diese Distanz in Wirklichkeit nur einer Terminverwechslung verdankte. Das haben die Narren später natürlich wohlweislich verschwiegen und nach dem Krieg ihr versehentliches Nichterscheinen bei der Mainzer BDK-Sitzung von 1938 in ein Widerstandsnarrativ transformiert.

Zusammenfassend lässt sich sagen, dass sich die Akteure und Funktionäre der schwäbisch-alemannischen Fastnacht 1933 vehement gegen jede Art von Fremdbestimmung wehrten. Das geschah aber weniger aus einem Widerwillen heraus, Teil der neuen Volksgemeinschaft zu sein, als aus Angst vor einer „Vergemeinschaftung" mit dem Karneval. Von diesem wollte man sich nämlich um jeden Preis absetzen, weil man ihn für oberflächlich, seicht und traditionslos, das eigene Tun hingegen für tiefgründig, wertvoll und durch hohes Alter geadelt hielt. Der Umgang der schwäbisch-alemannischen Narren mit den Angeboten der NS-Ideologie war allerdings dennoch nicht konsequent, sondern genau betrachtet ein selektives Wechselspiel aus Distanz und Nähe. Während sie jede Form der Mitorganisation, Mitgestaltung oder gar Einflussnahme auf Brauchformen durch NS-Organisationen wie KdF oder das Amt Feierabend schroff ablehnten, schienen ihnen die Schriften der NS-Volkskunde durchaus willkommen, weil sie sich durch deren Narrativ von den vorchristlich-germanischen Wurzeln ihres Mummenschanzes aufgewertet und in besonderer Weise legitimiert sahen. Für die NS-Ideologen wiederum war umgekehrt das tatsächlich oder vermeintlich Archaische der schwäbisch-alemannischen Fastnacht so attraktiv, dass sie ihren Trägern ungeachtet aller Zurückweisungen immer wieder neue Avancen machten.

Die ostentative Interesselosigkeit an parteipolitischen Vereinnahmungsversuchen hielten die schwäbisch-alemannischen Narren bis in die zweite Hälfte der 1930er Jahre durch. Erst als 1937 mit der vom Ministerium für Volksaufklärung und Propaganda initiierten Gründung des Bundes Deutscher Karneval die kulturelle Gleichschaltung selbst das Brauchtum der närrischen Tage im gesamten Reich erfasste, begann der Isolationismus der schwäbisch-alemannischen Fastnachtsfunktionäre zu bröckeln. Nach kontroversen Diskussionen wurde das Beharren auf der eigenen Besonderheit schwächer und überwog schließlich im Präsidium der VSAN doch der Wunsch nach Zugehörigkeit zu einer umfassenden Volksgemeinschaft, die zwischen Rheinländern und Süddeutschen keinen Unterschied machte. Dass der Entschluss der VSAN-Vertreter, sich einer gemeinsamen Dachorganisation mit den Karnevalisten unterzuordnen, dann in der Praxis so gut wie nicht mehr zum Tragen kam, bewirkte der Ausbruch des Zweiten Weltkriegs, der ab 1940 allen Fastnachtsaktivitäten ein Ende machte.

Anmerkungen

1. Jürgen Klöckler zit. nach Eberhard Wein: Narren verbannen die Lieder des Nazidichters, in: Stuttgarter Nachrichten vom 09.09.2018. Detaillierte Rechercheergebnisse des Konstanzer Archivars zum Fall Hermann siehe Jürgen Klöckler: Eine Ikone der Fasnacht am Bodensee. Zur NS-Vergangenheit des Konstanzer und Stockacher Fasnachters Willi Hermann, in: Schriften des Vereins zur Geschichte des Bodensees und seiner Umgebung 137 (2019), S. 3–32.
2. Siehe etwa Utz Jeggle: Fasnacht im Dritten Reich. Einige brauchgeschichtliche Aspekte, in: Narrenfreiheit. Beiträge zur Fastnachtsforschung, Tübingen 1980, S. 227–238 (Untersuchungen des Ludwig-Uhland-Instituts der Universität Tübingen, Band 51); Berthold Hamelmann: Helau und Heil Hitler. Alltagsgeschichte der Fasnacht 1919 – 1939 am Beispiel der Stadt Freiburg, Eggingen 1989 (Alltag und Provinz, Band 2).
3. Näheres zum Folgenden: Werner Mezger: Schwäbisch-alemannische Fastnacht. Kulturerbe und lebendige Tradition, Darmstadt 2015, S. 39 ff.
4. Christian Huonker: Narrozunft Villingen und die Vereinigung Schwäbisch-alemannischer Narrenzünfte, in: Chronik der Historischen Villinger Fastnacht, hg. von der Historischen Narrozunft Villingen, Villingen 1984, S. 135 ff.
5. Huonker (Anm. 4), S. 136.
6. Günter Schenk, Fassenacht in Mainz. Kulturgeschichte eines Volksfestes, Stuttgart 1986, S. 80.
7. Zum Folgenden Werner Mezger: Vom organischen zum organisierten Brauch. Fasnet in Südwestdeutschland und die Vereinigung Schwäbisch-Alemannischer Narrenzünfte, in: Zur Geschichte der organisierten Fastnacht. Vereinigung Schwäbisch-Alemannischer Narrenzünfte, hg. von Wilfried Dold (u. a.), Vöhrenbach 1999, S. 21 ff.

8.   Wilfried Dold/ Armin Heim: Zur Geschichte der Vereinigung Schwäbisch-Aleman-
     nischer Narrenzünfte, in: Zur Geschichte der organisierten Fastnacht. Vereinigung
     Schwäbisch-Alemannischer Narrenzünfte, hg. von Wilfried Dold (u. a.), Vöhrenbach
     1999, S. 55.
9.   Martin Blümcke: Gestalten der schwäbisch-alemannischen Fasnacht, Konstanz 1989,
     S. 22 ff.
10. Zit. nach Uwe Schreiber/ Wilfried Dold: Immer mehr Zünfte – Fasnet ohne Ende?
     in: Zur Geschichte der organisierten Fastnacht. Vereinigung Schwäbisch-Alemanni-
     scher Narrenzünfte, hg. von Wilfried Dold (u. a.), Vöhrenbach 1999, S. 217.
11. Vgl. dazu Jeggle (Anm. 2), S. 227 ff.
12. Hermann Bausinger: Von der Altertumsforschung zur Kulturanalyse, Berlin (u.a.)
     1971, S. 30 ff. und S. 41 ff.
13. Ingeborg Weber-Kellermann/ Andreas C. Bimmer: Einführung in die Volkskunde/
     Europäische Ethnologie, 2. erw. u. erg. Auflage, Stuttgart [2]1985, S. 34 ff. und S. 41.
14. Hermann Eris Busse: Alemannische Volksfasnacht, Karlsruhe 1937, S. 3 f.
15. Hermann Eris Busse: Alemannische Volksfastnacht (Mein Heimatland 1 und 2 1935),
     Freiburg 1935, S. 2.
16. Busse (Anm. 14), S. 148.
17. Ebd., S. 149 f.
18. Ebd., S. 151.
19. Mezger (Anm. 7), S. 27.
20. Otto Schmidt (Hg.): Feste und Feiern im Jahresring, Heft 1: Deutsche Fasnacht, hg.
     von der NSG „Kraft durch Freude", Amt Feierabend, Berlin [1937], S. 4.
21. Schmidt (Anm. 20), S. 11.
22. Zur Geschichte des „Narrenblättles" und seiner Vorläufer siehe Karl Lambrecht: Rott-
     weiler Narrenfibel, Rottweil 1974, S. 63.
23. Sämtliche Nummern des „Narrenblättles" befinden sich im Stadtarchiv Rottweil.
24. Alfred Rosenberg war der Verfasser des Buches „Der Mythos des 20. Jahrhunderts",
     einer der zentralen Schriften zur NS-Ideologie, die bis 1933 allein 16 Auflagen erlebte.
25. Zum Folgenden Hans Dieter Zimmermann: Martin und Fritz Heidegger. Philosophie
     und Fastnacht, München 2004, S. 22 ff.
26. Zit. nach Zimmermann (Anm. 25), S. 34–39.
27. Zit. nach Zimmermann (Anm. 25), S. 43–47.
28. Hamelmann (Anm. 2), S. 220–243.
29. Raimund Weible: Oberschwäbischer Holzschnitzer karikiert 1939 Adolf Hitler mit
     einer Fastnachtsmaske, in: Schwäbisches Tagblatt/ Südwestpresse vom 16.02.2014;
     siehe auch Mezger (wie Anm. 3), S. 57 f.
30. Zum Folgenden Mezger (Anm. 7), S. 29 f.

Anhang

Frank Teske, Michael Kläger

Zu den Archivbeständen der Mainzer Fastnacht

Erst relativ spät begann in Mainz ein systematischer Aufbau einer Quellen-
sammlung zur Geschichte der Mainzer Fastnacht von den Anfängen bis zur
Gegenwart. Dies geschah mit der Gründung des Mainzer Fastnachtsarchivs
am 18. Januar 1972 auf Initiative des Bürgermeisters Karl Delorme, städtischer
Dezernent für Soziales und Kultur und zugleich beliebter Büttenredner in der
Mainzer Fastnacht[1]. Zu diesem Zeitpunkt erging ein Aufruf an die damals exis-
tierenden 35 Karnevalsvereine und -gruppierungen aus Mainz und den Voror-
ten (einschließlich der seit 1945 abgetrennten rechtsrheinischen) sowie über die
Tagespresse an die Mainzer Öffentlichkeit mit der Bitte, Materialien wie Orden,
Liederhefte, Programme etc. für ein neu zu gründendes Fastnachtsarchiv zur
Verfügung zu stellen.[2] Auf Ersuchen Delormes übernahm Dr. Ludwig Falck,
damaliger Leiter des Mainzer Stadtarchivs, ehrenamtlich die fachliche Leitung
des neuen Fastnachtsarchivs. Dieser konnte 1978 auf einen Bestand von über
7.000 Archivalien unterschiedlichster Art verweisen, die mit den Jahren sys-
tematisch archivalisch erfasst wurden.[3] Das neu gegründete Fastnachtsarchiv
wurde allerdings nicht als Sonderabteilung in die Bestände des Mainzer Stadtarchivs integriert. Es war beabsichtigt, es als eigenständige Einrichtung zusammen
mit einem geplanten Fastnachtsmuseum zu verbinden, in dem die Sammlungsstücke (Schriftgut und andere Sammlungsstücke) gezeigt werden sollten.

Aus der bereits 1977 durch die Stadt Mainz gegründeten „Jakob-Wucher-
Stiftung zur Erforschung der Geschichte des Mainzer Karnevals und zur
Pflege des närrischen Brauchtums"[4] erwuchs 1989 der „Förderverein Mainzer
Fastnachtsmuseum" unter dem Gründungsvorsitzenden Karl Delorme. Das
Fastnachtsmuseum sowie das Archiv erhielten nach wechselnden Unterbrin-
gungsorten (u.a. im Rathaus) einen adäquaten Präsentations- und Archivraum
und befinden sich seit der Einweihung am 4. Juni 2004 in den historischen Räumen des ehem. Proviantamts. Die ehrenamtliche Leitung von Fastnachtsmuseum und Fastnachtsarchiv übernahm in Personalunion der ehemalige Direktor
des Mainzer Stadtarchivs Friedrich Schütz[5]. Dabei blieben die archivalischen
Bestände zunächst städtisches Eigentum. Erst 2017 übertrug die Stadt Mainz
das nunmehr von Dr. Michael Kläger ehrenamtlich betreute und inzwischen
über 33.000 Sammlungsstücke umfassende Fastnachtsarchiv dem Förderverein
Mainzer Fastnachtsmuseum, derzeit unter dem Vorsitz von Gerd Ludwig.

Das Archivteam erfasst, ordnet und digitalisiert die vielfältigen Materialien (Drucksachen und Manuskripte, Kleinstdrucksachen wie Menükarten oder Eintrittskarten, Zeitungsausschnitte, Fotos, Sammelalben und auch großformatiges Schrift- und Bildmaterial, wie z. B. Plakate und audiovisuelles Archivgut wie Filmrollen, Videobänder, Schallplatten und Tonbänder, Fastnachtsorden, Textilien wie Kappen, Uniformen und Kostüme sowie großformatige Stücke wie gerahmte Bilder, Standarten und Fahnen). Die Digitalisierung seit 2010 nach Übernahme der handschriftlich verfassten Eingangsbücher zielt darauf, die Suche nach Archivalien möglichst vollständig (nach Sachgruppe, Verein und Bild) am Computer durchzuführen.

Seit 2018 bemüht sich ein erweitertes Team um eine rasch anwachsende Erfassung und Digitalisierung der jährlich wachsenden Neuzugänge, nicht aber der „Altbestände". Das Fastnachtsarchiv arbeitet seit 2018 mit einer Vollversion des Bibliotheks- und Archivprogramms FAUST, das auch im Stadtarchiv verwendet wird und so den Abgleich der Bestände sowie gemeinsame Recherchen ermöglicht.

Die digitalisierte Erfassung sortiert nach Signatur und Sachgruppen und erfasst auch Provenienz und Art der Erwerbung. Auch das Bildmaterial liegt zum großen Teil in digitalisierter Form vor. Wie in jedem Vereinsarchiv stößt die verdienstvolle Arbeit der Verantwortlichen immer wieder an zeitliche, finanzielle oder räumliche Grenzen. Tatsächlich sind wertvolle Nachlässe zu historischen Persönlichkeiten zwar verzeichnet, aber noch unbearbeitet in den Kartons gelagert. Auch die Nachlässe, z.B. von Martin Mundo (30.10.1882–14.3.1941), werden innerhalb der Sachgruppen erfasst, werden aber geschlossen einsortiert. Eine dringliche Notwendigkeit, vor allem zur Erhaltung des vom Verfall bedrohten Papiermaterials älterer Jahrgänge, wäre eine vollständige digitale Erfassung der Zeitschrift „Narrhalla", die nicht nur in diesem Band zu einer wichtigen Quellengrundlage wurde.

An dieser Stelle ist auf weitere Archive mit Materialien zur Mainzer Fastnacht hinzuweisen, die durch eine Zusammenarbeit der Verantwortlichen gestützt und von den Vereinen ermöglicht wird. Dazu gehören die Vereinsarchive des Mainzer Carneval-Vereins (Leitung: Dr. Michael Kläger), des Mainzer Carneval Clubs (Stefan Baum und Thomas Röhrig), der Mainzer Prinzengarde (aufgebaut von Alban Schalk und Dr. Dieter Degreif, übernommen von Jürgen Schmitt) und der Mainzer Ranzengarde (Dr. Hermann Josef Braun und Dr. Thomas Berger). Stellvertretend und doch einzigartig sollte unbedingt auch die Sammlung zur Geschichte der Mainzer Fastnacht von Konrad Schué genannt werden.

Anmerkungen

1. Helmut Wirth: Zwei Baumeister des neuen Mainz. Oberbürgermeister a. D. Jockel Fuchs und Bürgermeister a. D. Karl Delorme vollendeten das 80. Lebensjahr, in: Mainz. Vierteljahreshefte für Kultur, Politik, Wirtschaft, Geschichte 20.1 (2000), S. 49–65, hier S. 63.
2. Karl Delorme: Ein Archiv für Fassenacht-Souvenirs, in: Consens Mainz 3 (2004), S. 34 f., hier: S. 34.
3. Ludwig Falck: Das Mainzer Fastnachtsarchiv, in: Unsere Archive. Mitteilungen aus den rheinland-pfälzischen und saarländischen Archiven 9 (1978), S. 2–4.
4. Allgemeine Zeitung (Mainzer Anzeiger) vom 17./18. Dezember 1977 (Hanold: Stadt begründet eine „Jakob-Wucher-Stiftung").
5. Zur Biographie vgl. Wolfgang Dobras: In Memoriam Friedrich Schütz, in: Mainzer Zeitschrift 103 (2008), S. V–VI.

Felicitas Janson

Bildzeugnisse der Mainzer Fastnacht im Nationalsozialismus

Die Bildstrecke zeigt eine Auswahl von Fotos zu Motivwagen und Fußgruppen der Rosenmontagszüge in Mainz von 1933–1939. Die Bilder stammen aus dem Archiv des Fastnachtsmuseums Mainz. Die Fotonummern sind im Bildnachweis eingetragen. Die Bildfolge beinhaltet auch Abbildungen, auf die in den Beiträgen Bezug genommen wird.

Abb. 16: Mainz, Rosenmontagszug 1933, Zugnummer 11 mit dem Motto „Kinder-lieferung am laufenden Band" und dem Untertitel: „Wie se komme, so komme se am laufenden Band."

Abb. 17: Mainz, Rosenmontagszug 1933. Als sogenannte Utschebebbes (dialektale Diffamierung von Soldaten marokkanischer Herkunft in der Zeit der französischen Besetzung nach dem Ersten Weltkrieg) verkleidete Soldaten; dahinter Marianne mit einem Panzer als Oberkörper und Messern am Rock.

Abb. 18: Mainz, Rosenmontagszug 1933. Zugwagen unter dem Motto: „Der schwerkranke Völkerbund", begleitet von Soldaten verschiedener Nationen.

Abb. 19: Mainz, Rosenmontagszug 1934, Zugnummer 80. Vorderseite: sanftmütige Frauenfigur, Friede und Abrüstung symbolisierend.

Abb. 20: Derselbe Wagen, Zugnummer 80. Rückseite: lüsterner französischer Soldat nach dem Muster der „Schwarzen Schmach" (Diffamierungskampagne deutscher Nationalisten).

Abb. 21: Mainz, Rosenmontagszug 1934. Zugwagen mit Nachbildung der unter den Nationalsozialisten abgebrochenen Skulptur „Freiheit", die ehemals auf dem Schillerplatz aufgestellt war, an die Rheinlandbefreiung 1930 erinnerte und von einem jüdischen Künstler gestaltet worden war.

Abb. 22: Mainz, Rosenmontagszug 1934. „Vier mal Zwillinge" als Hinweis auf die nationalsozialistische Familienpolitik.

Abb. 23: Mainz, Rosenmontagszug 1935, Zugnummer 40 „So endete eine Liebe".

Abb. 24: Mainz, Rosenmontagszug 1934, Motivwagen. Beim Kampf um das Saargebiet wird Frankreich unterstellt: „Sie wolle stehle wie die Dohle, die Saar mitsamt der Kohle".

Abb. 25: Mainz, Rosenmontagszug 1935, Zugnummer 36. Unter dem Motto: „Mir lossen widder wachse" wird der moderne Bubikopf abgelehnt zu Gunsten der Rückkehr zu einer traditionellen Frauenfrisur.

Abb. 26: Mainz, Eintopfessen auf dem Liebfrauenplatz, Veranstaltung des Winter-
hilfswerks am 12. Januar 1936 unter Mitwirkung zahlreicher Fastnachtsvereine
und -garden (rechts: Seppel Glückert).

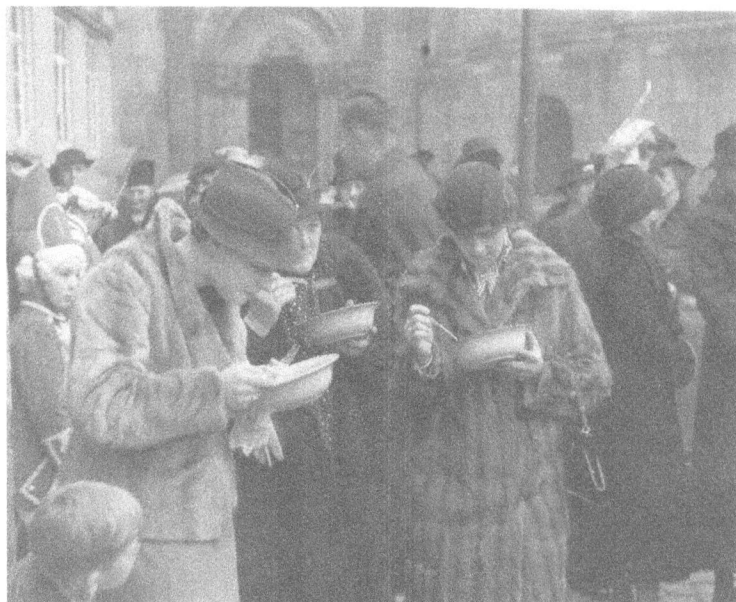

Abb. 27: Mainz: Beim Eintopfessen 1936 zeigt sich die „praktizierte" Volksgemeinschaft: neben Fastnachtern auch Damen im Pelz.

Abb. 28: Mainz, Rosenmontagszug 1936, Zugnummer 73: „Sofa für Kinderreiche".
Untertitel: „Mainzer Reichspatent Nr. 1111, kann bei Bedarf ausgezogen werden."

Abb. 29: Mainz, Rosenmontagszug 1936, Zugwagen mit dem Motto: „Ein ‚arig'
narrischer Stammbaum" als Anspielung auf die nach den Nürnberger Rassengesetzen
verordneten Abstimmungsnachweise.

Abb. 30: Mainz, Rosenmontagszug 1936, Zugwagen zum Weinpanscher-Skandal. Motto: „Ham mer auch gemacht Eintopf" als Diffamierung jüdischer Weinhändler. Untertitel: „Fremde Art hat, so betätigt[,] deutschen Handel schwer geschädigt."

Abb. 31: Mainz, Rosenmontagszug 1936, Zugwagen mit dem Motto: „Gutes tue nicht bekleckern, sonst wirst du in Dachau meckern." Das KZ Dachau wird als „Besserungsanstalt" für Kritiker verharmlost.

Abb. 32: Mainz, Rosenmontagszug 1938, Vorderansicht des Zugwagens „Gaas Schutz Raum".

Abb. 33: Gleicher Zugwagen, Eingang zum „Gaas Schutz Raum".
Verballhornung des Zivilschutzprogramms in Vorbereitung des Krieges.

Abb. 34: Mainz, Rosenmontagszug 1938, Zugnummer 63 mit dem Motto: „Du tanzt jetzt mit mir in den Himmel hinein" zeigt ein Paar vor dem Standesamt. Untertitel: „Ja, Ja! Merk dir, o Junggeselle, aus manchem Himmel wurd' 'ne Hölle."

Abb. 35: Mainz, Rosenmontagszug 1939, Zugnummer 87 mit dem Motto: „Ich koch so gut ich konn, frisst's die Sau nit[,] frisst's mein Monn."

Abb. 36: Mainz, 1946, nach dem Krieg: Kinderumzug in den Trümmern der Mainzer Altstadt.

Gedruckte Quellen und Literatur

(Beiträge aus der Mainzer Carneval-Zeitung „Narrhalla" und der zeitgenössischen Presse wurden nicht aufgenommen. Sie sind in den Anmerkungen nachgewiesen.)

100 Jahre Mainzer Carneval-Verein. Jubiläumsfestprogramm und Programm des Rosenmontagszuges 1938, hg. vom Mainzer Carneval-Verein, Mainz 1938.

Ahbe, Thomas: Feiertage der DDR – Feiern in der DDR. Zwischen Umerziehung und Eigensinn, Erfurt 2017.

Assmann, Jan: Der zweidimensionale Mensch. Das Fest als Medium des kollektiven Gedächtnisses, in: Das Fest und das Heilige. Religiöse Kontrapunkte zur Alltagswelt, hg. von Jan Assmann, Gütersloh 1991, S. 13–30.

Bajohr, Frank/ Wildt, Michael (Hg.): Volksgemeinschaft. Neue Forschungen zur Gesellschaft des Nationalsozialismus, Frankfurt a. M. 2009.

Balzer, Wolfgang: Mainz. Persönlichkeiten der Stadtgeschichte, Band 3: Geschäftsleute, epochale Wegbereiter, Baumeister, Fastnachter, Originale, Ingelheim 1993.

Bausinger, Hermann: Von der Altertumsforschung zur Kulturanalyse, Berlin (u.a.) 1971.

Berco, Otto: In meiner Badewanne bin ich Kapitän. Ein heiterer Foxtrot. Worte: Wilh. Krug und Ludwig Bernauer, Wien 1937.

Bericht über die 2. Reichstagung des „Bund Deutscher Karneval" e. V. in Düsseldorf vom 13.-15. Januar 1939, hg. von Max Reinhard, München [o. J.].

Bildungs- und Erziehungsplan des Kindergartens. Quartalspläne für die Arbeit in der älteren Gruppe, hg. vom Deutschen Pädagogischen Zentralinstitut, Berlin 1963.

Bildungs- und Erziehungsplan des Kindergartens. Quartalspläne für die Arbeit in der jüngeren und mittleren Gruppe, hg. vom Deutschen Pädagogischen Zentralinstitut, Berlin 1964.

Bilz, Fritz: Unangepasst und widerborstig. Der Kölner Karnevalist Karl Küpper 1905–1970, Köln [2]2018.

Blaschke, Anette: Zwischen „Dorfgemeinschaft" und „Volksgemeinschaft". Landbevölkerung und ländliche Lebenswelten im Nationalsozialismus, Paderborn 2018.

Blaschke, Olaf: Stufen des Widerstands – Stufen der Kollaboration, in: Widerstand? Forschungsperspektiven auf das Verhältnis von Katholizismus und

Nationalsozialismus, hg. von Andreas Henkelmann und Nicole Priesching, Saarbrücken 2010, S. 63–88.

Blümcke, Martin: Gestalten der schwäbisch-alemannischen Fasnacht, Konstanz 1989.

Bolz, Fritz: Unangepasst und widerborstig. Der Kölner Karnevalist Karl Küpper 1905–1970, Köln ²2018.

Bonewitz, Herbert: „Kappen, Kult und Kokolores". Die Mainzer Fastnacht zwischen Anspruch und Widerspruch – Reflexionen eines Zeitzeugen, in: Fastnacht/Karneval im europäischen Vergleich, hg. von Michael Matheus, Stuttgart 1999, S. 91–120.

Bösch, Frank: Das konservative Milieu. Vereinskultur und lokale Sammlungspolitik in ost- und westdeutschen Regionen (1900–1960), Göttingen 2002.

Bösch, Frank/ Wirsching, Andreas: Einleitung, in: Hüter der Ordnung. Die Innenministerien in Bonn und Ost-Berlin nach dem Nationalsozialismus, hrsg. von Frank Bösch und Andreas Wirsching, Göttingen 2018, S. 13–26.

Bracher, Karl Friedrich: Die deutsche Diktatur. Entstehung, Struktur, Folgen des Nationalsozialismus, Frankfurt a. M. (u.a.) 1979.

Brand, Karl-Heinz: Denn wenn et Trömmelche jeht, 1993, Interpreten: Die Räuber.

Braun, Rolf: Wolle mer'n eroilosse. 60 Jahre Mainzer Fassenacht, Mainz 1997.

Brockhaus, Gudrun: Die deutsche Mutter als Siegerin im Geschlechterkampf. Subtexte von Johanna Haares Ratgebern, in: Geschlechterbeziehungen und „Volksgemeinschaft", hg. von Klaus Latzel, Elissa Mailänder und Franka Maubach, Göttingen 2018, S. 45–63 (Beiträge zur Geschichte des Nationalsozialismus, Band 34).

Broo, Hanno: Gesellige und Sportvereine in Mainz 1945 bis 1948, in: Leben in den Trümmern. Mainz 1945 bis 1948, hg. von Anton Maria Keim und Alexander Link, Mainz 1985, S. 141–154.

Broszat, Martin: Plädoyer für eine Historisierung des Nationalsozialismus, in: Nach Hitler. Der schwierige Umgang mit unserer Geschichte. Beiträge von Martin Broszat, hg. von Hermann Graml und Klaus-Dietmar Henke, München 1986, S. 159–173.

Buchholz, Edith: Zur Vorbereitung auf den Tag, in: Neue Erziehung im Kindergarten 9 (1955), S. 8.

Buchholz, Wolfhard: Die nationalsozialistische Gemeinschaft „Kraft durch Freude". Freizeitgestaltung und Arbeiterschaft im Dritten Reich, München 1976.

Burleigh, Michael: Die Zeit des Nationalsozialismus. Eine Gesamtdarstellung, Frankfurt a. M. 2000.

Busse, Hermann Eris: Alemannische Volksfasnacht, Karlsruhe 1937.

Busse, Hermann Eris: Alemannische Volksfastnacht, Freiburg 1935 (Mein Heimatland, Hefte 1 und 2, 1935).

Carneval in Mainz 1927. Fastnachtszug und Festlichkeiten. Gedenkbuch an fröhliche Tage, hg. vom Mainzer Carneval-Verein, Mainz 1927.

Conze, Eckart: Die große Illusion. Versailles 1919 und die Neuordnung der Welt, München 2018.

Czarnowski, Gabriele: „Der Wert der Ehe für die Volksgemeinschaft". Frauen und Männer in der nationalsozialistischen Ehepolitik, in: Zwischen Karriere und Verfolgung. Handlungsräume von Frauen im nationalsozialistischen Deutschland, hg. von Kirsten Heinsohn, Barbara Vogel und Ulrike Weckel, Frankfurt a. M. 1997, S. 78–95 (Reihe Geschichte und Geschlechter, Band 20).

Danker, Uwe/ Schwabe, Astrid (Hg.): Die NS-Volksgemeinschaft. Zeitgenössische Verheißung, analytisches Konzept und ein Schlüssel zum historischen Lernen? Göttingen 2017.

Delorme, Karl: Ein Archiv für Fassenacht-Souvenirs, in: Consens Mainz 3 (2004), S. 34 f.

Deres, Thomas: Die inszenierte Volksgemeinschaft. Der 1. Mai in Köln während des Nationalsozialismus, in: Geschichte in Köln 25 (1989), S. 21–41.

Deutschland-Berichte der Sozialdemokratischen Partei Deutschlands (Sopade) 1934–1940, 4. und 5. Jahrgang (1937 bzw. 1938), hg. von Erich Rinner, Frankfurt a. M. [4]1980.

Dietmar, Carl/ Leifeld, Marcus: Alaaf und Heil Hitler. Karneval im Dritten Reich, München 2010.

Dietrich, Gerd: Kulturgeschichte der DDR. Band 2: Kultur in der Bildungsgesellschaft 1957–1976 und Band 3: Kultur in der Konsumgesellschaft 1977–1990, Göttingen 2018.

Diewald-Kerkmann, Gisela: Politische Denunziation im NS-Regime oder die kleine Macht der „Volksgenossen", Bonn 1995.

Dittrich, Otto: Zwölf Jahre mit Hitler, Köln 1962.

Dobras, Wolfgang: In Memoriam Friedrich Schütz, in: Mainzer Zeitschrift 103 (2008), S. V–VI.

Dold, Wilfried/ Heim, Armin: Zur Geschichte der Vereinigung Schwäbisch-Alemannischer Narrenzünfte, in: Zur Geschichte der organisierten Fastnacht. Vereinigung Schwäbisch-Alemannisches Narrenzünfte, hg. von Wilfried Dold (u. a.), Vöhrenbach 1999, S. 48–71.

Dombrowski, Erich/ Kraus, Emil/ Schramm, Karl (Hg.): Wie es war. Mainzer Schicksalsjahre 1945–48. Berichte und Dokumente, Mainz 1965.

Erziehung im Kindergarten, hg. vom Deutschen Pädagogischen Zentralinstitut, Berlin ²1958.

Etzemüller, Thomas: Total, aber nicht totalitär. Die schwedische „Volksgemeinschaft", in: Volksgemeinschaft. Neue Forschungen zur Gesellschaft des Nationalsozialismus, hg. von Frank Bajohr und Michael Wildt, Frankfurt a. M. 2009, S. 41–59.

Euler-Schmidt, Michael/ Leifeld, Marcus: Der Kölner Rosenmontagszug 1823–1948, Köln 2007.

Evans, Richard J.: Introduction, in: Journal of Contemporary History 39.2 (2004), S. 163–167.

Falck, Ludwig: Das Mainzer Fastnachtsarchiv, in: Unsere Archive. Mitteilungen aus den rheinland-pfälzischen und saarländischen Archiven 9 (1978), S. 2–4.

Fenske, Trudemie: Kritische Betrachtungen und Verbesserungsvorschläge zur Fest- und Feiergestaltung, 1. Teil, in: Neue Erziehung im Kindergarten 11 (1951), S. 14–16.

Fenske, Trudemie: Wir brauchen eine neue Festgestaltung, in: Neue Erziehung im Kindergarten 9 (1950), S. 9–12.

Filz, Walter: Es ist noch Känguruschwanzsuppe da. Die Wahrheit über den Kölner Karneval aufgrund der Beweismittel meines Vaters, Köln 2018.

Frei, Norbert: „Machtergreifung". Anmerkungen zu einem historischen Begriff, in: Der Weg in den Nationalsozialismus 1933/34, hg. von Michael Kißener, Darmstadt 2009, S. 38–49.

Frei, Norbert/ Schmitz, Johannes: Journalismus im Dritten Reich, München ³1999.

Freitag, Werner (Hg.): Das Dritte Reich im Fest. Führermythos, Feierlaune und Verweigerung in Westfalen 1933–1945, Bielefeld 1997.

Freitag, Werner: Der Führermythos im Fest. Festfeuerwerk, NS-Liturgie, Dissens und „100 % KDF-Stimmung", in: Das Dritte Reich im Fest, hg. von Werner Freitag, Bielefeld 1997, S. 11–77.

Freud, Sigmund: Totem und Tabu. Einige Übereinstimmungen im Seelenleben der Wilden und der Neurotiker, Frankfurt a. M. ³1972.

Frevert, Ute: Frauen, in: Enzyklopädie des Nationalsozialismus, hg. von Wolfgang Benz, Hermann Graml und Hermann Weiß, Stuttgart 1997, S. 220–234.

Frieß-Reimann, Hildegard: Der Siegeszug des Prinzen Karneval. Die Ausbreitung einer bürgerlichen Festform unter besonderer Berücksichtigung von Rheinhessen, Mainz 1988.

Frieß-Reimann, Hildegard: Fastnacht an der Rheinfront, in: Analyse eines Stadtfestes. Die Mainzer Fastnacht, hg. von Herbert Schwedt, Wiesbaden 1977, S. 275–304.

Frieß-Reimann, Hildegard: Fastnacht in Rheinhessen. Die Diffusion der Mainzer Fastnacht von der Mitte des 19. Jahrhunderts bis zur Gegenwart, Diss. phil. Mainz 1978.

Fröhlich, Elke (Hg.): Die Tagebücher von Joseph Goebbels, Teil I, Band 2/III, München 1998.

Fuchs, John Andreas: Rezension von: Dieter Deiseroth (Hg.): Der Reichstagsbrand und der Prozess vor dem Reichsgericht, in: sehepunkte 7 (2007). Online verfügbar unter http://www.sehepunkte.de/2007/07/12812.html (Aufruf am 26.02.2019).

Gailus, Manfred/ Nolzen, Armin: Einleitung. Viele konkurrierende Gläubigkeiten – aber eine „Volksgemeinschaft"?, in: Zerstrittene „Volksgemeinschaft". Glaube, Konfession und Religion im Nationalsozialismus, hg. von Manfred Gailus und Armin Nolzen, Göttingen 2011, S. 7–33.

Gamm, Hans-Jochen: Der Flüsterwitz im Dritten Reich, München 1964.

Gebhardt, Winfried: Fest, Feier und Alltag. Über die gesellschaftliche Wirklichkeit des Menschen und ihre Deutung, Frankfurt a. M. 1987.

Gesetzblatt der DDR, Teil I, Nr. 64/1952; Nr. 26/1986; Teil II, Nr. 38/1967; Nr. 48/1971.

Gesetze des NS-Staates. Dokumente eines Unrechtssystems, hg. von Ingo von Münch, 3. neubearb. u. erw. Auflage, Paderborn u.a. 1994.

Giebeler, Marcus: Die Kontroverse um den Reichstagsbrand. Quellenprobleme und historiographische Paradigmen, München 2010.

Glückert, Josef (Seppel): Das war Seppel Glückert. Protokolle, Vorträge, Anekdoten, Mainz ²1962.

Glückert, Josef (Seppel): „Die Träne rolle aus de Aage …", abgedruckt in Schütz, Friedrich: 150 Jahre MCV – 150 Jahre Stadtgeschichte, in: Bürgerfest und Zeitkritik. 150 Jahre Mainzer Fastnacht. 150 Jahre Mainzer Carneval-Verein 1838–1988, hg. vom Mainzer Carneval-Verein, Mainz 1987, S. 11–130.

Glückert, Josef (Seppel): Endlich Frieden un sunst nix!, in: Das war Seppel Glückert. Protokolle, Vorträge, Anekdoten, hg. von Wilhelm Glückert, Mainz 1962, S. 70.

Glückert, Josef (Seppel): Rede an der Westfront 1940, in: An die Mainzer aus aller Welt. Eine Blütenlese aus dem Protokollbuch vom Mainzer Carneval-Verein, Mainz 1940, unpaginiert [letzte drei Seiten].

Gotto, Klaus (u.a.): Nationalsozialistische Herausforderung und kirchliche Antwort. Eine Bilanz, in: Nationalsozialistische Diktatur 1933–1945. Eine Bilanz, hg. von Karl Dietrich Bracher (u.a.), Bonn 1983, S. 655–668.

Greavu, Alexandra: Das nach außen und das nach innen gekehrte Lachen." Formen des Humors während des Dritten Reiches, in: „Es schlägt 13!" Aberglaube, Mythos und Geschichte(n) in der deutschen Sprache und Literatur des mittel- und osteuropäischen Kulturraumes. XIII. Internationale Tagung Kronstädter Germanistik, hg. von Carmen E. Puchianu, Kronstadt 2011, S. 199–214 (Reihe Academica, Bde. 13/14).

Großbölting, Thomas: Volksgemeinschaft in der Kleinstadt. Kornwestheim und der Nationalsozialismus, Stuttgart 2017.

Grüttner, Michael: Das Dritte Reich 1933–1939, Stuttgart 2014.

Gute, Herbert: Von Neujahr bis Silvester. Die Fest-, Feier- und Gedenktage im Ablauf des Jahres, Rudolstadt 1959.

Gutmann, Thomas: Karneval im Nationalsozialismus, in: Academia 105.1 (2012) [o. S.].

Gutschik, Reinhold: Der politische Witz im Nationalsozialismus aus Sicht der Kommunikationswissenschaft, Marburg 2005.

Hachtmann, Rüdiger: Allerorten Mobilisierung? Vorschläge, wie mit Schlagworten in der Sozial- und Gesellschaftsgeschichte der NS-Diktatur umzugehen ist, in: Mobilisierung im Nationalsozialismus. Institutionen und Regionen in der Kriegswirtschaft und der Verwaltung des „Dritten Reiches" 1936 bis 1945, hg. von Oliver Werner, Paderborn 2013, S. 69–83 (Nationalsozialistische „Volksgemeinschaft", Band 3).

Hagemann, Jürgen: Die Presselenkung im Dritten Reich, Bonn 1970.

Hamelmann, Berthold: Helau und Heil Hitler. Alltagsgeschichte der Fasnacht 1919–1939 am Beispiel der Stadt Freiburg, Eggingen 1989 (Alltag und Provinz, Band 2).

Hanfgarn, Werner: „Der Narrheit eine Gasse!" Anekdoten, Episoden und Geschichten aus der Mainzer Fastnacht, in: Bürgerfest und Zeitkritik. 150 Jahre Mainzer Fastnacht. 150 Jahre Mainzer Carneval-Verein 1838–1988, hg. vom Mainzer Carneval-Verein, Mainz 1987, S. 175–187.

Hanfgarn, Werner: Der Präsident oder 85 Jahre Jakob-Wucher-Geschichte(n), in: Die Stadt. Die Fastnacht. Jakob Wucher in Geschichte und Geschichten, hg. von Werner Hanfgarn, Bernd Mühl und Friedrich Schütz, Mainz 1983, S. 211–294.

Hanfgarn, Werner (u.a.): Fünfundachtzig Mainzer Jahre. Die Stadt, die Fastnacht: Jakob Wucher in Geschichte und Geschichten, Mainz 1983.

Hartenstein, Wolfgang: Die Anfänge der Deutschen Volkspartei 1918–1920, Düsseldorf 1962.

Hartung, Annina/ Harwarth, Ursula: Wir singen mit den Jüngsten. Eine Liedsammlung für Kindergarten und Familie, Berlin 1957.

Hehl, Ulrich von: Die Kontroverse um den Reichtagsbrand, in: Der Weg in den Nationalsozialismus 1933/34, hg. von Michael Kißener, Darmstadt 2009, S. 91–117.

Hehl, Ulrich von: Nationalsozialismus und Region. Bedeutung und Probleme einer regionalen und lokalen Erforschung des Dritten Reiches, in: Zeitschrift für bayerische Landesgeschichte 56 (1993), S. 111–129.

Heimeshoff, Jörg A.: In den Fängen des Nationalsozialismus. Widerstand und Selbstbehauptung des Düsseldorfer Fabrikanten Leo Statz, in: Düsseldorfer Jahrbuch 68 (1997), S. 194–202.

Herzog, Rudolph: Heil Hitler, Das Schwein ist tot! Lachen unter Hitler – Komik und Humor im Dritten Reich. Frankfurt a. M. 2006.

Heß, Jürgen C.: „Das ganze Deutschland soll es sein". Demokratischer Nationalismus in der Weimarer Republik am Beispiel der Deutschen Demokratischen Partei, Stuttgart 1978.

Heyer, Friedrich: Die katholische Kirche vom Westfälischen Frieden bis zum Ersten Konzil, Göttingen 1963.

Hitler, Adolf: Mein Kampf. Eine kritische Edition, hg. von Christian Hartmann (u.a.), München, Berlin 2016.

Hitler, Adolf: Sämtliche Aufzeichnungen 1905–1924, hg. von Eberhard Jäckel und Axel Kuhn, Stuttgart 1980.

Hoeres, Peter: Zeitung für Deutschland. Die Geschichte der FAZ, München/ Salzburg 2019.

Hörhold, Klaus (u.a.): Feste und Feiern im Territorium, Leipzig 1978.

Hofer, Walther: Der Nationalsozialismus. Dokumente 1933–1945, Frankfurt a. M. 1982.

Hoffmann, Marianne: Gedanken über die Gestaltung von Festen und Feiern, in: Neue Erziehung im Kindergarten 10 (1951), S. 11–12.

Hofmann, Michael: Jubeln – Trubeln – Heitersein. Zur ostdeutschen Volksfestivalisierung, in: Vergnügen in der DDR, hg. von Ulrike Häußer und Marcus Merkel, Berlin 2009, S. 21–31.

Hoppe, Ingeburg (u.a.) Sozialistisch erziehen – allseitig bilden – auf die Schule vorbereiten, Berlin 1961.

Hoth, Christiane/ Raasch, Markus (Hg.): Eichstätt im Nationalsozialismus. Katholisches Milieu und Volksgemeinschaft, Münster 2017.

Hoth, Christiane/ Raasch, Markus: Katholisches Milieu und Volksgemeinschaft. Michael Rackl 1883–1948: Bischof von Eichstätt (1935–1948) im Dritten Reich, in: Zwischen Seelsorge und Politik. Katholische Bischöfe in der

NS-Zeit, hg. von Maria Anna Zumholz und Michael Hirschfeld, Münster 2018, S. 621–666.

Howind, Sascha: Kraft durch Freude und die Illusion eines besseren Lebens. Sozialpropaganda im Dritten Reich 1933–1939, Hannover 2012.

Hüsch, Hanns Dieter: Narren von Anbeginn, in: Nobis 105 (1962), S. 4.

Humor der Nationen. Ein lustiges Bilderbuch für den Münchener Fasching, hg. vom Verein Münchener Fasching, München 1937.

Huonker, Christian: Narrozunft Villingen und die Vereinigung schwäbisch-alemannischer Narrenzünfte, in: Chronik der Historischen Villinger Fastnacht, hg. von der Historischen Narrozunft Villingen, Villingen 1984, S. 135–141.

Jeggle, Utz: Fasnacht im Dritten Reich, in: Masken und Traditionen. Symposium anläßlich der Ausstellung „Masken und Narren. Traditionen der Fasnacht", Kölnisches Stadtmuseum, Köln 1974, S. 40–51.

Jeggle, Utz: Fasnacht im Dritten Reich, in: Narrenfreiheit. Beiträge zur Fastnachtsforschung, Tübingen 1980, S. 227–238 (Untersuchungen des Ludwig-Uhland-Instituts der Universität Tübingen, Band 51).

Karneval ernst und heiter, hg. vom Bezirkskabinett für Kulturarbeit Halle, Halle 1986.

Keim, Anton Maria: 11mal politischer Karneval. Weltgeschichte aus der Bütt, Mainz 1966 und Frankfurt a. M. (u.a.) 1969.

Keim, Anton Maria: 150 Jahre politisch-literarische Fastnacht. Von der Freiheit der Narren und wechselnden Zensoren, in: Bürgerfest und Zeitkritik. 150 Jahre Mainzer Fastnacht, 150 Jahre Mainzer Carneval-Verein 1838–1988, hg. vom Mainzer Carneval-Verein, Mainz 1987, S. 131–148.

Kepplinger, Philipp: Määnzer Fassenacht zur Nazizeit. Erinnerungen an Ereignisse aus der Kampagne vor 50 Jahren: „Die Verhaftung", in: Mainz. Vierteljahreshefte für Kultur, Politik, Wirtschaft, Geschichte 5.1 (1985), S. 42–44.

Kershaw, Ian: „Volksgemeinschaft". Potenzial und Grenzen eines neuen Forschungskonzepts, in: Vierteljahrshefte für Zeitgeschichte 59 (2011), S. 1–17.

Kißener, Michael: Der Weg in den Nationalsozialismus – eine „Revolution". Zur Einführung, in: Der Weg in den Nationalsozialismus 1933/34, hg. von Michael Kißener, Darmstadt 2009, S. 7–13 (Neue Wege der Forschung).

Kißener, Michael: Grundzüge der historischen Entwicklung, in: Kreuz, Rad, Löwe. Rheinland-Pfalz. Ein Land und seine Geschichte, Band 2: Vom ausgehenden 18. Jahrhundert bis zum 21. Jahrhundert, hg. von Friedrich P. Kahlenberg und Michael Kißener, Mainz 2012, S. 57–150.

Kißener, Michael: Von punktuellen Dissonanzen, Schwarzschlächtern und aktivem Umsturz. Der Widerstandsbegriff im Wandel der Zeit, in: „Das

Vermächtnis ist noch in Wirksamkeit, die Verpflichtung noch nicht eingelöst". Der Widerstand gegen das „Dritte Reich" in Öffentlichkeit und Forschung seit 1945, hg. von Nils Kleine und Christoph Studt, Augsburg 2016, S. 29–40.

Kißener, Michael/ Roth, Andreas: Notare in der nationalsozialistischen „Volksgemeinschaft". Das westfälische Anwaltsnotariat 1933–1945, Baden-Baden 2017.

Kleinkunststücke, Band 3: Deutschlands Erwachen. Kabarett unterm Hakenkreuz 1933–1945, hg. von Volker Kühn, Weinheim, Berlin 1989.

Klepp, Brigitte: So feierten wir Fasching, in: Neue Erziehung im Kindergarten 3 (1956), S. 7–8.

Klersch, Joseph: Die Kölner Fastnacht von ihren Anfängen bis zur Gegenwart, Köln 1961.

Klöckler, Jürgen: Eine Ikone der Fasnacht am Bodensee. Zur NS-Vergangenheit des Konstanzer und Stockacher Fasnachters Willi Hermann, in: Schriften des Vereins zur Geschichte des Bodensees und seiner Umgebung 137 (2019), S. 3–32.

König, Wolfgang: Volkswagen, Volksempfänger, Volksgemeinschaft. „Volksprodukte" im Dritten Reich, Paderborn 2004.

Könnicke, Kurt: Man nehme… Zur politischen und künstlerischen Verantwortung der Karnevalisten, in: Karneval ernst und heiter, hg. vom Bezirkskabinett für Kulturarbeit Halle, Halle 1986, S. 3–13.

Kraus, Hans-Christof: Versailles und die Folgen. Außenpolitik zwischen Revisionismus und Verständigung 1919–1933, Berlin 2013.

Krawietz, Peter: Fastnacht am Rhein. Kult, Kultur, Geschichte, Mainz 2016.

Laffin, Elisabeth: Feste und Feiern im Kindergarten, Berlin 1962.

Lambrecht, Karl: Rottweiler Narrenfibel, Rottweil 1974.

Latzel, Klaus/ Mailänder, Elissa/ Maubach, Franka: Geschlechterbeziehungen und „Volksgemeinschaft". Zur Einführung, in: Geschlechterbeziehungen und „Volksgemeinschaft", hg. von Klaus Latzel, Elissa Mailänder und Franka Maubach, Göttingen 2018, S. 9–25 (Beiträge zur Geschichte des Nationalsozialismus, Band 34).

Leicht, Johannes: Biopolitik, Germanisierung und Kolonisation. Alldeutsche Ordnungsutopien einer ethnisch homogenen „Volksgemeinschaft", in: Jahrbuch für Antisemitismusforschung 19 (2010), S. 151–177.

Leifeld, Marcus: Der Kölner Karneval in der Zeit des Nationalsozialismus. Vom regionalen Volksfest zum Propagandainstrument der NS-Volksgemeinschaft, Köln 2015 (Schriftenreihe des NS-Dokumentationszentrums der Stadt Köln, Band 18).

Lepper, Herbert (Bearb.): Volk, Kirche, Vaterland. Wahlaufrufe, Aufrufe, Satzungen und Statuten des Zentrums 1870–1933, Düsseldorf 1998.

Liederbuch für die Vorschulerziehung, Berlin 1952.

Link, Alexander: „Schrottelzeit". Nachkriegsalltag in Mainz. Ein Beitrag zur subjektorientierten Betrachtung lokaler Vergangenheit, Mainz 1990.

Link, Rita/ Wandel, Doris: Die Mainzer Fastnacht und ihre ökonomische und politische Ausnutzbarkeit, in: Analyse eines Stadtfestes. Die Mainzer Fastnacht, hg. von Herbert Schwedt, Wiesbaden 1977, S. 39–76 (Mainzer Studien zur Sprach- und Volksforschung, Band 1).

Lübbe, Hermann: Der Nationalsozialismus im deutschen Nachkriegsbewußtsein, in: Historische Zeitschrift 236 (1983), S. 579–599.

Lübbe, Hermann: Politischer Moralismus. Der Triumph der Gesinnung über die Urteilskraft, Berlin 2019.

Lützeler, Heinrich: Philosophie des Kölner Humors, Honnef [10]1954.

MacMillan, Margaret: Paris 1919. Six Months That Changed the World, New York 2003.

Mahlerwein, Gunter: Rheinhessen 1816–2016. Die Landschaft, die Menschen und die Vorgeschichte der Region seit dem 17. Jahrhundert, Mainz 2015.

Mainzer Prinzengarde [Homepage]: Geschichte. 1928–1938. Beispiellose Ära und die Kommandeuse. URL: https://www.mainzer-prinzengarde.de/mainzerprinzengarde/diegarde-ueberuns/geschichte/ (Aufruf am 29.03.2019).

Mallmann, Klaus-Michael/ Paul, Gerhard: Herrschaft und Alltag. Ein Industrierevier im Dritten Reich, Bonn 1991.

Mateus-Berr, Ruth: Fasching und Faschismus. Ein Beispiel: Faschingsumzug 1939 in Wien, Wien 2007.

Mazower, Mark: The Historian Who Was not Baffled by the Nazis, in: The New York Review of Books vom 22. Dezember 2016, S. 70–72.

Meyer, Jürgen: Organisierter Karneval und „Narrenrevolte" im Nationalsozialismus. Anmerkungen zu Schein und Sein im Kölner Karneval 1933–1935, in: Geschichte in Köln 42 (1997), S. 69–86.

Mezger, Werner: Narretei und Tradition. Die Rottweiler Fasnet, Stuttgart 1984.

Mezger, Werner: Schwäbisch-alemannische Fastnacht. Kulturerbe und lebendige Tradition, Darmstadt 2015.

Mezger, Werner: Vom organischen zum organisierten Brauch. Fasnet in Südwestdeutschland und die Vereinigung Schwäbisch-Alemannischer Narrenzünfte, in: Zur Geschichte der organisierten Fastnacht. Vereinigung Schwäbisch-Alemannisches Narrenzünfte, hg. von Wilfried Dold (u.a.), Vöhrenbach 1999, S. 7–42.

Mitscherlich, Alexander: Gedanken über einen Politiker, in: Gedanken über einen Politiker, hg. von Dagobert Lindlau, München 1972, S. 23–29.

Moerlé, Karl: Wiedererstanden aus Schutt und Trümmern, in: 125 Jahre MCV. Eine Fastnachtsbetrachtung anläßlich des 125jährigen Bestehens des Mainzer Carnevals-Vereins 1838 e. V., hg. von Karl Moerlé und Hanns Halama, Mainz 1963.

Mohrmann, Ute: Lust auf Feste. Zur Festkultur in der DDR, in: Vergnügen in der DDR, hg. von Ulrike Häußer und Marcus Merkel, Berlin 2009, S. 32–51.

Möller, Horst: Die nationalsozialistische Machtergreifung – eine Revolution?, in: Der Weg in den Nationalsozialismus 1933/34, hg. von Michael Kißener, Darmstadt 2009, S. 14–37.

Möller, Horst/ Wirsching, Andreas/ Ziegler, Walter (Hg.): Nationalsozialismus in der Region. Beiträge zur regionalen und lokalen Forschung und zum internationalen Vergleich, München 1996.

Moll, Helmut: Leo Statz. Ein rheinischer Blutzeuge in der Zeit des Nationalsozialismus, in: Pastoralblatt für die Diözesen Aachen, Berlin, Hildesheim, Köln und Osnabrück 4 (1997), S. 114–117.

Mommsen, Hans: Der Mythos der Volksgemeinschaft. Die Auflösung der bürgerlichen Nation, in: Zur Geschichte Deutschlands im 20. Jahrhundert. Demokratie, Diktatur, Widerstand, hg. von Hans Mommsen, München 2010, S. 162–174.

Mühl, Bernd: Mainzer Carneval Club. Historie, in: Mainzer Carneval Club 1899 e.V., Mainz 2005. Online verfügbar unter https://www.mainzercarneval.club/historie/ (Aufruf am 27.02.2019).

Müller, Sven Oliver/ Torp, Cornelius (Hg.): Das deutsche Kaiserreich in der Kontroverse, Göttingen 2009.

Niem, Christina (u.a.): Alltagskultur im Wandel: Volkskundliche Perspektiven, in: Kreuz – Rad – Löwe. Rheinland-Pfalz – ein Land und seine Geschichte. Vom ausgehenden 18. Jahrhundert bis zum 21. Jahrhundert, hg. von Friedrich P. Kahlenberg und Michael Kißener, Mainz 2012, S. 481–544.

Northedge, Frederick S.: The League of Nations. Its Life and Times (1920–1946), Leicester 1988.

Orth, Rainer: „Der Amtssitz der Opposition"? Politik und Staatsumbaupläne im Büro des Stellvertreters des Reichskanzlers in den Jahren 1933–1934, Köln (u.a.) 2016.

Parlamentarischer Rat: Stenographische Berichte über die Plenarsitzungen 1948/49, Bonn 1949.

Pedersen, Susan: The Guardians. The League of Nations and the Crisis of Empire, Oxford 2015.

Peukert, Detlev: Die Edelweißpiraten, Protestbewegungen jugendlicher Arbeiter im Dritten Reich: eine Dokumentation, Köln ²1983.

Protokoll über die Verhandlungen des Parteitags der Sozialdemokratischen Partei Deutschlands vom 18. bis 24. September 1921, Berlin 1921.

Radkau, Joachim: Das Zeitalter der Nervosität. Deutschland zwischen Bismarck und Hitler, München 1998.

Recker, Marie-Luise: Die Außenpolitik des Dritten Reiches, München ²2010 (Enzyklopädie deutscher Geschichte, Band 8).

Reeken, Dietmar von/ Thießen, Malte (Hg.): „Volksgemeinschaft" als soziale Praxis. Neue Forschungen zur NS-Gesellschaft vor Ort, Paderborn 2013.

Reichel, Peter: Die „Volksgemeinschaft". Nationaler Sozialismus als bildliches Versprechen, in: Das Jahrhundert der Bilder, Band 1: 1900 bis 1949, hg. von Gerhard Paul, Göttingen 2009, S. 444–453.

Riederer, Günter: Feiern im Reichsland. Politische Symbolik, öffentliche Festkultur und die Erfindung kollektiver Zugehörigkeiten in Elsaß-Lothringen, Trier 2004.

Rolf, Malte: Die Feste der Macht und die Macht der Feste. Fest und Diktatur – zur Einleitung, in: Journal of Modern European History 4.1 (2006), S. 39–59.

Rost, Klaus: Die programmierte Sitzung: Narren im Fernsehen, Massenmedien und Fastnacht am Beispiel Mainz, Diss. Mainz 1978.

Rothfels, Hans: Werden Historiker dem 20. Juli gerecht?, in: „Die Zeit" vom 18. Juli 1969.

Salis, Jean R. von: Geschichte und Politik, Zürich 1971.

Schenk, Günter: Die Mainzer Fastnacht, Darmstadt 2016.

Schenk, Günter: Fassenacht in Mainz. Kulturgeschichte eines Volksfestes, Stuttgart 1986.

Schenk, Günter: Mainz Helau! Handbuch zur Mainzer Fastnacht, Ingelheim 2004.

Schmatzler, Uta Cornelia: Verstrickung, Mitverantwortung und Täterschaft im Nationalsozialismus. Eine Untersuchung zum Verhältnis von weiblichem Alltag und faschistischem Staat, Kiel 1994.

Schmidt, Otto (Hg.): Feste und Feiern im Jahresring, Heft 1: Deutsche Fasnacht, hg. von der NSG „Kraft durch Freude", Berlin [1937].

Schmiechen-Ackermann, Detlef (Hg.): Der Ort der „Volksgemeinschaft" in der deutschen Gesellschaftsgeschichte, Paderborn (u.a.) 2018.

Schmiechen-Ackermann, Detlef (Hg.): „Volksgemeinschaft": Mythos, wirkungsmächtige soziale Verheißung oder soziale Realität im „Dritten Reich"? Zwischenbilanz einer kontroversen Debatte, Paderborn 2012.

Schmiechen-Ackermann, Detlef (Hg.): Volksgemeinschaftliche Dienstleister? Anmerkungen zu Selbstverständnis und Funktion der Deutschen Arbeitsfront und der NS-Gemeinschaft „Kraft durch Freude", Potsdam 2012.

Schmitz-Berning, Cornelia: Vokabular des Nationalsozialismus, Berlin 2010.

Schneider, Michael: In der Kriegsgesellschaft. Arbeiter und Arbeiterbewegung 1939 bis 1945, Bonn 2014.

Schönke, Jörg: Müssen Karnevalklubs eingestuft werden?, in: Karneval ernst und heiter, hg. vom Bezirkskabinett für Kulturarbeit Halle, Halle 1986, S. 40–45.

Schreiber, Uwe/ Dold, Wilfried: Immer mehr Zünfte – Fasnet ohne Ende?, in: Zur Geschichte der organisierten Fastnacht. Vereinigung Schwäbisch-Alemannisches Narrenzünfte, hg. von Wilfried Dold (u.a.), Vöhrenbach 1999, S. 217–222.

Schreiber, Volker: Die Bedeutung der Motivwagen für die Mainzer Straßenfastnacht, in: Rollende Satire. Motivwagen im Mainzer Rosenmontagszug, hg. vom MCV Mainz, Hachenburg 2006.

Schubert, Hans: Altes Vergnügen im neuen Gewand. Karnevalklubs zwischen Frohsinn und Zensur, in: Vergnügen in der DDR, hg. von Ulrike Häußer und Marcus Merkel, Berlin 2009, S. 52–67.

Schubert, Hans: Fastnachtliche Bräuche in Brandenburg und Berlin. Von den Anfängen bis zur Gegenwart, Berlin 2012.

Schütz, Friedrich: 150 Jahre MCV – 150 Jahre Stadtgeschichte. In: Bürgerfest und Zeitkritik. 150 Jahre Mainzer Fastnacht, 150 Jahre Mainzer Carneval-Verein 1838–1988, hg. vom Mainzer Carneval-Verein, Mainz 1987, S. 11–130.

Schütz, Friedrich: Die moderne Mainzer Fastnacht, in: Mainz. Die Geschichte der Stadt, hg. von Franz Dumont, Ferdinand Scherf und Friedrich Schütz, Mainz 1999, S. 809–834.

Schütz, Friedrich: Louis Théodore Kleinmann (1907–1979). Französischer Stadtkommandant von Mainz 1945/46: der „Vater der Stadt", in: Ut omnes unum sint. Gründungspersönlichkeiten der Johannes Gutenberg-Universität, Band 2, hg. von Michael Kißener und Helmut Mathy, Stuttgart 2016, S. 9–21.

Schulze, Harald: Mummenschanz und Narrenfest. Karneval in der preußischen Provinz Sachsen und den DDR-Bezirken Halle und Magdeburg, Dössel 2005.

Schumacher, Hans-Joachim: 50 Jahre im Dienst von Fastnacht, Fasching, Karneval, Kitzingen 2003.

Schwedt, Herbert: Der Prinz, der Rhein, der Karneval. Wege der bürgerlichen Fastnacht, in: Fastnacht/Karneval im europäischen Vergleich, hg. von Michael Matheus, Stuttgart 1999, S. 63–83.

Schyga, Peter: Über die Volksgemeinschaft der Deutschen. Begriff und historische Wirklichkeit jenseits historiographischer Gegenwartsmoden, Baden-Baden 2015.

Scriba, Arnulf: Die Dolchstoßlegende, in: Deutsches Historisches Museum, Berlin 2014. Online verfügbar unter https://www.dhm.de/lemo/kapitel/weimarer-republik/innenpolitik/dolchstosslegende.html (Aufruf am 26.02.2019).

Sieb, Anita: Zur Fest- und Feiergestaltung, in: Neue Erziehung im Kindergarten 10 (1956), S. 14–15.

Sieben Blumensträuße. Reime und Gedichte für den Kindergarten, hg. von Hans-Otto Tiede, Berlin ³1987.

Singen macht Spaß. Lieder für Vorschulkinder, hg. von Annina Hartung, Berlin 1987.

Singer, Waltraud: Reime, Gedichte, Geschichten für den Kindergarten, Berlin 1968.

Skrzypek, Elisabeth: „Toll treiben es die Weiberschaften…" Frauen feiern die fünfte Jahreszeit, Reutlingen 2017.

Spickhoff, Georg: Aus der Geschichte des Düsseldorfer Karnevals, Düsseldorf 1938.

Spiele und Lieder für die Vorschulerziehung, hg. vom Deutschen Pädagogischen Zentralinstitut, Berlin 1954.

Spode, Hasso: Zur Geschichte des Tourismus. Eine Skizze der Entwicklung der touristischen Reise in der Moderne, Starnberg 1987.

Sputnik, Sputnik, kreise. Ein Liederbuch für die Vorschulerziehung, hg. von Fritz Bachmann (u.a.), Leipzig ¹⁰1980.

Stahl, Bianka: Formen und Funktionen des Fastnachtfeierns in Geschichte und Gegenwart, dargestellt an den wichtigsten Aktivitäten der Mainzer Fastnachtsvereine und -garden, Mainz 1980.

Steinbacher, Sybille: Differenz der Geschlechter? Chancen und Schranken für „Volksgenossinnen", in: Volksgemeinschaft. Neue Forschungen zur Gesellschaft des Nationalsozialismus, hg. von Frank Bajohr und Michael Wildt, Frankfurt a. M. ²2012, S. 94–104.

Stibbe, Matthew: Women in the Third Reich, London 2003.

Sünwoldt, Sabine: Weiß Ferdl. Eine weiss-blaue Karriere, München 1983.

Teske, Frank: Nationalsozialistische Machtübernahme und „Gleichschaltung" in Mainz, in: Der Nationalsozialismus in Mainz 1933–1945. Terror und Alltag (Katalog zur Ausstellung des Stadtarchivs Mainz im Mainzer Rathaus 6.3. bis 26.4.2008), bearb. von Wolfgang Dobras, Mainz 2008. S. 11–33 (Beiträge zur Geschichte der Stadt Mainz, Band 36).

Thieler, Kerstin: Gemeinschaft, Erfahrung und NS-Gesellschaft. Eine Einführung, in: Gemeinschaft als Erfahrung. Kulturelle Inszenierungen und soziale Praxis 1930–1960, hg. von David Reinicke (u.a.), Paderborn 2014, S. 7–20 (Nationalsozialistische Volksgemeinschaft, Band 5).

Treue, Wilhelm: Deutsche Parteiprogramme 1861–1954, Göttingen (u.a.). 1954.

Tschirbs, Rudolf: Das Phantom der Volksgemeinschaft. Ein kritischer Literatur- und Quellenbericht, Düsseldorf 2015.

Vacano-Bohlmann, Erna von: Jugend im Jahresring. Ein Brauchtumsweiser für die Jugend, Potsdam 1937.

Wagner, Leonie: Nationalsozialistische Frauenansichten. Vorstellungen von Weiblichkeit und Politik führender Frauen im Nationalsozialismus, Frankfurt a. M. 1996.

Wasserburg, Robert: Lachendes Mainz, Mainz 1951.

Weber-Kellermann, Ingeborg/ Bimmer, Andreas C.: Einführung in die Volkskunde/ Europäische Ethnologie, Stuttgart ²1985.

Weible, Raimund: Oberschwäbischer Holzschnitzer karikiert 1939 Adolf Hitler mit einer Fastnachtsmaske, in: Schwäbisches Tagblatt/ Südwestpresse vom 16.02.2014.

Wein, Eberhard: Narren verbannen die Lieder des Nazidichters, in: Stuttgarter Nachrichten vom 09.09.2018.

Weißbrodt, Daniel: Karneval in Wasungen. Das Volksfest als subkulturelles Happening, in: Bye bye, Lübben City. Bluesfreaks, Tramps und Hippies in der DDR, hg. von Thomas Kochan und Michael Rauhut, Berlin 2004, S. 306–320.

Welzer, Harald: Die Deutschen und ihr „Drittes Reich", in: Aus Politik und Zeitgeschichte (14–15) 2007, S. 21–28.

Westermann, Otto: Die Verhaftung – ein schlechter Scherz, in: 125 Jahre MCV, hg. von Karl Moerlé und Hans Halema, Mainz 1963, S. 46–48.

Wildt, Michael: Die Ungleichheit des Volkes. „Volksgemeinschaft" in der politischen Kommunikation der Weimarer Republik, in: Volksgemeinschaft. Neue Forschungen zur Gesellschaft des Nationalsozialismus, hg. von Frank Bajohr und Michael Wildt, Frankfurt a. M. 2009, S. 24–40.

Wildt, Michael: Machteroberung 1933, in: Informationen zur politischen Bildung 314.1 (2012), 28–45.

Wildt, Michael: „Volksgemeinschaft", in: Informationen zur politischen Bildung 314.1 (2012), S. 46–63.

Wildt, Michael: „Volksgemeinschaft", in: Docupedia-Zeitgeschichte. Version 1.0, 03.06.2014. URL: http://docupedia.de/zg/wildt_volksgemeinschaft_v1_de_2014 (Aufruf am 18.11.2019).

Wildt, Michael: Volksgemeinschaft als Selbstermächtigung. Gewalt gegen Juden in der deutschen Provinz 1919 bis 1939, Hamburg 2007.

Wintzer, Joachim: Deutschland und der Völkerbund 1918–1926, Paderborn 2006.

Wirsching, Andreas: Die Weimarer Republik. Politik und Gesellschaft, München 2008.

Wirth, Helmut: Zwei Baumeister des neuen Mainz. Oberbürgermeister a. D. Jockel Fuchs und Bürgermeister a. D. Karl Delorme vollendeten das 80. Lebensjahr, in: Mainz. Vierteljahreshefte für Kultur, Politik, Wirtschaft, Geschichte 20.1 (2000), S. 49–65.

Witetschek, Helmut (Bearb.): Die kirchliche Lage in Bayern nach den Regierungspräsidentenberichten 1933–1943, Band 2: Regierungsbezirk Ober- und Mittelfranken, Mainz 1967.

Wöhlert, Meike: Der politische Witz in der NS-Zeit am Beispiel ausgesuchter SD-Bezirke und Gestapo-Akten, Frankfurt a. M. 1997.

Wulf, Joseph: Presse und Funk im Dritten Reich, Berlin 1983.

Wullenweber, Hans: Narren unter dem Hakenkreuz. Mainzer NS-Widerstand aus der Bütt, in: Allgemeine Zeitung vom 14./15. Februar 1987.

Zibell, Stephanie: Jakob Sprenger: Eine Studie zur Biographie und Politik des nationalsozialistischen Gauleiters in Hessen-Nassau, Diss. Mainz 1998.

Ziele und Aufgaben der vorschulischen Erziehung, hg. vom Deutschen Pädagogischen Zentralinstitut Abteilung Theorie, Berlin ²1952.

Zimmermann, Hans Dieter: Martin und Fritz Heidegger. Philosophie und Fastnacht, München 2005.

Bildnachweise

Titelbild, Abb. 33, 35 Dr. Paul Wolff & Tritschler, Historisches Bildarchiv, Offenburg, Nr: 1951a/19, 1951a/60, 1951a/257.

Abb. 1, 19, 20, 21, 22, 23, 24, 25, 28, 29, 31, 36 Mainz, Archiv des Fastnachtsmuseums Mainz, Bildnummern: 1938_0109, 1934_0052, 1934_0051, 1934_0073, 1934_74, 1935_0040, 1934_0085, 1935_0043, 1936_0085, 1936_0117, 1936_0121, 1946_0001 ohne Angabe eines Fotografen.

Abb. 2, 3, 34 Mainz, Archiv des Fastnachtsmuseums Mainz, Bildnummern: 1938_0134, 1938_0137, 1938_0143 Foto: Walter Davids.

Abb. 4, 5, 32 Mainz, Archiv des Fastnachtsmuseums Mainz, Bildnummern: 1938_0081, 1938_0093, 1938_0118 Foto: Udo Weber.

Abb. 6 Mainz, Archiv des Fastnachtsmuseums Mainz, Bildnummer: 1938_0145 Foto: Hans-Peter Fischer.

Abb. 7 Köln, Archiv Festkomitee des Kölner Karnevals.

Abb. 8 Kölnisches Stadtmuseum, Graphische Sammlung G 8455.

Abb. 9 Historisches Archiv der Stadt Köln, 1020 (Nachlass Franz Brantzky), Plan 58, Nr. 51.

Abb. 10, 11 NS-Dokumentationszentrum der Stadt Köln, Bildarchiv.

Abb. 12, 13, 14 Archiv der Narrenzunft Überlingen.

Abb. 15 Weingarten, Museum der Plätzlerzunft Weingarten, Foto: Andreas Reutter.

Abb. 16, 17, 18, 26, 27, 30 Mainz, Archiv des Fastnachtsmuseums Mainz, Bildnummern: 1933_0023, 1933_0035; 1933_0050, 1936_0026, 1936_0028, 1936_0119 Foto: Johann Dürrwächter.

Personenregister

(Der Name Adolf Hitler wurde wegen der großen Zahl der Nennungen nicht aufgenommen.)

A

Adenauer, Konrad 58, 121
Ahbe, Thomas 139
Arnold, Alfons 201

B

Bär, Oskar 34, 118
Barth, Robert 42, 44, 55
Blaschke, Olaf 23
Baum, Stefan 210
Becker, Eugen 7, 21, 67, 69–70, 72
Becker, Hans 33
Bender, Heinrich 7, 33, 42, 50, 63, 67, 71, 73, 104–105
Berger, Thomas 210
Bonewitz, Herbert 126
Bose, Herbert von 22
Brandt, Ahasver von 122
Brantzky, Franz 169, 173
Braun, Herrmann Josef 210
Braun, Rolf 126
Brüning, Heinrich 44
Busch, Wilhelm 143
Busse, Hermann Eris 184, 186, 189–191

D

Degreif, Dieter 210
Delorme, Karl 209
Dietmar, Carl 15, 70
Dietrich, Otto 36

E

Ebel, Horst 53–56
Ebel, Wilhelm (Willi) 54, 56, 163–170, 172, 174–175

Eberhard, Fritz 33
Ebert, Friedrich 17
Epp, Franz Ritter von 42
Eppelsheimer, Heinrich 33
Esser, Hermann 56
Evans, Richard J. 128

F

Falck, Ludwig 209
Fehrle, Eugen 191
Ferdl, Weiß 36–38, 42
Fiebig, [Vorname nicht ermittelt] 59
Fiehler, Karl 52–53, 56
Finkenzeller, Heli 165
Fischer, Albert 183, 202
Fraenkel, Ernst 18

G

Gebhardt, Winfried 133
Glückert, Josef (Seppel) 7, 23–25, 33, 40, 43–44, 63, 66, 68, 70–71, 73–76, 118–120, 122–123, 125–126, 218
Goebbels, Joseph 21, 31, 36–39, 54, 56, 85, 202
Goethe, Johann Wolfgang von 143
Göllner, Franz 104
Göring, Hermann 36–37, 43, 196
Gottlieb, Alfred 68
Gotto, Klaus 23
Gottron, Adolf 33, 69, 71–72
Grimm, Jacob („Brüder Grimm") 188
Grimm, Wilhelm („Brüder Grimm") 188
Grohé, Josef 57, 168–169, 174
Grüninger, Benjamin 183

Gundrum, Hans 68
Gute, Herbert 139
Gutmann, Thomas 57
Gutterer, Leopold 54, 56

H
Habicht, Konrad 59
Halama, Hanns 122
Hamelmann, Berthold 199–200
Hanfgarn, Werner 34
Heidecker, Franz 49, 53
Heidegger, Fritz 197–200
Heidegger, Martin 196–197, 199–200
Herbert, Wilhelm Ludwig 51
Hermann, Willi 179
Heuss, Theodor 117
Hieke, [Vorname nicht ermittelt] 57
Hilsenbeck, Heinrich 33
Hindenburg, Paul von 34, 65
Hockerts, Hans-Günther 23
Hummel, Diether 35
Hünemeyer, Hans 168
Hüsch, Hanns Dieter 119

I
Igelhoff, Peter 22

J
Jäger, Willi 59
Jeggle, Utz 123

K
Kaufmann-Lauer, Alberta 105–106
Keim, Anton Maria 16, 70, 122
Kepplinger, Philipp 33, 42, 74
Kepplinger jun., Philipp 41, 74, 126
Kißener, Michael 72
Kirchgeßner, [Vorname nicht ermittelt] 54
Kläger, Michael 41, 209–210

Kleinmann, Louis Théodore 117
Klemme, Ludwig 51, 55–56
Kneib, Karl 63, 66–68, 73, 105
Königstein, Jacques 59
Könnicke, Kurt 143
Kraus, Emil 121
Kühne, Hildegard 100
Küpper, Karl 25, 169

L
Lambinet, Joseph 69, 105
Leifeld, Marcus 15, 70
Lennig, Adam Franz 43
Lennig, Friedrich 43
Ley, Robert 36, 53, 56
Liebknecht, Karl 22
Liessem, Thomas 22, 54–59, 163, 167–168
Link, Rita 15
Litzinger, Christel 21
Lübbe, Hermann 126–127
Ludwig, Gerd 209
Luther, Martin 188
Lützeler, Heinrich 119
Luxemburg, Rosa 22

M
Maaß, Fritz 163
Mannhardt, Wilhelm 188
Mauer, Josef 100
Meinecke, Friedrich 118
Mezger, Victor 192–194, 196
Mitscherlich, Alexander 58
Moerlé, Karl 41, 59, 122
Mosner, Ernst 120–121, 127
Müller, Christel 33
Müller, Erich 123
Müller, Jean 21
Mundo, Horst 74
Mundo, Martin 7, 33, 40, 43, 69, 73–76, 122, 126, 210
Mundo, [Vorname nicht ermittelt] 41

N
Napp, Carl 37
Neger, Ernst 35
Neumann, Otto 35
Ney, Elly 119

O
Odenthal, Josef 58
Opel, Irmgard von 100, 109

P
Peukert, Detlev 23
Pieck, Wilhelm 134
Pollock, Hans Ludwig 199

R
Rackl, Michael 23
Reinhard, Max 52, 54, 56–57, 202
Reinhart, Franz 66
Reitsch, Hanna 119
Repgen, Konrad 23
Riesen, Günter 168
Ringelnatz, Joachim 143
Rix, Christian 168
Röhrig, Thomas 210
Rosenberg, Alfred 196
Rosenbusch, Sissi 35
Rudolf, Carl 201
Ruland, Heinz 166

S
Salis, Jean Rudolf von 117
Saurmann, Fritz 33
Schäfer, Harry 186, 203
Schäfer, Otto 72, 100
Schäffer, Ernst 59
Schalk, Alban 210
Schmidt, [Vorname nicht
    ermittelt] 55
Schmitt, Jürgen 210
Schubert, Hans 139, 144, 146

Schué, Konrad 210
Schulze, Harald 137, 145
Schumacher, Hans
    Joachim 49, 55, 57
Schütz, Friedrich 15, 32, 69, 125–
    126, 209
Schwedt, Herbert 126
Schweig, Karl 56
Siebert, Ludwig 52
Skrzypek, Elisabeth 99
Spangenmacher, Jakob 40
Speiser, Felix 184
Sprenger, Jakob 40–42, 74, 124
Staebe, Gustav 39
Stalin, Josef 95
Statz, Leo 25, 56, 58
Stauffenberg, Claus Graf Schenk
    von 22–23
Steeg, Karl-Heinz 125
Steinacker, Karl 59
Streicher, Julius 37
Stresemann, Gustav 17, 87

T
Thierfelder, Franz 55

U
Umbreit, Carl 163, 173

V
Vacano-Bohlmann, Erna von 51

W
Wächter, Werner 55–56
Wagner, Adolf 37
Wandel, Doris 15
Weis, Hans 33–34, 57
Westermann, Otto 40–41
Wucher, Jakob 35, 43, 45, 122,
    124, 209
Wullenweber, Hans 125

Autorinnen und Autoren

Amann, Maylin, B. A., stud. phil., Johannes Gutenberg-Universität Mainz

Ellermeyer, Marius, B. A., stud. phil., Universität zu Köln

Janson, Felicitas, Dr. phil., Kunsthistorikerin, Studienleiterin, Akademie des Bistums Mainz

Kißener, Michael, Dr. phil., Univ.-Prof. für Zeitgeschichte, Johannes Gutenberg-Universität Mainz

Kläger, Michael, Dr. phil., StD a. D., Leitung des Archivs Fastnachtsmuseum und Archiv des MCV, Mainz

Krawietz, Peter, Kulturdezernent a. D., Mainz

Leifeld, Marcus, Dr. phil., Wissenschaftlicher Referent im Dezernat für Kunst und Kultur der Stadt Köln

Lill, Anna Katharina, B. A., stud. phil., Universität Leipzig

Mezger, Werner, Dr. rer. soc., Univ.-Prof. für Kulturanthropologie und Europäische Ethnologie, Albert-Ludwigs-Universität Freiburg i. Br.

Raasch, Markus, PD Dr. phil., Johannes Gutenberg-Universität Mainz

Scholtyseck, Joachim, Dr. phil., Univ.-Prof. für Neuere und Neueste Geschichte, Rheinische Friedrich-Wilhelms-Universität Bonn

Teske, Frank, Dr. phil., Archivar, Stadtarchiv Mainz

Zintler, Uta, Wissenschaftliche Mitarbeiterin, Johannes Gutenberg-Universität Mainz

**TRANSFORMATIONEN – DIFFERENZIERUNGEN – PERSPEKTIVEN
MAINZER STUDIEN ZUR NEUZEIT**

**TRANSFORMATIONS – DIFFERENTIATIONS – PERSPECTIVES
MAINZ STUDIES ON THE MODERN AGE**

Herausgegeben von / Edited by Michael Kißener, Jan Kusber,
Andreas Rödder und / and Matthias Schnettger

Band 1   Stephanie Mayer-Tarhan: Zwischen Diktatur und Europa. Joaquín Ruiz-Giménez und der spanische Katholizismus, 1936-1977. 2017.

Band 2   Matthias Gemählich: Frankreich und der Nürnberger Prozess gegen die Hauptkriegsverbrecher 1945/46. 2018.

Band 3   Fabian Spreier: Kontinuität oder Diskontinuität? Das westfälische Anwaltsnotariat 1945-1961. 2019.

Band 4   Tanja Herrmann: Der zweite deutsch-französische Städtepartnerschaftsboom (1985-1994). Akteure, Motive, Widerstände und Praxis. 2019.

Band 5   Alexander Kaplunovsky, Jan Kusber, and Benjamin Conrad (eds.): The Enigmatic Tsar and His Empire. Russia under Alexander I. 1801–1825. 2019.

Band 6   Michael Kißener / Felicitas Janson (Hrsg.): Die Fastnacht der nationalsozialistischen „Volksgemeinschaft". Studien zu Mainz und anderen Regionen. 2020.

www.peterlang.com

www.ingramcontent.com/pod-product-compliance
Lightning Source LLC
Chambersburg PA
CBHW031539260326
41914CB00002B/201